浙江特殊教育职业学院教科研出版资金资助（XKY2013003CBQ）

大 学 语 文

傅　敏　主编

浙江工商大学出版社

ZHEJIANG GONGSHANG UNIVERSITY PRESS

图书在版编目(CIP)数据

大学语文 / 傅敏主编. —杭州：浙江工商大学出版社，2014.9 (2019.7 重印)

ISBN 978-7-5178-0484-0

Ⅰ. ①大… Ⅱ. ①傅… Ⅲ. ①大学语文课－聋哑学校－教材 Ⅳ. ①G762.4

中国版本图书馆 CIP 数据核字(2014)第 089293 号

大学语文

傅　敏　主编

责任编辑	张婷婷
封面设计	包建辉
责任校对	丁兴泉
责任印制	包建辉
出版发行	浙江工商大学出版社
	（杭州市教工路 198 号　邮政编码 310012）
	（E-mail:zjgsupress@163.com）
	（网址:http://www.zjgsupress.com）
	电话:0571-88904980,88831806(传真)
排　　版	杭州朝曦图文设计有限公司
印　　刷	虎彩印艺股份有限公司
开　　本	787mm×1092mm　1/16
印　　张	17.75
字　　数	368 千
版 印 次	2014 年 9 月第 1 版　2019 年 7 月第 2 次印刷
书　　号	ISBN 978-7-5178-0484-0
定　　价	36.00 元

编 者 名 单

主　　编　傅　敏

副 主 编　袁　芯

编写人员　第一单元：袁　芯　　第二单元：孙　闻

第三单元：骆中慧　　第四单元：张　帆

第五单元：俞　芹　　第六单元：鲁国蓉

第七单元：方玉千

前　言

为进一步贯彻落实"以能力为本位,以就业为导向"的高职教育办学指导思想,使高等职业教育语文课程为培养拥有一技之长的合格聋人应用型人才打下坚实的语文基础,浙江特殊教育职业学院语文教研室成立课题组,进行了聋人高职语文教材的开发研究,编写了本教材,以期使高职语文教材满足聋人发展的特殊需要,更好地为聋人学习服务。

本教材由七个单元组成,每个单元含有"阅读与欣赏""表达与交流"和"媒介素养综合实践活动"三个学习板块。三个板块的内容既独立又相互联系,融合为一个有机的整体。

"阅读与欣赏"部分以人文主题构建单元,选文包含不同时代、不同国家、不同作者的典范作品,力求通过阅读这些文章,对聋人大学生的情感、态度、价值观产生积极影响,提高他们的人文素养。同时,教材突出了助学系统,文章后面有作者简介、古文翻译、延伸阅读等,以便更好地帮助聋人大学生自主理解学习。

"表达与交流"安排写作和笔谈两项内容。写作分为记叙文写作和应用文写作两类。记叙文写作从"立意与选材""叙述与描写""抒情与议论"几方面来训练,提高聋人大学生的记叙文写作能力。笔谈部分安排了一些实用的笔谈交际类型,通过情境笔谈训练,提高聋人大学生使用书面语言及与健听人交流的能力,为他们的"回归主流"打下坚实的社会交往基础。

"媒介素养综合实践活动"是综合运用语文知识,展示语文应用能力的拓展性学习内容,每个单元的活动编排力求和该单元的人文主题相呼应,在培养语文综合能力的同时,渗透媒介素养、良好品德、美好情操、科学精神、职业理想等方面的教育。

本书由傅敏统稿,浙江特殊教育职业学院教学工作委员会审定。出版前邀请了浙江工业大学褚蓓娟教授、浙江外国语学院周明强教授、杭州聋人学校校长蒋春英进行审稿。教材主编为傅敏,副主编为袁芯。参加编写的人员有:袁芯、张帆、骆中慧、俞芹、鲁国蓉、孙闻、方玉千,部分插图绘制为单槟斌。陈爱金在教学实践过程中为教材的修改提出了宝贵的意见,在此一并表示感谢。

本书的编写和出版得到了学院领导的关心和支持,本书的出版由浙江特殊教育职业学院教科研资金资助,在此表示衷心的感谢。

由于编者水平有限,书中难免会有欠妥之处,恳请读者批评指正。

编 者

2013 年 12 月

目　录

第一单元　自尊与自强

阅读与欣赏

表达与交流

媒介素养综合实践活动

第二单元　文学与人性

阅读与欣赏

表达与交流

媒介素养综合实践活动

第三单元 人与自然

阅读与欣赏

表达与交流

媒介素养综合实践活动

第四单元 责任与诚信

阅读与欣赏

表达与交流

媒介素养综合实践活动

第五单元　科技与未来

阅读与欣赏

表达与交流

媒介素养综合实践活动

第六单元　笃学与励志

阅读与欣赏

表达与交流

媒介素养综合实践活动

第七单元　敬业与乐业

阅读与欣赏

表达与交流

媒介素养综合实践活动

第一单元 自尊与自强

单元导语

　　人生的路有千条万条,关键看你能否寻找到属于自己的方向,拥有一份自信,给自己一片阳光,关注生活里的每一次感动,汲取前进的力量。生活可能非常平淡,旅程可能会有风雨,付出也许没有丰硕的回报,但请呵护好自己,请一定要自尊自强。自尊自强是生命的律动,是人生的境界。学会自尊自强,我们才能不断地充实自己,谱写人生的华章。

　　本单元围绕"自尊与自强"的话题选取了五篇课文。《我很重要》以理性的分析和动人的情感呼吁我们:只要我们在时刻努力着,为光明在奋斗着,我们就是在无比重要地生活着;《我的四季》所表现的是通向理想人生的艰难跋涉,是在逆境中的一种积极的人生态度;《我与地坛》一文抒发了作者对于命运和生死问题的感悟;《假如给我三天光明》在朴素的话语中,表露出作者对世人强烈的爱和热切的希望,让我们感受到作者坚强不屈和积极乐观的精神;《热爱生命》以雄健、粗犷的笔触,记述了一个悲壮的故事,奏响了一曲生命的赞歌。通过这一单元的学习,我们要加深对自我的认识,树立自信、自立、自强的意识。

　　在本单元里,安排了与"介绍"相关的笔谈训练,通过这一训练内容,使同学们能学会自我介绍。安排了应用文"计划"的写作练习,还安排了"倾听生命行走的声音——我的成长历程"这一综合实践活动,让我们在活动中感受生命的律动。

阅读与欣赏

1 我很重要①

毕淑敏

课文导读

这是一篇对个体生命的价值和意义进行思考的散文。

课文围绕"我很重要"这个中心广泛取材,这些材料像颗颗珍珠,被"我很重要"这根红线串联了起来。阅读中,要在通读全文的基础上,把握文章运用的主要材料,从而形成对文章内容的整体感知。可以通过研究标题、抓住主旨句等方法,归纳文章中心,领略文章深刻的思想内涵,体会中心与材料的关系,感受作者对个体生命存在价值的感悟与呐喊,认识自我的价值。

当我说出"我很重要"这句话的时候,颈项后面掠过一阵战栗。我知道这是把自己的额头裸露在弓箭之下了,心灵极容易被别人的批判洞伤。许多年来,没有人敢在光天化日之下表示自己"很重要"。我们从小受到的教育都是——"我不重要"。

作为一名普通士兵,与辉煌的胜利相比,我不重要。

作为一个单薄的个体,与浑厚的集体相比,我不重要。

作为一位奉献型的女性,与整个家庭相比,我不重要。

作为随处可见的人的一分子,与宝贵的物质相比,我们不重要。

当我在国外的一份刊物上看到"一个人的价值胜于整个世界"的口号时,曾大惑不解。

我们——简明扼要地说,就是每一个单独的"我"——到底重要还是不重要?

我是由无数星辰日月草木山川的精华汇聚而成的。只要计算一下我们一生吃进去多少谷物,饮下了多少清水,才凝聚成一具美轮美奂的躯体,我们一定会为那数字的庞大而惊讶。平日里,我们尚要珍惜一粒米、一叶菜,难道可以对亿万粒菽粟②、亿万滴甘露濡养出的万物之灵,掉以丝毫的轻心吗?

---

① 选自毕淑敏:《毕淑敏自选精品集》,中国社会出版社 2002 年版。

② 菽(shū)粟:泛指粮食。

　　当我在博物馆里看到北京猿人窄小的额和前凸的嘴时,我为人类原始时期的粗糙而黯然。他们精心打制出的石器,用今天的目光看来不过是极简单的玩具。如今很幼小的孩童,就能熟练地操纵语言,我们才意识到已经在进化之路上前进了多远。我们的头颅就是一部历史,无数祖先进步的痕迹储存于脑海深处。我们是一株亿万年苍老树干上最新萌发的绿叶,不单属于自身,更属于土地。人类的精神之火,是连绵不断的链条;作为精致的一环,我们否认了自身的重要,就是推卸了一种神圣的承诺。

　　回溯我们诞生的过程,两组生命基因的嵌合,更是充满了人所不能把握的偶然性。我们每一个个体,都是机遇的产物。

　　常常遥想,如果是另一个男人和另一个女人,就绝不会有今天的我……

　　即使是这一个男人和这一个女人,如果换了一个时辰相爱,也不会有此刻的我……

　　即使是这一个男人和这一个女人在这一个时辰,由于一片小小落叶或是清脆鸟啼的打搅,依然可能不会有如此的我……

　　一种令人怅然以致走入恐惧的想象,像雾霭一般不可避免地缓缓升起,模糊了我们的来路和去处,令人不得不断然打住思绪。

　　我们的生命,端坐于概率垒就的金字塔的顶端。面对大自然的鬼斧神工①,我们还有权利和资格说我不重要吗?

　　对于我们的父母,我们永远是不可重复的孤本。无论他们有多少儿女,我们都是独特的一个。

　　假如我不存在了,他们就空留一份慈爱,在风中蛛丝般无法附丽地飘荡。

　　假如我生了病,他们的心就会皱缩成石块,无数次向上苍祈祷我的康复,甚至愿灾痛以十倍的烈度降临于他们自身,以换取我的平安。

　　我的每一滴成功,都如同经过放大镜,进入他们的瞳孔,摄入他们心底。

　　假如我们先他们而去,他们的白发会从日出垂到日暮,他们的泪水会使太平洋为之涨潮。

　　面对这无法承载的亲情,我们还敢说我不重要吗?

　　我们的记忆,同自己的伴侣紧密地缠绕在一处,像两种混淆于一碟的颜色,已无法分开。你原先是黄,我原先是蓝,我们共同的颜色是绿,绿得生机勃勃,绿得苍翠欲滴。失去了妻子的男人,胸口就缺少了生死攸关的肋骨,心房裸露着,随着每一阵轻风滴血。失去了丈夫的女人,就是齐斩斩折断的琴弦,每一根都在雨夜长久地自鸣……

　　面对相濡以沫②的同道,我们忍心说我不重要吗?

　　俯对我们的孩童,我们是至高至尊的唯一。我们是他们最初的宇宙,我们是深

---

　　① 鬼斧神工:形容建筑、雕塑等技艺的精巧。也说神工鬼斧。
　　② 相濡以沫:泉水干涸,鱼靠在一起以吐沫互相润湿。比喻同处困境,相互救助。

不可测的海洋。假如我们隐去，孩子就永失淳厚无双的血缘之爱，天倾西北，地陷东南①，万劫不复②。盘子破裂可以粘起来，童年碎了，永不复原。伤口流血了，没有母亲的手为他包扎；面临抉择，没有父亲的智慧为他谋略……面对后代，我们有胆量说我不重要吗？

与朋友相处，多年的相知，使我们仅凭一个微蹙③的眉尖、一次睫毛的抖动，就可以明了对方的心情。假如我不在了，就像计算机丢失了一份不曾复制的文件，记忆库里留下不可填补的黑洞。夜深人静时，手指在撳④了几个电话键码后，骤然停住，那一串数字再也用不着默诵了。逢年过节时，她写下一沓沓的贺卡。轮到我的地址时，只有闭上眼睛……许久之后，将一张没有地址只有姓名的贺卡填好，在无人的风口将它焚化。

相交多年的密友，就如同沙漠中的古陶，摔碎一件就少一件，再也找不到一模一样的成品。面对这般友情，我们还好意思说我不重要吗？

我很重要。

我对于我的工作我的事业，是不可或缺的主宰。我的独出心裁的创意，像鸽群一般在天空翱翔，只有我才捉得住它们的羽毛。我的设想像珍珠一般散落在海滩上，等待着我把它用金线串起。我的意志向前延伸，直到地平线消失的远方……

没有人能替代我，就像我不能替代别人。

我很重要。

我对自己小声说，我还不习惯嘹亮地宣布这一主张，我们在不重要中生活得太久了。

我很重要。

我重复了一遍，声音放大了一点。我听到自己的心脏在这种呼唤中猛烈地跳动。

我很重要。

我终于大声地对世界这样宣布。片刻之后，我听到山岳和江海传来回声。

是的，我很重要。我们每一个人都应该有勇气这样说。我们的地位可能很卑微，我们的身份可能很渺小，但这丝毫不意味着我们不重要。

重要并不是伟大的同义词，它是心灵对生命的

---

① 天倾西北，地陷东南：比喻像天崩地陷一样巨大的灾难与打击。
② 万劫不复：表示永远不能恢复。劫，古印度传说世界经历若干万年毁灭一切，重新再开始，这样一个周期叫一劫。
③ 蹙(cù)：皱(眉头)，收缩。
④ 撳(qìn)：方言，按。

允诺。

对于一株新生的树苗，每一片叶子都很重要。对于一个孕育中的胚胎，每一段染色体碎片都很重要。甚至驰骋寰宇^①的航天飞机，也可以因为一个密封橡皮圈的疏漏而凌空爆炸——你能说它不重要吗？

人们常常从成就事业的角度，断定我们是否重要。但我要说，只要我们在时刻努力着，为光明在奋斗着，我们就是在无比重要地生活着。

让我们昂起头，对着我们这颗美丽的星球上无数的生灵，响亮地宣布——

我很重要。

【作者简介】

毕淑敏，女，原籍山东文登，1952 年出生于新疆。1969 年于北京外语学院附中毕业后入伍，在西藏阿里高原部队服役 11 年，1980 年转业回北京。内科主治医师，国家一级作家。共发表作品 200 余万字，著有《毕淑敏文集》八卷，长篇小说《红处方》《血玲珑》等。曾获庄重文文学奖，《小说月报》第四、五、六届百花奖，当代文学奖，陈伯吹文学大奖，北京文学奖，昆仑文学奖，解放军文艺奖，青年文学奖，台湾第 16 届"中国时报"文学奖，台湾第 17 届联合报文学奖等各种文学奖共 30 余次。

思考与练习

一、整体感知课文内容，并找出文中标志内容转换的词句，说说作者是从哪几个方面来强调"我很重要"的。

二、课文的语言丰富、生动，含义深刻。请结合上下文说说下面语句的含义。

1. 我们的生命，端坐于概率垒就的金字塔的顶端。

2. 我们是一株亿万年苍老树干上最新萌发的绿叶，不单属于自身，更属于土地。

3. 没有人能替代我，就像我不能替代别人。

三、"重要并不是伟大的同义词，它是心灵对生命的允诺。"请联系本文简要回答应该怎样生活才能无愧于"心灵对生命的允诺"。

四、有人说只有伟人才是重要的，但偏偏约翰·保罗说："一个人的真正伟大之处就在于他能够认识到自己的渺小。"而作者又认为"我很重要"。你是怎样认为的？联系自身实际，简要谈谈你的感受。

---

① 寰（huán）宇：寰球，天下。也作环宇。

延伸阅读

追寻自我价值的呐喊
——读毕淑敏《我很重要》
陆晨虹

毕淑敏在《我很重要》里，追寻的是中华民族精神世界的解放，发出的是对中国人自我价值的呼唤。

正如作者所说，我们从小受到的教育都是——"我不重要"。也许，在文章中，毕淑敏忽略了"我不重要"的悠久的源头：中华民族的历代圣贤们崇尚"天人合一"。《中庸》说："唯天下至诚为能尽其性，能尽其性则能尽人之性，尽人之性则能尽物之性，能尽物之性，则可以赞天地之化育，则可以与天地参矣。"所以，中华民族的基本人生态度是"赞天地之化育"的参与精神，它进而被推广到社会生活的一切方面，无论是与自然物质交换，还是处理人际关系或治理国家，都是"赞天地之化育"的不同方式。因此，它又是中国传统文化的根本精神，蕴涵了中华民族传统的文化心理素质的萌芽，由此可以合乎逻辑地推演出相应的情感方式、思维模式、致思途径和价值观念。中华民族的传统情感方式是一种将血缘情感和实践理性融为一体的情感方式，所以在我们的意识形态里，更多体现的思维模式是一种将部分与全体交融互摄的思维模式：人作为客体融于自然和社会中，系于人物、人际关系的总链条中。所以直到今天我们的文学、生活、思想仍是普遍追求一种人与自然、与社会融洽无碍的境界。通过这一点，我们可以明白为什么我们民族不如欧美民族那么张扬个性，突出自我意识的独高至上了。

也许因为我们的民族历来重视的正是这一点，所以我们往往在人与社会的关系中强调自我的"不重要"，因为人的渺小的形体，他必然要从属于伟岸的自然和广阔的社会。

无论一个人"重要"还是"不重要"，都不意味着他可以肆无忌惮、为所欲为。依照著名教育家、社会心理学家科尔博格的"德性与适应"理论：人的个性必然也必须从属并服从于社会性，也即共性，否则他将会为社会所不容，被社会所抛弃。社会的确需要讲求共性和整体利益，重视集体的力量和意志，需要维护一种行为、道德的准则和体系结构。可是人的精神世界，其广袤深邃，其不断发展，却远远超越着前人的理解。今天我们对自身价值和自我重要性的呼唤，也正体现在对精神自由的追求里。人用自己的双手，自己的劳动，更用自己的精神，创造了世界，并改造着世界，人从必然王国向自由王国的飞跃，也正是精神世界的飞跃。随着社会的进步和意识形态的发展，社会也已经越来越尊重人的价值，尊重每一个人个性发展的天地和心灵发育的园圃。

在毕淑敏看来,每个人在他们所隶属的社会关系中——在友情与亲情里,在事业与理想中——都是一个至关重要的角色。也许,毕淑敏没有发现中华民族历史上也曾有过"我很重要"的呐喊:先秦时"毛遂自荐"的历史故事,明末清初思想家顾炎武提倡"天下兴亡,匹夫有责"的观点,现代教育家陶行知先生主张"发展你自己,牺牲你自己"的思想,不正是"我很重要"的观念推动着社会政治进步的典范吗?

一个人的命运,在一个团体中,也许可以归纳入一个或大或小的百分数,这一定很微小。但对于他自身来说,承受的却是百分之百的结果。所以,尽管中华民族人口众多,但这丝毫不能减弱人的自身价值,更不能使生命贬值。也许我们已经习惯了传统的"我不重要"的谦逊精神,但我们同样需要对自我价值的坚定自信。雷锋说:"我是一颗螺丝钉。"他的话曾作为"我不重要"的典范广为传颂,而我们是否发现,雷锋的谦逊并不能说明他"不重要",因为一个螺丝钉在任何一个机件与工程中,都举足轻重。如果每一个人重视了自我的价值,那么,谁还会不负责任地对待工作?谁还会漫不经心地面对生命、生活?谁还甘于在人生之路上碌碌无为?谁还能够漠视亲情和友谊?

近年来,通过我们的传媒,我曾听到多少煤矿主、包工头草菅人命的残暴新闻,我曾听到多少医院追求金钱高于挽救生命的冷酷案例,我曾痛心于事故现场无数双淡漠的眼睛,我更痛惜为了学业的负担或无所谓的小事就草草了结生命的学生……只有尊重了自我的价值,才会尊重生命的价值,才会让每一个人严肃对待自己的人生历程,并且由此及彼,善待他人的生命。

"我很重要",也给我们教育工作者拓开了一条新路,让我们重视塑造学生的个性和思想,强调学生的生活实践和心灵体验,在每一个学生心中树起"我很重要"的思想,那么,他们还会漠视责任、友谊、亲情和理想吗?

毕淑敏是位专业作家,也是位内科主治医师,我们在她的文章里,在一连串的排比、假设、反复中,在每一处心灵的展示和细节的描绘中,在每一声反问和呼唤里,我们领悟到了作家的睿智和医生的关怀——她教诲我们热爱生命,热爱自己,她让我们看到,爱所拥有的广大包容性、爱的价值和意义、爱给人的成长和完善所带来的积极影响。她让我们关注每一个"我"的意义与价值,关注每一个人精神世界的解放。

2 我的四季①

张　洁

课文导读

　　20世纪70年代末80年代初，张洁散文创作的特点主要体现在两个方面：一是描写的重点转向了纯粹的人生层面；二是内容充溢着一股强烈的苦难意识。《我的四季》就是这一时期的作品，所表现的是通向理想人生的艰难跋涉，是在逆境中的一种积极的人生态度。它以一个农夫的口吻，把人的一生分成了春、夏、秋、冬四个阶段，实际上是把生命的劳作、艰辛、期待、收获浓缩在了表述四季的文字里。

　　阅读本文，应结合自己的感受，着重体味作者是如何在困难和挫折面前正确地对待自己的。在未来的人生道路上，你又该如何应对困难和挫折？

　　生命如四季。

　　春天，我在这片土地上，用我细瘦的胳膊，紧扶着我锈钝的犁。深埋在泥土里的树根、石块，磕绊着我的犁头，消耗着我成倍的体力。我汗流浃背②，四肢颤抖，恨不得立刻躺倒在那片刚刚开垦的泥土之上。可我懂得，我没有权利逃避在给予我生命的同时所给予我的责任。我无须问为什么，也无须想有没有结果。我不应白白地耗费时间，去无尽地感慨生命的艰辛，也不应该自艾自怜命运怎么这样不济，偏偏给了我这样一块不毛之地③。我要做的是咬紧牙关，闷着脑袋，拼却全身的力气，压到我的犁头上去。我决不企望有谁来代替，因为在这世界上，每人都有一块必得由他自己来耕种的土地。

　　我怀着希望播种，那希望决不比任何一个智者的希望更为谦卑。

　　每天，我望着掩盖着我的种子的那片土地，想象着它将发芽、生长、开花、结果，如一个孕育着生命的母亲，期待着自己将要出生的婴儿。我知道，人要是能够期待，

---

① 选自《人民文学》1981年第2期。
② 汗流浃背：汗水湿透了背上的衣服。形容汗出得很多。
③ 不毛之地：不长庄稼的地方，泛指贫瘠、荒凉的土地或地带。

就能够奋力以赴。

夏日,我曾因干旱,站在地头上,焦灼地盼过南来的风,吹来载着雨滴的云朵。那是怎样地望眼欲穿、望眼欲穿①哪!盼着,盼着,有风吹过来了,但那阵风强了一点,把那片载着雨滴的云朵吹了过去,吹到另一片土地上。我恨过,恨我不能一下子跳到天上,死死地揪住那片云,求它给我一滴雨。那是什么样的痴心妄想!我终于明白,这妄想如同想要拔着自己的头发离开大地。于是,我不再妄想,我只能在我赖以生存的这块土地上,寻找泉水。

没有充分的准备,便急促地上路了。历过的艰辛自不必说它。要说的是找到了水源,才发现没有带上盛它的容器。仅仅是因为过于简单和过于发热的头脑,发生过多少次完全可以避免的惨痛的过失——真的,那并非不能,让人真正痛心的正是并非不能。我顿足,我懊恼,我哭泣,恨不得把自己撕成碎片。有什么用呢?再重新开始吧,这样浅显的经验却需要比别人付出加倍的代价来记取。不应该怨天尤人②,会有一个时辰,留给我检点自己!

我眼睁睁地看过,在无情的冰雹下,我那刚刚灌浆、远远没有长成的谷穗,在细弱的稻秆上摇摇摆摆地挣扎,却无力挣脱生养它又牢牢地锁住它的大地,永远没有尝过成熟是怎么一种滋味,便夭折了。

我曾张开我的双臂,愿将我全身的皮肉,碾成一张大幕,为我的青苗遮挡狂风、暴雨、冰雹……善良过分,就会变成糊涂和愚昧。厄运只能将弱者淘汰,即使为它挡过这次灾难,它也会在另一次灾难里沉没。而强者却会留下,继续走完自己的路。

秋天,我和别人一样收获。望着我那干瘪的谷粒,心里有一种又酸又苦的欢乐。但我并不因我的谷粒比别人干瘪便灰心或丧气。我把它们捧在手里,紧紧地贴近心窝,仿佛那是新诞生的一个自我。

富有而善良的邻人,感叹我收获的微少,我却疯人一样地大笑。在这笑声里,我知道我已成熟。我已有了一种特别的量具,它不量谷物只量感受。我的邻人不知和谷物同时收获的还有人生。我已经爱过,恨过,欢笑过,哭泣过,体味过,彻悟过……细细想来,便知晴日多于阴雨,收获多于劳作。只要我认真地活过,无愧地付出过,人们将无权耻笑我是入不敷出③的傻瓜,也不必用他的尺度来衡量我值得或是不值得。

到了冬日,那生命的黄昏,难道就没有什么事情好做?只是隔着窗子,看飘落的雪花、落寞的田野,或是数点那光秃的树枝上的寒鸦?不,我还可以在炉子里加上几块木柴,使屋子更加温暖;我将冷静地检点自己:我为什么失败,我做错过什么,我欠过别人什么……但愿只是别人欠我,那最后的日子,便会心安得多!

---

① 望眼欲穿:形容盼望殷切。
② 怨天尤人:抱怨天,埋怨别人。形容对不如意的事情一味归咎于客观。
③ 入不敷(fū)出:收入不够开支。

再没有可能纠正已经成为往事的过错。一个生命不可能再有一次四季。未来的四季将属于另一个新的生命。

但我还是有事情好做，我将把这一切记录下来。人们无聊的时候，不妨读来解闷。怀恨我的人，也可以幸灾乐祸①地骂声：活该！聪明的人也许会说这是多余；刻薄的人也许会敷演出一把利剑，将我一条条地切割。但我相信，多数人将会理解，他们将会公正地判断我曾做过的一切。

在生命的黄昏里，哀叹和寂寞的，将不会是我！

1981 年 1 月于北京

【作者简介】

张洁，生于 1937 年，当代女作家。原籍辽宁，生于北京，读小学和中学时爱好音乐和文艺，1960 年毕业于中国人民大学。北京市作协专业作家，国家一级作家。1978 年始发文学作品，著有长篇小说《沉重的翅膀》(获第二届茅盾文学奖)，中篇小说《祖母绿》(获第三届全国优秀中篇小说奖)，短篇小说《森林里来的孩子》(获第一届全国优秀短篇小说奖)等，是我国第一个荣获长篇、中篇、短篇小说三项国家大奖的作家。另有短篇小说集《爱，是不能忘记的》、中篇小说集《方舟》、长篇散文《世界上最疼我的那个人去了》，以及《张洁文集》(四卷)等。曾获 1989 年度意大利马拉帕蒂国际文学奖。1992 年被选为美国文学艺术院荣誉院士。其作品已被译为英、法、德、俄、丹麦、挪威、瑞典、芬兰、荷兰、意大利等多种文字出版。

思考与练习

一、作者给"四季"赋予了深刻的寓意，结合本文思考每个季节具有怎样的生命

---

① 幸灾乐祸：别人遭到灾祸时自己心里高兴。

特点,从文中找出依据,同时谈谈每个季节中作者所持的人生态度。

二、这篇散文的语言富有深刻的哲理性。你最喜欢哪句话,把它找出来读一读,然后说一说你为什么喜欢它?

三、作者说"一个生命不可能再有一次四季",那么你将怎样对待你仅有的一次生命四季?

延伸阅读

在质朴简单中寄寓微妙深沉
——《我的四季》读后感

曲　乙

这是一篇别具一格的抒情散文。

作者在文章中对自己的人生态度进行了一番坦诚的表白和真挚的诉说。值得注意的是,在这种表白和诉说中,完全舍弃了个人生活经验的感性形态,舍弃了真实具体的生活场景和生活感受。作者把自己藏匿在一个虚拟的农夫形象的背后,把大自然变换着的四季作为人生的一种总体象征,用农民式的劳作和拼搏,农民式的期望和失望,农民式的欢乐和痛苦,表达自己在为事业而奋斗的过程中所感受到的一切。

为什么作者要舍弃那种对自己来说分明是更真切、更熟悉的人生经验和人生形态,而选择这种虚拟的艺术形象呢?

从根本上讲,这是对人生的一种诗化处理,一种象征式的表现。与生活的固有形态相比,这种具有象征意义的形象描摹对于主题的表现有许多优越之处。一方面,农夫在四季中的劳作和悲欢较之作者的文字生涯更能够直观地、便捷地引起读者的感知和共鸣;另一方面,农夫形象那种明显的虚拟性和符号性,又使读者能够透过这一表层形象去探究作者所要表达的深层意蕴——那种具有普遍性的人生思索和人生体悟。

最质朴、最简单的事物往往适合表达最微妙、最深刻的意旨,读过这篇文章,我们不难体会到这一点。

——文心出版社《中外名著·书话·散文拔萃》

四季交响曲

杨林勃

冬的选择

冬天来了,带着冰刀,带着雪箭,带着威风凛凛的气势闯入了这个世界。冬天来了,万物都经受着一场严峻的考验。面对这场考验,世间的一切都在急剧地变化着。

天上的星星重新组合起队形了;地上的山峰换上一副刚毅的面容了;树木的家族为节省开支甩掉豪华的服饰了;林中的野兽们不敢坐享其成,渐渐闭起饕餮之口了;小小的虫蛇们怕掉了队么? 都蛰伏起来,积蓄着能量,去构筑明年辉煌的梦了。

冬天像一位严肃的执法官。冬天对谁都不讲情面,该取的取,该舍的舍,该淘汰的便立即淘汰。冬天里巧嘴巴的用不上了;冬天里阴谋家的诡计全失了效了;冬天里南郭先生的滥竽吹不响了;冬天里守旧的链条不扯自断了;冬天里的风不再懒洋洋地吹了;冬天里行人的脚步都比从前快了。

冬天是一场考试,冬天是一场实战的演练,冬天锻造出一支强者的大军去占领春天,去主宰夏天,去夺取秋天。举目一年三百六十五日,一个圆的起点不也是在冬天么?

春天的诗

春天是无私的,无私的春天只知给予;春天是善良的,善良的春天不知防范。

她带来生命,复活了香花也复活了毒草;她带来了音乐,唤醒了沉寂也生出噪乱;她捧出了绿色,画出了明媚也增长了阴影;她赐予了温暖,创造了舒适也生出了困倦。春天多像一个人,有优点也有缺点。然而谁能不看她的主流呢,谁又甘愿与她疏远?

春天是善良的,有善良就会有邪恶钻营;春天是无私的,无私的总会得到信赖。

夏天来了

夏天来了,是槐树花儿告诉我的,它赠我一串串洁白的珍珠;夏天来了,是紫红的桑葚告诉我的,它点染我一腔多彩的情愫。

夏天里水稻扬花,玉米拔节,南瓜孕子,小麦成熟。夏天里一切都在竞争,一切都在生长,一切都在创造,一切都在走向收获。

夏天里的太阳总是倾尽最大的热能,夏日的云彩也慷慨布施,一改守财奴的面目。

夏天是一部公开出版的读物,你读我读大家读;夏天没有隐私,不怕谁咬耳嚼舌;夏天没有围栏,到处都是放射状的道路。

夏天如一条涨水的大江,聚集着无限的精力;夏天是足球场上一个漂亮的射门,疾如星驰,谁也不能拦阻。

哦,夏天,坦坦诚诚的夏天,多的是拼搏,少的是束缚。

秋的思索

一片红叶送来秋的请柬,绿色的纱幕一揭开,五颜六色的果实,就在山野的大货架上摆满了。圆圆的果实,圆圆的豆谷,仿佛给这一年画上一个个圆满的句号。

太阳亮了起来,月亮明了起来,两只高悬的明镜下,胜与负、成与败皆在此亮相。

美的、丑的,大的、小的,是骡子是马皆拉出来遛遛。秋天是一杆秤,公平公正是它的准星。

秋天是奉献与奉献的互换,给予与给予的回报。春天里你丢失了多少汗珠,都能在秋天里找到。

秋天拒绝犯红眼病的,秋天不可怜患后悔症的,秋天是地地道道的市场经济,每年都重复着一个自古不变的话题,"天上没有掉下的馅饼"。

秋天离去的雁阵总排成个"人"字,秋天的草木逝去时总带着一个"艳"字。秋天像一台正剧,闭幕时尤显得完美悲壮,秋天像一轮将离去的夕阳,落下时也落得辉煌。

3 我与地坛(节选)①

史铁生

课文导读

作者是在双腿残废的沉重打击下,在找不到工作,找不到去路,忽然间几乎什么都找不到了的时候"走"进地坛的,从此以后与地坛结下了不解之缘,直到写这篇散文时的 15 年间,"就再没有长久地离开过它"。作者似乎从这座历经 400 多年沧桑的古园那里获得了某种启示,汲取了顽强生活与奋斗的力量。在《我与地坛》一文中,除了节选为课文的部分之外,作者还写了在古园中的见闻和所遇到的人与事,述说了自己的所思所想,其中更多的还是抒发自己对于命运和生死问题的感悟。

一

我在好几篇小说中都提到过一座废弃的古园,实际就是地坛。许多年前旅游业还没有开展,园子荒芜冷落得如同一片野地,很少被人记起。

地坛离我家很近。或者说我家离地坛很近。总之,只好认为这是缘分。地坛在我出生前四百多年就坐落在那儿了,而自从我的祖母年轻时带着我父亲来到北京,就一直住在离它不远的地方——五十多年间搬过几次家,可搬来搬去总是在它周围,而且是越搬离它越近了。我常觉得这中间有着宿命的味道:这古园仿佛就是为了等我,而历尽沧桑在那儿等待了四百多年。

它等待我出生,然后又等待我活到最狂妄的年龄上忽地让我残废了双腿。四百多年里,它剥蚀了古殿檐头浮夸的琉璃,淡褪了门壁上炫耀的朱红,坍圮②了一段段高墙又散落了玉砌雕栏,祭坛四周的老柏树愈见苍幽,到处的野草荒藤也都茂盛得自在坦荡。这时候想必我是该来了。十五年前的一个下午,我摇着轮椅进入园中,它为一个失魂落魄的人把一切都准备好了。那时,太阳循着亘古不变③的路途正越

---

① 选自《当代艺术散文集粹》,北京十月文艺出版社 1996 年版。
② 坍圮(tān pǐ):山坡、建筑物或堆积的东西倒塌。
③ 亘(gèn)古不变:从古至今永远也不会改变。

来越大,也越红。在满园弥漫的沉静光芒中,一个人更容易看到时间,并看见自己的身影。

自从那个下午我无意中进了这园子,就再没长久地离开过它。我一下子就理解了它的意图。正如我在一篇小说中所说的:"在人口密聚的城市里,有这样一个宁静的去处,像是上帝的苦心安排。"

两条腿残废后的最初几年,我找不到工作,找不到去路,忽然间几乎什么都找不到了,我就摇了轮椅总是到它那儿去,仅为着那儿是可以逃避一个世界的另一个世界。我在那篇小说中写道:"没处可去我便一天到晚耗①在这园子里。跟上班下班一样,别人去上班我就摇了轮椅到这儿来。园子无人看管,上下班时间有些抄近路的人们从园中穿过,园子里活跃一阵,过后便沉寂下来。""园墙在金晃晃的空气中斜切下一溜荫凉,我把轮椅开进去,把椅背放倒,坐着或是躺着,看书或者想事,撅②一枝树枝左右拍打,驱赶那些和我一样不明白为什么要来这世上的小昆虫。""蜂儿如一朵小雾稳稳地停在半空;蚂蚁摇头晃脑捋③着触须,猛然间想透了什么,转身疾行而去;瓢虫爬得不耐烦了,累了祈祷一回便支开翅膀,忽悠一下升空了;树干上留着一只蝉蜕,寂寞如一间空屋;露水在草叶上滚动,聚集,压弯了草叶轰然坠地摔开万道金光。""满园子都是草木竞相生长弄出的响动,窸窸窣窣片刻不息。"这都是真实的记录,园子荒芜但并不衰败。

除去几座殿堂我无法进去,除去那座祭坛我不能上去而只能从各个角度张望它,地坛的每一棵树下我都去过,差不多它的每一米草地上都有过我的车轮印。无论是什么季节,什么天气,什么时间,我都在这园子里待过。有时候待一会儿就回家,有时候就呆到满地上都亮起月光。记不清都是在它的哪些角落里了,我一连几小时专心致志地想关于死的事,也以同样的耐心和方式想过我为什么要出生。这样想了好几年,最后事情终于弄明白了:一个人,出生了,这就不再是一个可以辩论的问题,而只是上帝交给他的一个事实;上帝在交给我们这件事实的时候,已经顺便保证了它的结果,所以死是一件不必急于求成的事,死是一个必然会降临的节日。这样想过之后我安心多了,眼前的一切不再那么可怕。比如你起早熬夜准备考试的时候,忽然想起有一个长长的假期在前面等待你,你会不会觉得轻松一点,并且庆幸并且感激这样的安排?

剩下的就是怎样活的问题了,这却不是在某一个瞬间就能完全想透的,不是一次性能够解决的事,怕是活多久就要想它多久了,就像是伴你终生的魔鬼或恋人。所以,十五年了,我还是总得到那古园里去,去它的老树下或荒草边或颓墙旁,去默坐,去呆想,去推开耳边的嘈杂理一理纷乱的思绪,去窥看自己的心魂。十五年中,

---

①　耗:拖延。

②　撅(juē):折。

③　捋(lǚ):用手指顺着抹过去,使物体顺溜或干净。

这古园的形体被不能理解它的人肆意①雕琢,幸好有些东西是任谁也不能改变它的。譬如祭坛石门中的落日,寂静的光辉平铺的一刻,地上的每一个坎坷都被映照得灿烂;譬如在园中最为落寞的时间,一群雨燕便出来高歌,把天地都叫喊得苍凉;譬如冬天雪地上孩子的脚印,总让人猜想他们是谁,曾在哪儿做过些什么,然后又都到哪儿去了;譬如那些苍黑的古柏,你忧郁的时候它们镇静地站在那儿,你欣喜的时候它们依然镇静地站在那儿,它们没日没夜地站在那儿,从你没有出生一直站到这个世界上又没了你的时候;譬如暴雨骤临园中,激起一阵阵灼烈而清纯的草木和泥土的气味,让人想起无数个夏天的事件;譬如秋风忽至,再有一场早霜,落叶或飘摇歌舞或坦然安卧,满园中播散着熨帖②而微苦的味道。味道是最说不清楚的,味道不能写只能闻,要你身临其境去闻才能明了。味道甚至是难于记忆的,只有你又闻到它你才能记起它的全部情感和意蕴。所以我常常要到那园子里去。

二

现在我才想到,当年我总是独自跑到地坛去,曾经给母亲出了一个怎样的难题。

她不是那种光会疼爱儿子而不懂得理解儿子的母亲。她知道我心里的苦闷,知道不该阻止我出去走走,知道我要是老待在家里结果会更糟,但她又担心我一个人在那荒僻的园子里整天都想些什么。我那时脾气坏到极点,经常是发了疯一样地离开家,从那园子里回来又中了魔似的什么话都不说。母亲知道有些事不宜问,便犹犹豫豫地想问而终于不敢问,因为她自己心里也没有答案。她料想我不会愿意她跟我一同去,所以她从未这样要求过,她知道得给我一点独处的时间,得有这样一段过程。她只是不知道这过程得要多久,和这过程的尽头究竟是什么。每次我要动身时,她便无言地帮我准备,帮助我上了轮椅车,看着我摇车拐出小院;这以后她会怎样,当年我不曾想过。

有一回我摇车出了小院,想起一件什么事又返身回来,看见母亲仍站在原地,还是送我走时的姿势,望着我拐出小院去的那处墙角,对我的回来竟一时没有反应。待她再次送我出门的时候,她说:"出去活动活动,去地坛看看书,我说这挺好。"许多年以后我才渐渐听出,母亲这话实际上是自我安慰,是暗自的祷告,是给我的提示,是恳求与嘱咐。只是在她猝然③去世之后,我才有余暇设想,当我不在家里的那些漫长的时间,她是怎样心神不定坐卧难宁,兼着痛苦与惊恐与一个母亲最低限度的祈求。现在我可以断定,以她的聪慧和坚忍,在那些空落的白天后的黑夜,在那不眠的黑夜后的白天,她思来想去最后准是对自己说:"反正我不能不让他出去,未来的日子是他自己的,如果他真的要在那园子里出了什么事,这苦难也只好我来承担。"在

---

① 肆意:不顾一切由着自己的性子(去做)。
② 熨(yù)帖:心里平静舒适。
③ 猝(cù)然:突然;出乎意外。

那段日子里——那是好几年长的一段日子,我想我一定使母亲做过了最坏的准备了,但她从来没有对我说过:"你为我想想。"事实上我也真的没为她想过。那时她的儿子还太年轻,还来不及为母亲想,他被命运击昏了头,一心以为自己是世上最不幸的一个,不知道儿子的不幸在母亲那儿总是要加倍的。她有一个长到二十岁上忽然截瘫了的儿子,这是她唯一的儿子;她情愿截瘫的是自己而不是儿子,可这事无法代替;她想,只要儿子能活下去哪怕自己去死也行,可她又确信一个人不能仅仅是活着,儿子得有一条路走向自己的幸福;而这条路呢,没有谁能保证她的儿子终于能找到。——这样一个母亲,注定是活得最苦的母亲。

有一次与一个作家朋友聊天,我问他学写作的最初动机是什么?他想了一会说:"为我母亲。为了让她骄傲。"我心里一惊,良久无言。回想自己最初写小说的动机,虽不似这位朋友的那般单纯,但如他一样的愿望我也有,且一经细想,发现这愿望也在全部动机中占了很大比重。这位朋友说:"我的动机太低俗了吧?"我光是摇头,心想低俗并不见得低俗,只怕是这愿望过于天真了。他又说:"我那时真就是想出名,出了名让别人羡慕我母亲。"我想,他比我坦率。我想,他又比我幸福,因为他的母亲还活着。而且我想,他的母亲也比我的母亲运气好,他的母亲没有一个双腿残废的儿子,否则事情就不这么简单。

在我的头一篇小说发表的时候,在我的小说第一次获奖的那些日子里,我真是多么希望我的母亲还活着。我便又不能在家里待了,又整天整天独自跑到地坛去,心里是没头没尾的沉郁和哀怨,走遍整个园子却怎么也想不通:母亲为什么就不能再多活两年?为什么在她儿子就快要碰撞开一条路的时候,她却忽然熬不住了?莫非她来此世上只是为了替儿子担忧,却不该分享我的一点点快乐?她匆匆离我去时才只有四十九岁呀!有那么一会儿,我甚至对世界对上帝充满了仇恨和厌恶。后来我在一篇题为"合欢树"的文章中写道:"我坐在小公园安静的树林里,闭上眼睛,想,上帝为什么早早地召母亲回去呢?很久很久,迷迷糊糊的我听见了回答:'她心里太苦了,上帝看她受不住了,就召她回去。'我似乎得了一点安慰,睁开眼睛,看见风正从树林里穿过。"小公园,指的也是地坛。

只是到了这时候,纷纭的往事才在我眼前幻现得清晰,母亲的苦难与伟大才在我心中渗透得深彻。上帝的考虑,也许是对的。

摇着轮椅在园中慢慢走,又是雾罩的清晨,又是骄阳高悬的白昼,我只想着一件事:母亲已经不在了。在老柏树旁停下,在草地上在颓墙边停下,又是处处虫鸣的午后,又是鸟儿归巢的傍晚,我心里只默念着一句话:可是母亲已经不在了。把椅背放倒,躺下,似睡非睡挨到日没,坐起来,心神恍惚,呆呆地直坐到古祭坛上落满黑暗然后再渐渐浮起月光,心里才有点明白,母亲不能再来这园中找我了。

曾有过好多回,我在这园子里待得太久了,母亲就来找我。她来找我又不想让我发觉,只要见我还好好地在这园子里,她就悄悄转身回去。我看见过几次她的背影。我也看见过几回她四处张望的情景,她视力不好,端着眼镜像在寻找海上的一

条船，她没看见我时我已经看见她了，待我看见她也看见我了，我就不去看她，过一会我再抬头看她就又看见她缓缓离去的背影。我单是无法知道有多少回她没有找到我。有一回我坐在矮树丛中，树丛很密，我看见她没有找到我；她一个人在园子里走，走过我的身旁，走过我经常呆的一些地方，步履茫然又急迫。我不知道她已经找了多久还要找多久，我不知道为什么我决意不喊她——但这绝不是小时候的捉迷藏，这也许是出于长大了的男孩子的倔强或羞涩？但这倔强只留给我痛悔，丝毫也没有骄傲。我真想告诫所有长大了的男孩子，千万不要跟母亲来这套倔强，羞涩就更不必，我已经懂了可我已经来不及了。

儿子想使母亲骄傲，这心情毕竟是太真实了，以致使"想出名"这一声名狼藉①的念头也多少改变了一点形象。这是个复杂的问题，且不去管它了罢。随着小说获奖的激动逐日暗淡，我开始相信，至少有一点我是想错了：我用纸笔在报刊上碰撞开的一条路，并不就是母亲盼望我找到的那条路。年年月月我都到这园子里来，年年月月我都要想，母亲盼望我找到的那条路到底是什么。母亲生前没给我留下过什么隽永②的哲言，或要我恪守的教诲，只是在她去世之后，她艰难的命运、坚忍的意志和毫不张扬的爱，随光阴流转，在我的印象中愈加鲜明深刻。

有一年，十月的风又翻动起安详的落叶，我在园中读书，听见两个散步的老人说："没想到这园子有这么大。"我放下书，想，这么大一座园子，要在其中找到她的儿子，母亲走过了多少焦灼的路。多年来我头一次意识到，这园中不单是处处都有过我的车辙，有过我的车辙的地方也都有过母亲的脚印。

【作者简介】

史铁生(1951—2010)，中国现代著名作家、思想家。于1969年到陕北延安地区"插队"。三年后因双腿瘫痪回到北京，后因病情加重(又患肾病并发展到尿毒症，需要靠透析维持生命)在家疗养。1979年开始发表作品。自称是"职业是生病，业余在写作"。2002年获华语文学传媒大奖年度杰出成就奖。著名散文《我与地坛》鼓励了

---

① 声名狼藉：形容名声极坏。
② 隽(juàn)永：(言语、诗文)意味深长。

无数的人。2010年12月30日下午4点,因突发脑溢血,经抢救无效,于12月31日离开人世。

史铁生是当代中国最令人敬佩的作家之一。他的写作与他的生命完全同构在了一起,在自己的"写作之夜","史铁生用残缺的身体,说出了最为健全而丰满的思想。他体验到的是生命的苦难,表达出的却是存在的明朗和欢乐,他睿智的言辞,照亮的反而是我们日益幽暗的内心"(引自华语传媒的颁奖词)。

思考与练习

一、文中的地坛有怎样的特点?作者为什么"常常要到那园子里去"?

二、课文结尾处的"脚印"一词该如何理解?有什么深层含义?

三、"我"为什么明明看见母亲还没有找到自己却决意不喊她,让母亲继续着急地悄悄找下去?作者说自己也不知道为什么。你能分析出来吗?

四、周末回家观察父母的言行举止,用心灵解读父母的爱。模仿史铁生的语言与风格,注重展示内心世界,注重抒情和议论,把父爱或母爱用笔记下来。

延伸阅读

秋天的怀念

史铁生

双腿瘫痪后,我的脾气变得暴怒无常。望着望着天上北归的雁阵,我会突然把面前的玻璃砸碎;听着听着李谷一甜美的歌声,我会猛地把手边的东西摔向四周的墙壁。母亲就悄悄地躲出去,在我看不见的地方偷偷地听着我的动静。当一切恢复沉寂,她又悄悄地进来,眼边红红的,看着我。"听说北海的花儿都开了,我推着你去走走。"她总是这么说。母亲喜欢花,可自从我的腿瘫痪后,她侍弄的那些花都死了。"不,我不去!"我狠命地捶打这两条可恨的腿,喊着:"我活着有什么劲!"母亲扑过来抓住我的手,忍住哭声说:"咱娘儿俩在一块儿,好好儿活,好好儿活……"可我却一直都不知道,她的病已经到了那步田地。后来妹妹告诉我,她常常肝疼得整宿整宿翻来覆去地睡不了觉。

那天我又独自坐在屋里,看着窗外的树叶"唰唰啦啦"地飘落。母亲进来了,挡在窗前:"北海的菊花开了,我推着你去看看吧。"她憔悴的脸上现出央求般的神色。"什么时候?""你要是愿意,就明天?"她说。我的回答已经让她喜出望外了。"好吧,就明天。"我说。她高兴得一会坐下,一会站起:"那就赶紧准备准备。""哎呀,烦不烦?几步路,有什么好准备的!"她也笑了,坐在我身边,絮絮叨叨地说着:"看完菊花,咱们就去'仿膳',你小时候最爱吃那儿的豌豆黄儿。还记得那回我带你去北海吗？你偏说那杨树花是毛毛虫,跑着,一脚踩扁一个……"她忽然不说了。对于"跑"和"踩"一类的字眼儿。她比我还敏感。她又悄悄地出去了。

她出去了。就再也没回来。

邻居们把她抬上车时,她还在大口大口地吐着鲜血。我没想到她已经病成那样。看着三轮车远去,也绝没有想到那竟是永远的诀别。

邻居的小伙子背着我去看她的时候,她正艰难地呼吸着,像她那一生艰难的生活。别人告诉我,她昏迷前的最后一句话是:"我那个有病的儿子和我那个还未成年的女儿……"又是秋天,妹妹推我去北海看了菊花。黄色的花淡雅,白色的花高洁,紫红色的花热烈而深沉,泼泼洒洒,秋风中正开得烂漫。我懂得母亲没有说完的话。妹妹也懂。我俩在一块儿,要好好儿活……生命就是这样,一个不断超越自身局限的过程,这就是命运,任何人都是一样,在这过程中,我们遭遇痛苦,超越局限,从而感受幸福。

4 假如给我三天光明(节选)①

[美]海伦·凯勒

课文导读

《假如给我三天光明》是一曲微笑面对厄运的生命赞歌。海伦·凯勒以热切、坦诚和真挚的语言,展现给读者坚强不屈和积极乐观的精神,以及她对世人强烈的爱和热切的希望。我们可以通过品味朴素、真挚的语言,走进人物纯洁高尚的心灵,感知并领悟海伦·凯勒细腻生动的心理,品味作者的内心世界。

有时我认为,如果我们像明天就会死去那样去生活,才是最好的规则。这样一种态度可以尖锐地强调生命的价值。我们每天都应该怀着友善、朝气和渴望去生活,但是,当时间在我们前面日复一日,月复一月,年复一年地不断延伸开去,这些品质常常就会丧失。然而,我们大多数人都把人生视为当然。我们并不感激我们的所有,直到我们丧失了它;我们意识不到我们的健康,直到我们生了病——自古以来,莫不如此。

我常想,如果每个人在他的初识阶段患过几天盲聋症,这将是一种幸福。黑暗会使他更珍惜视觉;哑默会教导他更喜慕声音。我时常测验我那些有视觉的朋友,看他们究竟看见了什么。

前几天,一位很要好的朋友来探望我,她刚从树林里远足而来,于是我就问她,她观察到一些什么。"没有什么特别的。"她回答说。要不是我惯于听到这样的回答(因为我很久就已确信有视觉的人看得很少),我简直会不相信我的耳朵。

在树林中穿行一个小时,却没有看到什么值得注意的东西,这怎么可能呢？我自问着。我这个不能用眼睛看的人,仅仅凭借触觉,就能发现好几百种使我感兴趣的东西。我用双手亲切地抚摸一株桦树光滑的外皮,或者一株松树粗糙不平的树皮。在春天,我摸着树枝,满怀希望地寻找蓓蕾,寻找大自然冬眠之后苏醒过来的第一征兆。有时,我感觉到一朵花的可爱而柔润的肌理,发现它那不平常的卷曲。偶尔,如果我非常走运,将手轻柔地放在小树上,我可以感觉到小鸟在音律丰满的歌声中快乐地跳跃。我非常喜欢让小溪凉爽的流水从我张开的手指缝隙间急促地淌过。

---

① 选自[美]海伦·凯勒:《假如给我三天光明》,刘冬妮译,华文出版社2002年版。有改动。

我觉得,松针或者海绵似的柔草铺就的茂盛葱郁的地毯,比豪华奢侈的波斯小地毯更受欢迎。对我来说,四季的盛景是一场极其动人而且演不完的戏剧,它的情节从我指尖一幕幕滑过。

有时,我的心在哭泣,渴望看到所有这些东西。如果我仅仅凭借触觉就能得到那么多的快乐,那么凭借视觉将会有多少美展现出来啊!可是,那些有眼睛的人显然看得很少。对于世界上充盈的五颜六色、千姿百态万花筒般的景象,他们认为是理所当然的。也许人类就是这样,极少去珍惜我们所拥有的东西,而渴望那些我们所没有的东西。在光明的世界中,视觉这一天赋才能,竟只被作为一种便利,而不是一种丰富生活的手段,这是多么可惜啊!

如果,由于某种奇迹,我可以睁眼看三天,紧跟着回到黑暗中去,我将会把这段时间分成三部分。

第一天,我要看人,他们的善良、温厚与友谊使我的生活值得一过。首先,我希望长久地凝视我亲爱的老师,安妮·莎莉文·梅西太太的面庞,当我还是个孩子的时候,她就来到了我面前,为我打开了外面的世界。我将不仅要看到她面庞的轮廓,以便我能够将它珍藏在我的记忆中,而且还要研究她的容貌,发现她出自同情心的温柔和耐心的生动迹象,她正是以此来完成教育我的艰巨任务的。我希望从她的眼睛里看到能使她在困难面前站得稳的坚强性格,并且看到她那经常向我流露的、对于全人类的同情。

第一天,将会是忙碌的一天。我将把我所有亲爱的朋友都叫来,长久地望着他们的脸,把他们内在美的外部迹象铭刻在我的心中。我也将会把目光停留在一个婴儿的脸上,以便能够捕捉到在生活冲突所致的个人意识尚未建立之前的那种渴望的、天真无邪的美。

我还将看看我的小狗们忠实信赖的眼睛——庄重、宁静的小司格梯、达吉,还有健壮而又懂事的大德恩,以及黑尔格,它们的热情、幼稚而顽皮的友谊,使我获得了很大的安慰。

在忙碌的第一天,我还将观察一下我的房间里简单的小东西,我要看看我脚下的小地毯的温暖颜色,墙壁上的画,将房子变成一个家的那些亲切的小玩意。我的目光将会崇敬地落在我读过的盲文书籍上,然而那些能看的人们所读的印刷字体的书籍,会使我更加感兴趣。在我一生漫长的黑夜里,我读过的和人们读给我听的那些书,已经成为一座辉煌的巨大灯塔,为我指示出了人生及心灵的最深的航道。

在能看见的第一天下午,我将到森林里进行一次远足,让我的眼睛陶醉在自然界的美丽之中,在几小时内,拼命吸取那经常展现在正常视力人面前的光辉灿烂的广阔奇观。自森林郊游返回的途中,我要走在农庄附近的小路上,以便看看在田野耕作的马(也许我只能看到一台拖拉机),看看紧靠着土地过活的悠然自得的人们,我将为光艳动人的落日奇景而祈祷。

当黄昏降临,我将由于凭借人为的光明看见外物而感到喜悦,当大自然宣告黑暗到来时,人类天才地创造了灯光,来延伸他的视力。在第一个有视觉的夜晚,我将睡不着,心中充满对于这一天的回忆。

有视觉的第二天,我要在黎明起身,去看黑夜变为白昼的动人奇迹。我将怀着敬畏之心,仰望壮丽的曙光全景,与此同时,太阳唤醒了沉睡的大地。

这一天,我将向世界,向过去和现在的世界匆忙瞥一眼。我想看看人类进步的奇观,那变化无穷的万古千年。这么多的年代,怎么能被压缩成一天呢?当然是通过博物馆。我常常参观纽约自然史博物馆,用手摸一摸那里展出的许多展品,但我曾经渴望亲眼看看地球的简史和陈列在那里的地球上的居民——按照自然环境描画的动物和人类,巨大的恐龙和剑齿象①的化石,早在人类出现并以他短小的身材和有力的头脑征服动物王国以前,它们就漫游在地球上了;博物馆还逼真地介绍了动物、人类,以及劳动工具的发展经过,人类使用这些工具,在这个行星上为自己创造了安全牢固的家。

我的下一站将是首都艺术博物馆,因为它正像自然史博物馆显示了世界的物质外观那样,首都艺术博物馆显示了人类精神的无数个小侧面。在整个人类历史阶段,人类对于艺术表现的强烈欲望几乎像对待食物、藏身处,以及生育繁殖一样迫切。在这里,在首都艺术博物馆巨大的展览厅里,埃及、希腊、罗马的精神在它们的艺术中表现出来,展现在我面前。

我通过手清楚地知道了古代尼罗河国度的诸神和女神。我抚摸了帕提侬神庙②中的复制品,感到了雅典冲锋战士有韵律的美。阿波罗③、维纳斯④以及双翼胜利之神莎莫瑞丝都使我爱不释手。荷马⑤的那副多瘤有须的面容对我来说是极其珍贵的,因为他也懂得什么叫失明。我的手依依不舍地留恋罗马及后期的逼真的大理石雕刻,我的手抚摸遍了米开朗琪罗的感人的英勇的摩西石雕像,我感知到罗丹⑥的力量,我敬畏哥特人⑦对于木刻的虔诚。这些能够触摸的艺术品对我来讲,是极有意义的,然而,与其说它们是供人触摸的,毋宁说它们是供人观赏的,而我只能猜测那种我看不见的美。我能欣赏希腊花瓶的简朴的线条,但它的那些图案装饰我却看不到。

因此,这一天,给我光明的第二天,我将通过艺术来搜寻人类的灵魂。我会看见那些我凭借触摸所知道的东西。更妙的是,整个壮丽的绘画世界将向我打开,从富

---

①　剑齿象:古哺乳动物,长鼻目的一属。已绝灭。

②　帕提侬神庙:位于希腊首都雅典卫城的古城堡中心,建于公元前5世纪,是为传说中的雅典城邦守护神雅典娜·帕提侬而建的祭殿。

③　阿波罗:希腊神话中的太阳神。

④　维纳斯:罗马神话中的爱和美的女神,即希腊神话中的阿佛洛狄忒。

⑤　荷马:古希腊盲诗人,相传著名的史诗《伊利亚特》和《奥德赛》是他所作。

⑥　罗丹(1840—1917):法国雕塑家。

⑦　哥特人:古代欧洲日耳曼族的一个重要部落。

有宁静的宗教色彩的意大利早期艺术及至带有狂想风格的现代派艺术。我将细心地观察拉斐尔①、达·芬奇②、提香③、伦勃朗④的油画。我要饱览维洛内萨⑤的温暖色彩,研究艾尔·格列科⑥的奥秘,从柯罗⑦的绘画中重新观察大自然。啊,你们有眼睛的人们竟能欣赏到历代艺术中这么丰富的意味和美!在我对这个艺术神殿的短暂的游览中,我一点儿也不能评论展开在我面前的那个伟大的艺术世界,我将只能得到一个肤浅的印象。艺术家们告诉我,为了达到深刻而真正的艺术鉴赏,一个人必须训练眼睛,一个人必须通过经验学习判断线条、构图、形式和颜色的品质优劣。假如我有视觉从事这么使人着迷的研究,该是多么幸福啊!但是,我听说,对于你们有眼睛的许多人,艺术世界仍是个有待进一步探索的世界。

我依依不舍地离开了首都艺术博物馆,它装纳着美的钥匙。但是,看得见的人们往往并不需要到首都艺术博物馆去寻找这把美的钥匙。同样的钥匙还在较小的博物馆中甚或在小图书馆书架上等待着。但是,在我假想的有视觉的有限时间里,我应当挑选一把钥匙,能在最短的时间内去开启藏有最大宝藏的地方。

我重见光明的第二晚,我要在剧院或电影院里度过。即使现在我也常常出席剧场的各种各样的演出,但是,剧情必须由一位同伴拼写在我手上。然而,我多么想亲眼看看哈姆雷特⑧的迷人的风采,或者穿着伊丽莎白时代鲜艳服饰的生气勃勃的弗斯塔夫⑨!我多么想注视哈姆雷特的每一个优雅的动作,注视精神饱满的弗斯塔夫的大摇大摆!因为我只能看一场戏,这就使我感到非常为难,因为还有数十幕我想要看的戏剧。

你们有视觉,能看到你们喜爱的任何一幕戏。当你们观看一幕戏剧、一部电影或者任何一个场面时,我不知道,究竟有多少人对于使你们享受它的色彩、优美和动作的视觉的奇迹有所认识,并怀有感激之情呢?由于我生活在一个限于手触的范围里,我不能享受到有节奏的动作美。但我只能模糊地想象一下巴甫洛娃⑩的优美,虽然我知道一点律动的快感,因为我常常能在音乐震动地板时感觉到它的节拍。我能充分想象那有韵律的动作,一定是世界上最令人悦目的一种景象。我用手指抚摸大理石雕像的线条,就能够推断出几分。如果这种静态美都能那么可爱,看到的动态美一定更加令人激动。我最珍贵的回忆之一就是,约瑟·杰弗逊让我在他又说又做

---

① 拉斐尔(1483—1520):意大利画家。
② 达·芬奇(1452—1519):意大利画家、自然科学家、工程师。
③ 提香(1490—1576):意大利画家。
④ 伦勃朗(1606—1669):荷兰画家。
⑤ 维洛内萨(1528—1588):意大利画家。
⑥ 艾尔·格列科(约1541—1614):西班牙画家。
⑦ 柯罗(1796—1875):法国画家。
⑧ 哈姆雷特:莎士比亚剧作《哈姆雷特》中的主人公。
⑨ 弗斯塔夫:莎士比亚剧作《亨利四世》中的一个喜剧角色。
⑩ 巴甫洛娃(1881—1931):俄国芭蕾舞演员。

地表演他所爱的里卜·万·温克①时去摸他的脸庞和双手。

我多少能体会到一点戏剧世界,我永远不会忘记那一瞬间的快乐。但是,我多么渴望观看和倾听戏剧表演进行中对白和动作的相互作用啊!而你们看得见的人该能从中得到多少快乐啊!如果我能看到仅仅一场戏,我就会知道怎样在心中描绘出我用盲文字母读到或了解到的近百部戏剧的情节。所以,在我虚构的重见光明的第二晚,我没有睡成,整晚都在欣赏戏剧文学。

下一天清晨,我将再一次迎接黎明,急于寻找新的喜悦,因为我相信,对于那些真正看得见的人,每天的黎明一定是一个永远重复的新的美景。依据我虚构的奇迹的期限,这将是我有视觉的第三天,也是最后一天。我将没有时间花费在遗憾和热望中,因为有太多的东西要去看。第一天,我奉献给了我有生命和无生命的朋友。第二天,向我显示了人与自然的历史。今天,我将在当前的日常世界中度过,到为生活奔忙的人们经常去的地方去,而哪儿能像纽约一样找得到人们那么多的活动和那么多的状况呢?所以城市成了我的目的地。

我匆匆赶到那些庞大建筑物之一——帝国大厦的顶端,因为不久以前,我在那里凭借我秘书的眼睛"俯视"过这座城市,我渴望把我的想象同现实作一比较。我相信,展现在我面前的全部景色一定不会令我失望,因为它对我将是另一个世界的景色。此时,我开始周游这座城市。首先,我站在繁华的街角,只看看人,试图凭借对他们的观察去了解一下他们的生活。看到他们的笑颜,我感到快乐;看到他们的严肃的决定,我感到骄傲;看到他们的痛苦,我不禁充满同情。

我沿着第五大街散步。我漫然四顾,眼光并不投向某一特殊目标,而只看看万花筒般五光十色的景象。我确信,那些活动在人群中的妇女的服装色彩一定是一幅绝不会令我厌烦的华丽景色。然而如果我有视觉的话,我也许会像其他大多数妇女一样——对个别服装的时髦式样感兴趣,而对大量的灿烂色彩不怎么注意。而且,我还确信,我将成为一位习惯难改的橱窗顾客,因为,观赏这些无数精美的陈列品一定是一种眼福。

从第五大街起,我作一番环城游览——到公园大道去,到贫民窟去,到工厂去,到孩子们玩耍的公园去,我还将参观外国人居住区,进行一次不出门的海外旅行。我始终睁

---

① 里卜·万·温克:美国作家华盛顿·欧文的同名小说中的主人公。

大眼睛注视幸福和悲惨的全部景象,以便能够深入调查,进一步了解人们是怎样工作和生活的。

我的心充满了人和物的形象。我的眼睛决不轻易放过一件小事,它争取密切关注它所看到的每一件事物。有些景象令人愉快,使人陶醉;但有些则是极其凄惨,令人伤感。对于后者,我绝不闭上我的双眼,因为它们也是生活的一部分。在它们面前闭上眼睛,就等于关闭了心房,关闭了思想。

我有视觉的第三天即将结束了。也许有很多重要而严肃的事情,需要我利用这剩下的几个小时去看,去做。但是,我担心在最后一个夜晚,我还会再次跑到剧院去,看一场热闹而有趣的戏剧,好领略一下人类心灵中的谐音。

到了午夜,我摆脱盲人苦境的短暂时刻就要结束了,永久的黑夜将再次向我迫近。在那短短的三天,我自然不能看到我想要看到的一切。只有在黑暗再次向我袭来之时,我才感到我丢下了多少东西没有见到。然而,我的内心充满了甜蜜的回忆,使我很少有时间来懊悔。此后,我摸到每一件物品,我的记忆都将鲜明地反映出那件物品是个什么样子。

失明的我可以给那些看得见的人们一个提示——对那些能够充分利用天赋视觉的人们一个忠告:善用你的眼睛吧,犹如明天你将遭到失明的灾难。同样的方法也可以应用于其他感官。聆听乐曲的妙音,鸟儿的歌唱,管弦乐队的雄浑而铿锵有力的曲调吧,犹如明天你将遭到耳聋的厄运。抚摸每一件你想要抚摸的物品吧,犹如明天你的触觉将会衰退。嗅闻所有鲜花的芳香,品尝每一口佳肴吧,犹如明天你再不能嗅闻品尝。充分利用每一个感官,通过自然给予你的几种接触手段,为世界向你显示的所有愉快而美好的细节而自豪吧!不过,在所有感官中,我相信,视觉一定是最令人赏心悦目的。

【作者简介】

海伦·凯勒(Helen Keller)(1880—1968),美国女作家、教育家。幼时患病,两耳失聪,双目失明。7岁时,安妮·莎莉文担任她的家庭教师,从此成了她的良师益友,相处达50年。在莎莉文的帮助下就读于马萨诸塞州剑桥女子学校,又入剑桥的拉德克利夫学院,1904年以优异成绩毕业,成为一个学识渊博,掌握英、法、德、拉丁、希腊五种文字的著名作家和教育家。凯勒后来成为卓越的社会改革家,她到美国各地,到欧洲、亚洲发表演说,为盲人和聋哑人的教育筹集资金。第二次世界大战期间又访问多所医院,慰问失明的士兵。她赢得了世界各国人民的赞扬,并得到许多国家政府的嘉奖。1964年被授予美国公民最高荣誉——总统自由勋章。次年又被推选为"世界十大杰出妇女"之一。主要作品有《假如给我三天光明》《我的生活》《老师》等。

思考与练习

一、假如得到三天光明,海伦·凯勒打算怎样安排? 她为什么会做出这样的安排?

二、如何理解作者在假想能见到光明的第三天,最后一眼要看的是"热闹而有趣的戏剧",欣赏人类精神世界的喜剧。

三、作者在文中多次提到了"有视力的人"对诸多"奇观"的忽略,如何理解其中所要表达的感情?

四、小组讨论:闭上眼睛想象一下,如果你"只剩下"三天的视力和光明,你将怎样度过这三天? 要观看什么? 要完成什么? 和小组成员彼此交换一下对这"三天"的计划和想法,然后睁开眼睛,也许你会看到一个不同以往的世界。

延伸阅读

《假如给我三天光明》赏析

张东明

马克·吐温说过,19 世纪出了两个了不起的人物,一个是拿破仑,一个就是海伦·凯勒。美国著名作家海尔博士也曾断言,海伦的《我的生活》(英文书名 *The story of my life*)是 1903 年文学史上最重大的贡献之一。品读《假如给我三天光明》,读者对于被誉为"精神楷模"的海伦和作为一个出色作家的海伦都可以有一个初步的了解。

"修辞立其诚",这是写好文章的要诀。一篇好的散文,必定是作者至性真情的流露。《假如给我三天光明》是引人入胜的,想象是那样丰富,文笔是那样流畅;但它之所以能深深地打动读者,还在于它真挚而强烈的感情,在于它所给予读者的敞开心扉的亲切感。在这篇用第一人称写的、富于激情的作品里,作者倾诉了她对生活的礼赞,表达了她的生活态度。正由于文章是作者至性真情的流露,所以虽然整篇文章都是虚拟的,所记叙的事情多是非现实的,但使读者感受到了更高的真实——情感的真实。

在文章中,作者处处用视听健全的人来和自己作比,整篇文章都是用对比的手法来写的。作者在对比中表达了她的生活态度,人对生活要有强烈的紧迫感。缺乏这种态度,虽然视听健全,却有可能什么都看不见;具备了这一生活态度,人们将会发现面前敞开了一个美丽的新世界。这样的道理,人们也许不止一次听到过,但现在由作者这样一个五官三残的、用手来感知世界的人道来,不能不给读者以更强烈的震撼和更深的启迪：三天，在作者那里等同全部生命的三天，对于健全的每个人甚是平平常常。

遭遇到作者这样严重生理缺陷的人是少有的。但是对于作者，生活依然是美好的。作者以动人的、富于诗意的笔触，表达了她对生活的爱恋。作者在她虚构的"三天"里所集中表现的，乃是对人类生活的高度礼赞，它赞美了人们生于斯、长于斯、繁衍于斯的大自然，称颂了人类往昔的历程与现代的文明、灿烂的文化和沸腾的生活。在文学作品中，作家对自然、对历史的刻画与她的精神世界的深度是不可分的。作家在阐释自然、历史时也阐释了自己的心灵。在海伦对自然、历史、人的礼赞中，也体现了她对这一切的深刻理解。

◎ 名家点评

1903 年文学史上最重要的两大贡献是吉卜林的《基姆》和海伦·凯勒的《我的生活》。

——美国著名作家海尔博士

海伦·凯勒被评为 20 世纪美国的十大偶像之一是当之无愧的，这本书《假如给我三天光明》是伟大的经历和平凡的故事完美的结合。海伦·凯勒堪称人类意志力的伟大偶像。

——美国《时讯周刊》

5 热爱生命[①]

[美]杰克·伦敦

课文导读

《热爱生命》是 19 世纪末 20 世纪初美国小说家杰克·伦敦最著名的短篇小说。这部小说以雄健、粗犷的笔触，记述了一个悲壮的故事，生动地展示了人性的伟大和坚强。小说把人物置于近乎残忍的恶劣环境之中，让主人公与寒冷、饥饿、伤病和野兽的抗争中，在生与死的抉择中，充分展现出人性深处的某些闪光的东西，生动逼真地描写出了生命的坚韧与顽强，奏响了一曲生命的赞歌，有着慑人心魄的力量。

一切，总算剩下了这一点——
他们经历了生活的困苦颠连；
能做到这种地步也就是胜利，
尽管他们输掉了赌博的本钱。

他们两个一瘸一拐地，吃力地走下河岸，有一次，走在前面的那个还在乱石中间失足摇晃了一下。他们又累又乏，因为长期忍受苦难，脸上都带着愁眉苦脸、咬牙苦熬的表情。他们肩上捆着用毯子包起来的沉重包袱。总算那条勒在额头上的皮带还得力，帮着吊住了包袱。他们每人拿着一支来福枪。他们弯着腰走路，肩膀冲向前面，而脑袋冲得更前，眼睛总是瞅着地面。

"我们藏在地窖里的那些子弹，我们身边要有两三发就好了。"走在后面的那个人说道。

他的声调，阴沉沉的，干巴巴的，完全没有感情。他冷冷地说着这些话；前面的那个只顾一瘸一拐地向流过岩石、激起一片泡沫的白茫茫的小河里走去，一句话也不回答。

后面的那个紧跟着他。他们两个都没有脱掉鞋袜，虽然河水冰冷——冷得他们脚腕子疼痛，两脚麻木。每逢走到河水冲击着他们膝盖的地方，两个人都摇摇晃晃

---

① 选自[美]杰克·伦敦：《热爱生命》，万紫译，浙江文艺出版社 2003 年版。

地站不稳。跟在后面的那个在一块光滑的圆石头上滑了一下,差一点没摔倒,但是,他猛力一挣,站稳了,同时痛苦地尖叫了一声。他仿佛有点头昏眼花,一面摇晃着,一面伸出那只闲着的手,好像打算扶着空中的什么东西。站稳之后,他再向前走去,不料又摇晃了一下,几乎摔倒。于是,他就站着不动,瞧着前面那个一直没有回过头的人。

他这样一动不动地足足站了一分钟,好像心里在说服自己一样。接着,他就叫了起来:"喂,比尔,我扭伤脚腕子啦。"

比尔在白茫茫的河水里一摇一晃地走着。他没有回头。

后面那个人瞅着他这样走去,脸上虽然照旧没有表情,眼睛里却流露着跟一头受伤的鹿一样的神色。

前面那个人一瘸一拐,登上对面的河岸,头也不回,只顾向前走去,河里的人眼睁睁地瞧着。他的嘴唇有点发抖,因此,他嘴上那丛乱棕似的胡子也在明显地抖动。他甚至不知不觉地伸出舌头来舔舔嘴唇。

"比尔!"他大声地喊着。

这是一个坚强的人在患难中求援的喊声,但比尔并没有回头。他的伙伴干瞧着他,只见他古里古怪地一瘸一拐地走着,跌跌冲冲地前进,摇摇晃晃地登上一片不陡的斜坡,向矮山头上不十分明亮的天际走去。他一直瞧着伙伴跨过山头,消失了踪影。于是他掉转眼光,慢慢扫过比尔走后留给他的那一圈世界。

靠近地平线的太阳,像一团快要熄灭的火球,几乎被那些混混沌沌的浓雾同蒸气遮没了,让你觉得它好像是什么密密团团,然而轮廓模糊、不可捉摸的东西。这个人单腿立着休息,掏出了他的表,现在是四点钟,在这种七月底或者八月初的季节里——他说不出一两个星期之内的确切的日期——他知道太阳大约是在西北方。他瞧了瞧南面,知道在那些荒凉的小山后面就是大熊湖;同时,他还知道在那个方向,北极圈的禁区界线深入到加拿大冻土地带之内。他所站的地方,是铜矿河的一条支流,铜矿河本身则向北流去,通向加冕湾和北冰洋。他从来没到过那儿,但是,有一次,他在赫德森湾公司的地图上曾经瞧见过那地方。

他把周围那一圈世界重新扫了一遍。这是一片叫人看了发愁的景象。到处都是模糊的天际线。小山全是那么低低的。没有树,没有灌木,没有草——什么都没有,只有一片辽阔可怕的荒野,迅速地使他两眼露出了恐惧神色。

"比尔!"他悄悄地、一次又一次地喊道,"比尔!"

他在白茫茫的水里畏缩着,好像这片广大的世界正在用压倒一切的力量挤压着他,正在残忍地摆出得意的威风来摧毁他。他发疟子似地抖了起来,连手里的枪都哗啦一声落到水里。这一声总算把他惊醒了。他和恐惧斗争着,尽力鼓起精神,在水里摸索,找到了枪。他把包袱向左肩挪动了一下,以便减轻扭伤的脚腕子的负担。接着,他就慢慢地、小心谨慎地、疼得闪闪缩缩地向河岸走去。

他一步也没有停。他发疯似地拼着命,不顾疼痛,匆匆登上斜坡,走向他的伙伴失去踪影的那个山头——比起那个瘸着腿,一瘸一拐的伙伴来,他的样子更显得古怪可笑。可是到了山头,只看见一片死沉沉的、寸草不生的浅谷。他又和恐惧斗争着,克服了它,把包袱再往左肩挪了挪,蹒跚地走下山坡。

谷底一片潮湿,浓厚的苔藓,像海绵一样紧贴在水面上。他走一步,水就从他脚底下溅射出来,他每次一提起脚,就会引起一种吧哂吧哂的声音,因为潮湿的苔藓总是吸住他的脚,不肯放松。他挑着好路,从一块沼地走到另一块沼地,并且顺着比尔的脚印,走过一堆一堆的、像突出在这片苔藓海里的小岛一样的岩石。

他虽然孤零零的一个人,却没有迷路。他知道,再往前去,就会走到一个小湖旁边,那儿有许多极小极细的枯死的枞树,当地的人把那儿叫作"提青尼其利"——意思是"小棍子地"。而且,还有一条小溪通到湖里,溪水不是白茫茫的。

溪上有灯芯草——这一点他记得很清楚——但是没有树木,他可以沿着这条小溪一直走到水源尽头的分水岭。他会翻过这道分水岭,走到另一条小溪的源头,这条溪是向西流的,他可以顺着水流走到它注入狄斯河的地方,那里,在一条翻了的独木船下面可以找到一个小坑,坑上面堆着许多石头。这个坑里有他那支空枪所需要的子弹,还有钓钩、钓丝和一张小鱼网——打猎、钓鱼、求食的一切工具。同时,他还会找到面粉——并不多——此外还有一块腌猪肉同一些豆子。

比尔会在那里等他的,他们会顺着狄斯河向南划到大熊湖。接着,他们就会在湖里朝南方划,一直朝南,直到麦肯齐河。到了那里,他们还要朝着南方,继续朝南方走去,那么冬天就怎么也赶不上他们了。让湍流结冰吧,让天气变得更凛冽吧,他们会向南走到一个暖和的赫德森湾公司的站头,那儿不仅树木长得高大茂盛,吃的东西也多得不得了。

这个人一路向前挣扎的时候,脑子里就是这样想的。他不仅苦苦地拼着体力,也同样苦苦地绞着脑汁,他尽力想着比尔并没有抛弃他,想着比尔一定会在藏东西的地方等他。

他不得不这样想,不然,他就用不着这样拼命,他早就会躺下来死掉了。当那团模糊的像圆球一样的太阳慢慢向西北方沉下去的时候,他一再盘算着在冬天追上他和比尔之前,他们向南逃去的每一寸路。他反复地想着地窖里和赫德森湾公司站头上的吃的东西。他已经两天没吃东西了;至于没有吃到他想吃的东西的日子,那就更不止两天了。他常常弯下腰,摘起沼地上那种灰白色的浆果,把它们放到口里,嚼几嚼,然后吞下去。这种沼地浆果只有一小粒种子,外面包着一点浆水。一进口,水就化了,种子又辣又苦。他知道这种浆果并没有养分,但是他仍然抱着一种不顾道理、不顾经验教训的希望,耐心地嚼着它们。

走到九点钟,他在一块岩石上绊了一下,因为极端疲倦和衰弱,他摇晃了一下就栽倒了。他侧着身子、一动也不动地躺了一会。接着,他从捆包袱的皮带当中脱出身子,笨拙地挣扎起来勉强坐着。这时候,天还没有完全黑,他借着流连不散的暮色,在乱石中间摸索着,想找到一些干枯的苔藓。后来,他收集了一堆,就升起一蓬火——一蓬不旺的、冒着黑烟的火——并且放了一白铁罐子水在上面煮着。

他打开包袱,第一件事就是数数他的火柴。一共六十六根。为了弄清楚,他数了三遍。他把它们分成几份,用油纸包起来,一份放在他的空烟草袋里,一份放在他的破帽子的帽圈里,最后一份放在贴胸的衬衫里面。做完以后,他忽然感到一阵恐慌,于是把它们完全拿出来打开,重新数过。

仍然是六十六根。

他在火边烘着潮湿的鞋袜。鹿皮鞋已经成了湿透的碎片。毡袜子有好多地方都磨穿了,两只脚皮开肉绽,都在流血。一只脚腕子胀得血管直跳,他检查了一下。它已经肿得和膝盖一样粗了。他一共有两条毯子,他从其中的一条撕下一长条,把脚腕子捆紧。此外,他又撕下几条,裹在脚上,代替鹿皮鞋和袜子。接着,他喝完那罐滚烫的水,上好表的发条,就爬进两条毯子当中。

他睡得跟死人一样。午夜前后的短暂的黑暗来而复去。

太阳从东北方升了起来——至少也得说那个方向出现了曙光,因为太阳给乌云遮住了。

六点钟的时候,他醒了过来,静静地仰面躺着。他仰视着灰色的天空,知道肚子饿了。当他撑住胳膊肘翻身的时候,一种很大的呼噜声把他吓了一跳,他看见了一只公鹿,正在用机警好奇的眼光瞧着他。这个牲畜离他不过五十尺光景,他脑子里立刻出现了鹿肉排在火上烤得咝咝响的情景和滋味。他无意识地抓起了那支空枪,瞄好准星,扣了一下扳机。公鹿哼了一下,一跳就跑开了,只听见它奔过山岩时蹄子得得乱响的声音。

这个人骂了一句,扔掉那支空枪。他一面拖着身体站起来,一面大声地哼哼。这是一件很慢、很吃力的事。他的关节都像生了锈的铰链。它们在骨臼里的动作很迟钝,阻力很大,一屈一伸都得咬着牙才能办到。最后,两条腿总算站住了,但又花了一分钟左右的工夫才挺起腰,让他能够像一个人那样站得笔直。

他慢腾腾地登上一个小丘,看了看周围的地形。既没有树木,也没有小树丛,什么都没有,只看到一望无际的灰色苔藓,偶尔有点灰色的岩石,几片灰色的小湖,几条灰色的小溪,算是一点变化点缀。天空是灰色的。没有太阳,也没有太阳的影子。他不知道哪儿是北方,他已经忘掉了昨天晚上他是怎样取道走到这里的。不过他并没有迷失方向。

这他是知道的。不久他就会走到那块"小棍子地"。他觉得它就在左面的什么地方,而且不远——可能翻过下一座小山头就到了。

于是他就回到原地,打好包袱,准备动身。他摸清楚了那三包分别放开的火柴还在,虽然没有停下来再数数。不过,他仍然踌躇了一下,在那儿一个劲地盘算,这次是为了一个厚实的鹿皮口袋。袋子并不大。他可以用两只手把它完全遮没。他知道它有十五磅重——相当于包袱里其他东西的总和——这个口袋使他发愁。最后,他把它放在一边,开始卷包袱。可是,卷了一会,他又停下手,盯着那个鹿皮口袋。他匆忙地把它抓到手里,用一种反抗的眼光瞧瞧周围,仿佛这片荒原要把它抢走似的;等到他站起来,摇摇晃晃地开始这一天的路程的时候,这个口袋仍然包在他背后的包袱里。

他转向左面走着,不时停下来吃沼地上的浆果。扭伤的脚腕子已经僵了,他比以前跛得更明显,但是,比起肚子里的痛苦,脚疼就算不了什么。饥饿的疼痛是剧烈的。它们一阵一阵地发作,好像在啃着他的胃,疼得他不能把思想集中在到"小棍子地"必须走的路线上。沼地上的浆果并不能减轻这种剧痛,那种刺激性的味道反而使他的舌头和口腔热辣辣的。

他走到了一个山谷,那儿有许多松鸡从岩石和沼地里呼呼地拍着翅膀飞起来。它们发出一种"咯儿——咯儿——咯儿"的叫声。他拿石子打它们,但是打不中。他把包袱放在地上,像猫捉麻雀一样地偷偷走过去。锋利的岩石穿过他的裤子,划破了他的腿,直到膝盖流出的血在地面上留下一道血迹;但是在饥饿的痛苦中,这种痛苦也算不了什么。他在潮湿的苔藓上爬着,弄得衣服湿透,身上发冷;可是这些他都没有觉得,因为他想吃东西的念头那么强烈。而那一群松鸡却总是在他面前飞起来,呼呼地转,到后来,它们那种"咯儿——咯儿——咯儿"的叫声简直变成了对他的嘲笑,于是他就咒骂它们,随着它们的叫声对它们大叫起来。

有一次,他爬到了一定是睡着了的一只松鸡旁边。他一直没有瞧见,直到它从岩石的角落里冲着他的脸蹿起来,他才发现。他像那只松鸡起飞一样惊慌,抓了一把,只捞到了三根尾巴上的羽毛。当他瞅着它飞走的时候,他心里非常恨它,好像它做了什么对不起他的事。随后他回到原地,背起包袱。

时光渐渐消逝,他走进了连绵的山谷,或者说是沼地,这些地方的野物比较多。一群驯鹿走了过去,大约有二十多头,都待在可望而不可即的来复枪的射程以内。他心里有一种发狂似的、想追赶它们的念头,而且相信自己一定能追上去捉住它们。一只黑狐狸朝他走了过来,嘴里叼着一只松鸡。这个人喊了一声。这是一种可怕的喊声,那只狐狸吓跑了,可是没有丢下松鸡。

傍晚时,他顺着一条小河走去,由于含着石灰而变成乳白色的河水从稀疏的灯芯草丛里流过去。他紧紧抓住这些灯芯草的根部,拔起一种好像嫩葱芽,只有木瓦上的钉子那么大的东西。这东西很嫩,他的牙齿咬进去,会发出一种咯吱咯吱的声音,仿佛味道很好。但是它的纤维却不容易嚼。

它是由一丝丝的充满了水分的纤维组成的:跟浆果一样,完全没有养分。他丢开包袱,爬到灯芯草丛里,像牛似的大咬大嚼起来。他非常疲倦,总希望能歇一会——躺下来睡个觉;可是他又不得不继续挣扎前进——不过,这并不一定是因为他急于要赶到"小棍子地",多半还是饥饿在逼着他。他在小水坑里找青蛙,或者用指甲挖土找小虫,虽然他也知道,在这么远的北方,是既没有青蛙也没有小虫的。

他瞧遍了每个水坑,都没有用,最后,到了漫漫的暮色袭来的时候,他才发现一个水坑里有一条独一无二的、像鲦鱼般的小鱼。他把胳膊伸下水去,一直没到肩头,但是它又溜开了。于是他用双手去捉,把池底的乳白色泥浆全搅浑了。正在紧张的关头,他掉到了坑里,半身都浸湿了。现在,水太浑了,看不清鱼在哪儿,他只好等着,等泥浆沉淀下去。

他又捉起来,直到水又搅浑了。可是他等不及了,便解下身上的白铁罐子,把坑里的水舀出去;起初,他发狂一样地舀着,把水溅到自己身上,同时,因为泼出去的水距离太近,水又流到坑里。后来,他就更小心地舀着,尽量让自己冷静一点,虽然他的心跳得很厉害,手在发抖。这样过了半小时,坑里的水差不多舀光了,剩下来的连一杯也不到。

可是,并没有什么鱼;他这才发现石头里面有一条暗缝,那条鱼已经从那里钻到了旁边一个相连的大坑——坑里的水他一天一夜也舀不干。如果他早知道有这个暗缝,他一开始就会把它堵死,那条鱼也就归他所有了。他这样想着,四肢无力地倒在潮湿的地上。起初,他只是轻轻地哭;过了一会,他就对着把他团团围住的无情的荒原号啕大哭;后来,他又大声抽噎了好久。

他升起一蓬火,喝了几罐热水让自己暖和暖和,并且照昨天晚上那样在一块岩石上露宿。最后他检查了一下火柴是不是干燥,并且上好表的发条,毯子又湿又冷,脚腕子疼得在悸动。可是他只有饿的感觉,在不安的睡眠里,他梦见了一桌桌酒席和一次次宴会,以及各种各样的摆在桌上的食物。

醒来时,他又冷又不舒服。天上没有太阳。灰蒙蒙的大地和天空变得愈来愈阴沉昏暗。一阵刺骨的寒风刮了起来,初雪铺白了山顶。他周围的空气愈来愈浓,成了白茫茫一片,这时,他已经升起火,又烧了一罐开水。天上下的一半是雨,一半是雪,雪花又大又潮。起初,一落到地面就融化了,但后来越下越多,盖满了地面,淋熄了火,糟蹋了他那些当作燃料的干苔藓。

这是一个警告,他得背起包袱,一瘸一拐地向前走;至于到哪儿去,他可不知道。他既不关心"小棍子地",也不关心比尔和狄斯河边那条翻过来的独木舟下的地窖。他完全给"吃"这个词儿管住了。他饿疯了。他根本不管他走的是什么路,只要能走出这个谷底就成。他在湿雪里摸索着,走到湿漉漉的沼地浆果那儿,接着又一面连根拔着灯芯草,一面试探着前进。不过这东西既没有味,又不能把肚子填饱。

后来,他发现了一种带酸味的野草,就把找到的都吃了下去,可是找到的并不多,因为它是一种蔓生植物,很容易给几寸深的雪埋没。那天晚上他既没有火,也没有热水,他就钻在毯子里睡觉,而且常常饿醒。这时,雪已经变成了冰冷的雨。他觉得雨落在他仰着的脸上,给淋醒了好多次。天亮了——又是灰蒙蒙的一天,没有太阳。雨已经停了。刀绞一样的饥饿感觉也消失了。他已经丧失了想吃食物的感觉。他只觉得胃里隐隐作痛,但并不使他过分难过。他的脑子已经比较清醒,他又一心一意地想着"小棍子地"和狄斯河边的地窖了。

他把撕剩的那条毯子扯成一条条的,裹好那双鲜血淋淋的脚。同时把受伤的脚腕子重新捆紧,为这一天的旅行做好准备。等到收拾包袱的时候,他对着那个厚实的鹿皮口袋想了很久,但最后还是把它随身带着。

雪已经给雨水淋化了,只有山头还是白的。太阳出来了,他总算能够定出罗盘的方位来了,虽然他知道现在他已经迷了路。在前两天的游荡中,他也许走得过分偏左了。因此,他为了校正,就朝右面走,以便走上正确的路程。

现在,虽然饿的痛苦已经不再那么敏锐,他却感到了虚弱。他在摘那种沼地上的浆果,或者拔灯芯草的时候,常常不得不停下来休息一会。他觉得他的舌头很干燥,很大,好像上面长满了细毛,含在嘴里发苦。他的心脏给他添了很多麻烦。他每走几分钟,心里就会猛烈地怦怦地跳一阵,然后变成一种痛苦的一起一落的迅速猛跳,逼得他透不过气,只觉得头昏眼花。

中午时分,他在一个大水坑里发现了两条鲦鱼。把坑里的水舀干是不可能的,但是现在他比较镇静,就想法子用白铁罐子把它们捞起来。它们只有他的小指头那么长,但是他现在并不觉得特别饿。胃里的隐痛已经愈来愈麻木,愈来愈不觉得了。他的胃几乎像睡着了似的。他把鱼生吃下去,费劲地咀嚼着,因为吃东西已成了纯粹出于理智的动作。他虽然并不想吃,但是他知道,为了活下去,他必须吃。

黄昏时候,他又捉到了三条鲦鱼,他吃掉两条,留下一条作第二天的早饭。太阳已经晒干了零星散漫的苔藓,他能够烧点热水让自己暖和暖和了。这一天,他走了不到十里路;第二天,只要心脏许可,他就往前走,只走了五里多地。但是胃里却没有一点不舒服的感觉。它已经睡着了。

现在,他到了一个陌生的地带,驯鹿愈来愈多,狼也多起来了。荒原里常常传出狼嗥的声音,有一次,他还瞧见了三只狼在他前面的路上穿过。

又过了一夜。早晨,因为头脑比较清醒,他就解开系着那厚实的鹿皮口袋的皮绳,从袋口倒出一股黄澄澄的粗金沙和金块。他把这些金子分成了大致相等的两堆,一堆包在一块毯子里,在一块突出的岩石上藏好,把另外那堆仍旧装到口袋里。同时,他又从剩下的那条毯子上撕下几条,用来裹脚。他仍然舍不得他的枪,因为狄斯河边的地窖里有子弹。

这是一个下雾的日子,这一天,他又有了饿的感觉。他的身体非常虚弱,他一阵一阵地晕得什么都看不见。现在,对他来说,一绊就摔跤已经不是稀罕事了;有一次,他给绊了一跤,正好摔到一个松鸡窝里。那里面有四只刚孵出的小松鸡,出世才一天光景——那些活蹦乱跳的小生命只够吃一口;他狼吞虎咽,把它们活活塞到嘴里,嚼蛋壳似地吃起来。母松鸡大吵大叫地在他周围扑来扑去。他把枪当作棍子来打它,可是它闪开了。他投石子打它,碰巧打伤了它的一个翅膀。松鸡拍击着受伤的翅膀逃开了,他就在后面追赶。

那几只小鸡只引起了他的胃口。他拖着那只受伤的脚腕子,一瘸一拐,跌跌冲冲地追下去,时而对它扔石子,时而粗声吆喝;有时候,他只是一瘸一拐,不声不响地追着,摔倒了就咬着牙,耐心地爬起来,或者在头晕得支持不住的时候用手揉揉眼睛。

这么一追,竟然穿过了谷底的沼地,发现了潮湿苔藓上的一些脚印。这不是他自己的脚印,他看得出来。一定是比尔的。不过他不能停下,因为母松鸡正在向前跑。他得先把它捉住,然后回来察看。

母松鸡给追得精疲力尽;可是他自己也累坏了。松鸡歪着身子倒在地上喘个不停,他也歪着倒在地上喘个不停,只隔着十来尺,然而没有力气爬过去。等到他恢复过来,松鸡也恢复过来了,他的饿手才伸过去,松鸡就扑着翅膀,逃到了他抓不到的地方。这场追赶就这样继续下去。天黑了,松鸡终于逃掉了。由于浑身软弱无力绊了一跤,他头重脚轻地栽下去,划破了脸,包袱压在背上。他一动不动地过了好久,后来才翻过身,侧着躺在地上,上好表,在那儿一直躺到早晨。

又是一个下雾的日子。他剩下的那条毯子已经有一半做了包脚布。他没有找到比尔的踪迹。可是没有关系。饿逼得他太厉害了——不过——不过他又想,是不是比尔也迷了路。走到中午的时候,累赘的包袱压得他受不了。于是他重新把金子分开,但这一次只把其中的一半倒在地上。到了下午,他把剩下来的那一点也扔掉了。现在,他只有半条毯子、那个白铁罐子和那支枪。

一种幻觉开始折磨他。他觉得有十足的把握,他还剩下一粒子弹。它就在枪膛里,而他一直没有想起。可是另一方面,他也始终明白,枪膛里是空的。但这种幻觉总是萦回不散。他斗争了几个钟头,想摆脱这种幻觉,后来他就打开枪,结果面对着空枪膛。这样的失望非常痛苦,仿佛他真的希望会找到那粒子弹。

经过半个钟头的跋涉之后,这种幻觉又出现了。他于是又跟它斗争,而它又缠住他不放,直到为了摆脱它,他又打开枪膛打消自己的念头。有时候,他越想越远,只好一面凭本能自动向前跋涉,一面让种种奇怪的念头和狂想像蛆虫一样地啃他的脑髓。但是这类脱离现实的思维大都维持不了多久,因为饥饿的痛苦总会把他刺醒。有一次,正在这样瞎想的时候,他忽然猛地惊醒过来,看到一个几乎叫他昏倒的东西。他像酒醉一样地晃荡着,好让自己不致跌倒。在他面前站着一匹马。一匹马!他简直不能相信自己的眼睛。他觉得眼前一片漆黑,霎时间金星乱迸。他狠狠地揉着眼睛,让自己瞧瞧清楚,原来它并不是马,而是一头大棕熊。这个畜生正在用一种好战的好奇眼光仔细察看着他。

这个人举枪上肩,把枪举起一半,就记起来。他放下枪,从屁股后面的镶珠刀鞘里拔出猎刀。他面前是肉和生命。他用大拇指试试刀刃。刀刃很锋利。刀尖也很锋利。

他本来会扑到熊身上,把它杀了的。可是他的心却开始了那种警告性的猛跳。接着又向上猛顶,迅速跳动,头像给铁箍箍紧了似的,脑子里渐渐感到一阵昏迷。

他的不顾一切的勇气已经给一阵汹涌起伏的恐惧驱散了。处在这样衰弱的境况中,如果那个畜生攻击他,怎么办?

他只好尽力摆出极其威风的样子,握紧猎刀,狠命地盯着那头熊。它笨拙地向前挪了两步,站直了,发出试探性的咆哮。

　　如果这个人逃跑,它就追上去;不过这个人并没有逃跑。现在,由于恐惧而产生的勇气已经使他振奋起来。同样地,他也在咆哮,而且声音非常凶野,非常可怕,发出那种生死攸关、紧紧地缠着生命的根基的恐惧。

　　那头熊慢慢向旁边挪动了一下,发出威胁的咆哮,连它自己也给这个站得笔直、毫不害怕的神秘动物吓住了。可是这个人仍旧不动。他像石像一样地站着,直到危险过去,他才猛然哆嗦了一阵,倒在潮湿的苔藓里。

　　他重新振作起来,继续前进,心里又产生了一种新的恐惧。这不是害怕他会束手无策地死于断粮的恐惧,而是害怕饥饿还没有耗尽他的最后一点求生力,他已经给凶残地摧毁了。这地方的狼很多。狼嗥的声音在荒原上飘来飘去,在空中交织成一片危险的罗网,好像伸手就可以摸到,吓得他不由举起双手,把它向后推去,仿佛它是给风刮紧了的帐篷。

　　那些狼,时常三三两两地从他前面走过。但是都避着他。一则因为它们为数不多,此外,它们要找的是不会搏斗的驯鹿,而这个直立走路的奇怪动物却可能既会抓又会咬。

　　傍晚时他碰到了许多零乱的骨头,说明狼在这儿咬死过一头野兽。这些残骨在一个钟头以前还是一头小驯鹿,一面尖叫,一面飞奔,非常活跃。他端详着这些骨头,它们已经给啃得精光发亮,其中只有一部分还没有死去的细胞泛着粉红色。难道在天黑之前,他也可能变成这个样子吗?生命就是这样吗,呃?真是一种空虚的、转瞬即逝的东西。只有活着才感到痛苦。死并没有什么难过。死就等于睡觉,它意味着结束,休息。那么,为什么他不甘心死呢?

　　但是,他对这些大道理想得并不长久。他蹲在苔藓地上,嘴里衔着一根骨头,吮吸着仍然使骨头微微泛红的残余生命。甜蜜蜜的肉味,跟回忆一样隐隐约约,不可捉摸,却引得他要发疯。他咬紧骨头,使劲地嚼。有时他咬碎了一点骨头,有时却咬碎了自己的牙,于是他就用岩石来砸骨头,把它捣成了酱,然后吞到肚里。匆忙之中,有时也砸到自己的指头,使他一时感到惊奇的是,石头砸了他的指头他并不觉得很痛。

　　接着下了几天可怕的雨雪。他不知道什么时候露宿,什么时候收拾行李。他白天黑夜都在赶路。他摔倒在哪里就在哪里休息,一到垂危的生命火花闪烁起来,微微燃烧的时候,就慢慢向前走。他已经不再像人那样挣扎了。逼着他向前走的,是他的生命,因为它不愿意死。他也不再痛苦了。他的神经已经变得迟钝麻木,他的脑子里则充满了怪异的幻象和美妙的梦境。

　　不过,他老是吮吸着,咀嚼着那只小驯鹿的碎骨头,这是他收集起来随身带着的一点残屑。他不再翻山越岭了,只是自动地顺着一条流过一片宽阔的浅谷的溪水走去。可是他既没有看见溪流,也没有看到山谷。他只看到幻象。他的灵魂和肉体虽然在并排向前走,向前爬,但它们是分开的,它们之间的联系已经非常微弱。

　　有一天,他醒过来,神智清楚地仰卧在一块岩石上。太阳明朗暖和。他听到远处有一群小驯鹿尖叫的声音。他只隐隐约约地记得下过雨,刮过风,落过雪,至于他究竟被暴风雨吹打了两天或者两个星期,那他就不知道了。

他一动不动地躺了好一会,温和的太阳照在他身上,使他那受苦受难的身体充满了暖意。这是一个晴天,他想。

也许,他可以想办法确定自己的方位。他痛苦地使劲偏过身子;下面是一条流得很慢的很宽的河。他觉得这条河很陌生,真使他奇怪。他慢慢地顺着河望去,宽广的河湾蜿蜒在许多光秃秃的小荒山之间,比他往日碰到的任何小山都显得更光秃、更荒凉、更低矮。他于是慢慢地、从容地、毫不激动地,或者至多也是抱着一种极偶然的兴致,顺着这条奇怪的河流的方向,向天际望去,只看到它注入一片明亮光辉的大海。他仍然不激动。太奇怪了,他想道,这是幻象吧,也许是海市蜃楼吧——多半是幻象,是他的错乱的神经搞出来的把戏。后来,他又看到光亮的大海上停泊着一只大船,就更加相信这是幻象。他眼睛闭了一会再睁开。奇怪,这种幻象竟会这样地经久不散!然而并不奇怪,他知道,在荒原中心绝不会有什么大海、大船,正像他知道他的空枪里没有子弹一样。

他听到背后有一种吸鼻子的声音——仿佛喘不出气或者咳嗽的声音。由于身体极端虚弱和僵硬,他极慢极慢地翻一个身。他看不出附近有什么东西,但是他耐心地等着。

又听到了吸鼻子和咳嗽的声音,离他不到二十尺远的两块岩石之间,他隐约看到一只灰狼的头。那双尖耳朵并不像别的狼那样竖得笔挺;它的眼睛昏暗无光,布满血丝;脑袋好像无力地、苦恼地耷拉着。这个畜生不断地在太阳光里眨眼。它好像有病。正当他瞧着它的时候,它又发出了吸鼻子和咳嗽的声音。

至少,这总是真的,他一面想,一面又翻过身,以便瞧见先前给幻象遮住的现实世界。可是,远处仍旧是一片光辉的大海,那条船仍然清晰可见。难道这是真的吗?他闭着眼睛,想了好一会,毕竟想出来了。他一直在向北偏东走,他已经离开狄斯分水岭,走到了铜矿谷。这条流得很慢的宽广的河就是铜矿河。那片光辉的大海是北冰洋。那条船是一艘捕鲸船,本来应该驶往麦肯齐河口,可是偏了东,太偏东了,目前停泊在加冕湾里。他记起了很久以前他看到的那张赫德森湾公司的地图,现在,对他来说,这完全是清清楚楚、入情入理的。

他坐起来,想着切身的事情。裹在脚上的毯子已经磨穿了,他的脚破得没有一处好肉。最后一条毯子已经用完了。枪和猎刀也不见了。帽子不知在什么地方丢了,帽圈里那小包火柴也一块丢了,不过,贴胸放在烟草袋里的那包用油纸包着的火柴还在,而且是干的。他瞧了一下表。时针指着十一点,表仍然在走。很清楚,他一直没有忘了上表。

他很冷静,很沉着。虽然身体衰弱已极,但是并没有痛苦的感觉。他一点也不饿。甚至想到食物也不会产生快感。

现在,他无论做什么,都只凭理智。他齐膝盖撕下了两截裤腿,用来裹脚。他总算还保住了那个白铁罐子。他打算先喝点热水，然后再开始向船走去，他已经料到这是一段可怕的路程。

他的动作很慢。他好像半身不遂地哆嗦着。等到他预备去收集干苔藓的时候，他才发现自己已经站不起来了。他试了又试，后来只好死了这条心。他用手和膝盖支着爬来爬去。有一次，他爬到了那只病狼附近。那个畜生，一面很不情愿地避开他，一面用那条好像连弯一下的力气都没有的舌头舔着自己的牙床。这个人注意到它的舌头并不是通常那种健康的红色，而是一种暗黄色，好像蒙着一层粗糙的、半干的黏膜。

这个人喝下热水之后，觉得自己可以站起来了，甚至还可以像想象中一个快死的人那样走路了。他每走一两分钟，就不得不停下来休息一会。他的步子软弱无力，很不稳，就像跟在他后面的那只狼一样又软又不稳；这天晚上，等到黑夜笼罩了光辉的大海的时候，他知道他和大海之间的距离只缩短了不到四哩。

这一夜，他总是听到那只病狼咳嗽的声音；有时候，他又听到了一群小驯鹿的叫声。他周围全是生命，不过那是强壮的生命，非常活跃而健康的生命，同时他也知道，那只病狼之所以要紧跟着他这个病人，是希望他先死。早晨，他一睁开眼睛就看到这个畜生正用一种如饥似渴的眼光瞪着他。它夹着尾巴蹲在那儿，好像一条可怜的倒霉的狗。早晨的寒风吹得它直哆嗦，每逢这个人对它勉强发出一种低声咕噜似的吆喝，它就无精打采地龇着牙。

太阳亮堂堂地升了起来，这个早晨，他一直在绊绊跌跌地，朝着光辉的海洋上的那条船走。天气好极了。这是高纬度地方的那种短暂的晚秋。它可能连续一个星期，也许明后天就会结束。

下午，这个人发现了一些痕迹，那是另外一个人留下的，那不是走，而是爬的。他认为可能是比尔，不过他只是漠不关心地想想罢了。他并没有什么好奇心。事实上，他早已失去了兴致和热情。他已经不再感到痛苦了。他的胃和神经都睡着了，但是内在的生命却逼着他前进。他非常疲倦，然而他的生命却不愿死去。正因为生命不愿死，他才仍然要吃沼地上的浆果和鲦鱼，喝热水，一直提防着那只病狼。

他跟着那个挣扎前进的人的痕迹向前走去，不久就走到了尽头——潮湿的苔藓上摊着几根才啃光的骨头，附近还有许多狼的脚印。他发现了一个跟他自己的那个一模一样的厚实的鹿皮口袋，但已经给尖利的牙齿咬破了。他那无力的手已经拿不动这样沉重的袋子了，可是他到底把它提起来了。比尔至死都带着它。哈哈！他可以嘲笑比尔了。

他可以活下去，把它带到光辉的海洋里那条船上。他的笑声粗厉可怕，跟乌鸦的怪叫一样，而那只病狼也随着他，一阵阵地惨嗥。突然间，他不笑了。如果这真是比尔的骸骨，他怎么能嘲笑比尔呢；如果这些有红有白、啃得精光的骨头，真是比尔的话？

他转身走开了。不错，比尔抛弃了他；但是他不愿意拿走那袋金子，也不愿意吮吸比尔的骨头。不过，如果事情掉个头的话，比尔也许会做得出来的。他一面摇摇晃晃地前进，一面暗暗想着这些情形。

他走到了一个水坑旁边。就在他弯下腰找鲦鱼的时候，他猛然仰起头，好像给戳了一下。他瞧见了自己映在水里的脸。脸色之可怕，竟然使他一时恢复了知觉，感到震惊了。这个坑里有三条鲦鱼，可是坑太大，不好舀；他用白铁罐子去捉，试了几次都不成，后来他就不再试了。他怕自己会由于极度虚弱，跌进去淹死。而且，也正是因为这一层，他才没有跨上沿着沙洲并排漂去的木头，让河水带着他走。

这一天，他和那条船之间的距离缩短了三哩；第二天，又缩短了两哩——因为现在他是跟比尔先前一样地在爬；到了第五天末尾，他发现那条船离开他仍然有七哩，而他每天连一哩也爬不到了。幸亏天气仍然继续放晴，他于是继续爬行，继续晕倒，辗转不停地爬；而那头狼也始终跟在他后面，不断地咳嗽和哮喘。他的膝盖已经和他的脚一样鲜血淋漓，尽管他撕下了身上的衬衫来垫膝盖，他背后的苔藓和岩石上仍然留下了一路血渍。有一次，他回头看见病狼正饿得发慌地舔着他的血渍，他不由得清清楚楚地看出了自己可能遭到的结局——除非——除非他干掉这只狼。于是，一幕从来没有演出过的残酷的求生悲剧就开始了——病人一路爬着，病狼一路跛行着，两个生灵就这样在荒原里拖着垂死的躯壳，相互猎取着对方的生命。

如果这是一只健康的狼，那么，他觉得倒也没有多大关系；可是，一想到自己要喂这么一只令人作呕、只剩下一口气的狼，他就觉得非常厌恶。他就是这样吹毛求疵。现在，他脑子里又开始胡思乱想，又给幻象弄得迷迷糊糊，而神智清楚的时候也愈来愈少，愈来愈短。

有一次，他从昏迷中给一种贴着他耳朵喘息的声音惊醒了。那只狼一跛一跛地跳回去，它因为身体虚弱，一失足摔了一跤，样子可笑极了。可是他一点也不觉得有趣。他甚至也不害怕。他已经到了这一步，根本谈不到那些。不过，这一会，他的头脑却很清醒，于是他躺在那儿，仔细地考虑。

那条船离他不过四哩路，他把眼睛擦净之后，可以很清楚地看到它；同时，他还看见了一条在光辉的大海里破浪前进的小船的白帆。可是，无论如何他也爬不完这四哩路。这一点，他是知道的，而且知道以后，他还非常镇静。他知道他连半哩路也爬不了。不过，他仍然要活下去。在经历了千辛万苦之后，他居然会死掉，那未免太不合理了。命运对他实在太苛刻了，然而，尽管奄奄一息，他还是不情愿死。也许，这种想法完全是发疯，不过，就是到了死神的铁掌里，他仍然要反抗它，不肯死。

他闭上眼睛,极其小心地让自己镇静下去。疲倦像涨潮一样,从他身体的各处涌上来,但是他刚强地打起精神,绝不让这种令人窒息的疲倦把他淹没。这种要命的疲倦,很像一片大海,一涨再涨,一点一点地淹没他的意识。有时候,他几乎完全给淹没了,他只能用无力的双手划着,漂游过那黑茫茫的一片;可是,有时候,他又会凭着一种奇怪的心灵作用,另外找到一丝毅力,更坚强地划着。

他一动不动地仰面躺着,现在,他能够听到病狼一呼一吸地喘着气,慢慢地向他逼近。它愈来愈近,总是在向他逼近,好像经过了无穷的时间,但是他始终不动。它已经到了他耳边。那条粗糙的干舌头正像砂纸一样地摩擦着他的两腮。他那两只手一下子伸了出来——或者,至少也是他凭着毅力要它们伸出来的。他的指头弯得像鹰爪一样,可是抓了个空。敏捷和准确是需要力气的,他没有这种力气。

那只狼的耐心真是可怕。这个人的耐心也一样可怕。

这一天,有一半时间他一直躺着不动,尽力和昏迷斗争,等着那个要把他吃掉,而他也希望能吃掉的东西。有时候,疲倦的浪潮涌上来,淹没了他,他会做起很长的梦;然而在整个过程中,不论醒着或是做梦,他都在等着那种喘息和那条粗糙的舌头来舔他。

他并没有听到这种喘息,他只是从梦里慢慢苏醒过来,觉得有条舌头在顺着他的一只手舔去。他静静地等着。狼牙轻轻地扣在他手上了;扣紧了;狼正在尽最后一点力量把牙齿咬进它等了很久的东西里面。可是这个人也等了很久,那只给咬破了的手也抓住了狼的牙床。于是,慢慢地,就在狼无力地挣扎着,他的手无力地掐着的时候,他的另一只手已经慢慢摸过来,一下把狼抓住。五分钟之后,这个人已经把全身的重量都压在狼的身上。他的手的力量虽然还不足以把狼掐死,可是他的脸已经紧紧地压住了狼的咽喉,嘴里已经满是狼毛。半小时后,这个人感到一小股暖和的液体慢慢流进他的喉咙。这东西并不好吃,就像硬灌到他胃里的铅液,而且是纯粹凭着意志硬灌下去的。后来,这个人翻了一个身,仰面睡着了。

捕鲸船"白德福号"上,有几个科学考察队的人员。他们从甲板上望见岸上有一个奇怪的东西。它正在向沙滩下面的水面挪动。他们没法分清它是哪一类动物,但是,因为他们都是研究科学的人,他们就乘了船旁边的一条捕鲸艇,到岸上去察看。接着,他们发现了一个活着的动物,可是很难把它称作人。它已经瞎了,失去了知觉。它就像一条大虫子在地上蠕动着前进。它用的力气大半都不起作用,但是它老不停,它一面摇晃,一面向前扭动,照它这样,一个钟头大概可以爬上二十尺。

三星期以后,这个人躺在捕鲸船"白德福号"的一个铺位上,眼泪顺着他的瘦削的面颊往下淌,他说出他是谁和他经过的一切。同时,他又含含糊糊地、不连贯地谈到了他的母亲,谈到了阳光灿烂的南加利福尼亚,以及橘树和花丛中的他的家园。

没过几天,他就跟那些科学家和船员坐在一张桌子旁边吃饭了,他馋得不得了地望着面前这么多好吃的东西,焦急地瞧着它溜进别人口里。每逢别人咽下一口的时候,他眼睛里就会流露出一种深深惋惜的表情。他的神志非常清醒,可是,每逢吃饭的时候,他免不了要恨这些人。他给恐惧缠住了,他老怕粮食维持不了多久。他向厨子、船舱里的服务员和船长打听食物的贮藏量。他们对他保证了无数次,但是他仍然不相信,仍然会狡猾地溜到贮藏室附近亲自窥探。

看起来,这个人正在发胖。他每天都会胖一点。那批研究科学的人都摇着头,提出他们的理论。他们限制了这个人的饭量,可是他的腰围仍然在加大,身体胖得惊人。

水手们都咧着嘴笑。他们心里有数。等到这批科学家派人来监视他的时候,他们也知道了。他们看到他在早饭以后萎靡不振地走着,而且会像叫花子似的,向一个水手伸出手。那个水手笑了笑,递给他一块硬面包,他贪婪地把它拿住,像守财奴瞅着金子般地瞅着它,然后把它塞到衬衫里面。别的咧着嘴笑的水手也送给他同样的礼品。

这些研究科学的人很谨慎。他们随他去。但是他们常常暗暗检查他的床铺。那上面摆着一排排的硬面包,褥子也给硬面包塞得满满的;每一个角落里都塞满了硬面包。然而他的神志非常清醒。他是在防备可能发生的另一次饥荒——就是这么回事。研究科学的人说,他会恢复常态的。事实也是如此,"白德福号"的铁锚还没有在旧金山湾里隆隆地抛下去,他就正常了。

【作者简介】

杰克·伦敦(1876—1916),美国小说家。生于旧金山,他来自"占全国人口十分之一的贫困不堪的底层阶级"。大约是个占星术家的私生子,在一个既无固定职业又无固定居所的家庭中长大。他是美国著名的现实主义作家。美国传记小说家伊尔文·斯通在他的《马背上的水手》里称他是"美国无产阶级文学之父"。他的作品不仅在美国本土广泛流传,而且受到世界各国人民的欢迎。他在现代美国文学和世界文学都享有崇高地位。

思考与练习

一、小说的主人公在茫茫荒原上面临着哪些生死考验?他为什么能超越极限、战胜病狼而顽强地生存下来?读完课文后,你对生命有了怎样的认识?

二、本文没有写出主人公的姓名,这样做有什么特别的用意?

三、小说有大量细腻的心理描写与逼真的细节描写。试着找出几例,仔细体会。

四、人或动物在极端恶劣的环境面前,往往会迸发出强烈的求生欲望,做出一些令人不可思议的举动。你听说过这样的故事吗?请你查找资料,将它们整理出来,与大家交流。

延伸阅读

敬畏生命

张晓风

那是一个夏天的长得不能再长的下午,在印第安纳州的一个湖边。我起先是不经意地坐着看书,忽然发现湖边有几棵树正在飘散一些白色的纤维。大团大团的,像棉花似的,有些飘在草地上,有些飘入湖水里。我当时没有十分注意,只当是偶然风起所带来的。

可是,渐渐地,我发现情况简直令人吃惊。好几个小时过去了,那些树仍旧浑然不觉地在飘送那些小型的云朵,倒好像是一座无限的云库。整个下午,整个晚上,漫天都是那种东西。第二天的情形完全一样,我感到诧异和震撼。

其实小学的时候就知道有一类种子是靠风力吹动纤维播送的。但也只是知道一道测验题的答案而已。那几天真的看到了,满心所感到的是一种折服,一种无以名之的敬畏。我几乎是第一次遇见生命——虽然是植物的。

我感到那云状的种子在我心底强烈地碰撞上什么东西。我不能不被生命豪华的、奢侈的、不计成本的投资所感动。也许,在不分昼夜地飘散之余,只有一颗种子足以成荫,但造物主乐于做这样惊心动魄的壮举。

我至今仍然在沉思之际想起那一片柔媚的湖水,不知湖畔那群种子中有哪一颗成了小树。至少,我知道,有一颗已经成长。那颗种子曾遇见了一片土地,在一个过客的心之峡谷里蔚然成荫,教会她怎样敬畏生命。

表达与交流

应用文写作:计划

写作要求

一、掌握计划的格式与内容;

二、根据个人实际情况,独立撰写计划。

写作指导

一、计划的概念

计划是人们在一定时期内的学习或工作的打算。它是一种预先拟定目标、步骤,提出具体要求,制定相应措施的应用文书。

计划主要的特点:超前性和可行性。

超前性:计划是事先拟定的,它的实现是将来的事。

可行性:是指计划的科学性和合理性。

计划的不同名称:安排、打算、设想、意见、要点、规划、方案。

二、计划的格式与内容

格式一般包括如下几个部分:

(一)标题

标题一般由制定计划的单位名称、计划内容和计划名称三个要素组成。

个人计划:计划内容＋计划名称

如计划不成熟,或者还没有正式通过,一般要在标题后面用括号注明"草案""讨论稿""征求意见稿"等字样。

(二)正文

一般包括三个方面的内容:

1.基本情况,即制定计划的根据。

2.任务要求,就是"做什么",即计划的中心内容。

3.方法步骤,就是"怎样做",也就是具体措施。

(三)结尾

结尾可以突出重点、难点或强调有关事项或发出简短号召(也可以不写)。

(四)落款

落款部分包括单位和时间,写在正文后的右下方,分两行。第一行,是单位计划就写上单位名称,是个人计划就写上个人姓名。最后,在单位或姓名下面写上时间。

以上所介绍的是"文字叙述式"的计划。除此之外,还可运用"图表式"来制定计划。

图表式,即通篇用图表形式。图表式计划一般可设置若干栏目,如项目、任务、要求、执行人、完成期限等,在图表后面也可以加上一些简洁的文字说明。图表式计划制作简便,使用明了,因此在现实生活中越来越受欢迎。

三、计划的写作要求

(一)注意协调

大到单位,小到个人,无论是长期计划,还是短期计划,凡是涉及其他单位或部门的都要注意协调,即进行协商,取得一致意见,保证计划得以顺利实施。

(二)主次分明

一段时期内的事情往往很多。做什么、不做什么,先做什么、后做什么,主要做什么、次要做什么等,都要在计划中有所体现。

（三）随机应变

计划是事先定好的,但这并不等于可以一成不变。要根据新出现的情况,对原计划及时进行必要的修订和补充。

例文展示

万良中学社团活动计划

一、指导思想

为丰富校园文化生活,发展学生兴趣与特长,促进学生的全面发展,以社团活动为平台,以"丰富生活、展示个性、培养兴趣、拓宽知识、开发潜能"为宗旨,成立相应的学生社团活动小组,努力使学校成为学生愉快而有趣的生活学习的乐园。

二、目的任务

1.培养学生兴趣爱好,张扬学生的个性,让学生在活动中学习知识,增长能力。

2.凸显学校的办学特色,塑造学校社团活动的品牌。

3.积极参加各级演出和比赛,为校争光。

4.通过多种方式吸收更多学生加入组织,让每一个学生都有成长的舞台。

三、具体工作及措施

（一）尊重主体,实行双选。

在社团活动实施过程中实行双选制度,活动前,学校根据每个教师的特点选择好辅导项目,同时根据课程的开设情况鼓励学生依据自身特长,特别是兴趣所向,选择合适的社团活动。

（二）落实常规,健全制度。

1.为加强常规管理,避免社团活动的随意性和盲目性,要坚持"六定":一定活动课程;二定活动目标;三定活动时间;四定活动内容;五定辅导老师;六定活动地点。

2.做好辅导老师的准备工作,绝不打无准备之仗。正式开课前,所有辅导老师制定切实可行的活动计划,安排好全学期的活动内容,并提前备好一周的课,上课前一天要通知好所在社团学生准备好相关活动材料。

3.加强同学之间的交流探讨,浓厚研究气氛,努力提高兴趣活动的效果和效率。

（三）充分重视学生的个别差异,注重因材施教。

在全面了解学生个性特征的基础上,充分开发他们的潜能,把社团活动作为学校实施特色教育的重要途径。

（四）加强检查督促,发现问题,及时修改。

成立学校社团活动领导小组,组织、检查、指导活动的开展,以保证学校社团活动顺利进行。

四、社团活动安排表

社　团	负责教师	地　点	活动时间	备　注
海丰画社	夏玉艳	美术室	每周二、三、四中午	
舞蹈社	郑希茜	舞蹈室	每周三下午二节课后	
合唱社	郑希茜	音乐室	每周二、三、五大课间操时间	
乒乓社	华峥燕	乒乓室	每周三下午二节课后	
田径社	华峥燕	运动场	每天下午第三节课后	
中国象棋社	夏仕发	会议室	每周三下午二节课后	
快乐英语社	贺　瑜	阅览室	每周三下午二节课后	

五、成果展示要求：

（一）展示时间为 6 月 1 日。

（二）展示形态

1. 静态展示的项目：

展示自己创作的作品，张贴在专用的展板上，并附上活动的图片。

2. 动态展示的项目：

舞蹈：展示精排的一个舞蹈节目。

合唱：展示精排的一至两个合唱节目。

六、课程实施过程中的注意事项

1. 各班主任要配合辅导老师，告知学生具体的活动地点，定好带队学生，保证每个学生都能及时到达上课地点，尤其是低年级。

2. 各辅导老师课前对自己活动的教室预先落实好，如桌椅、音响，特别是专用教室，保证社团活动单位时间的有效性。

3. 各辅导老师对本课程参加的学生每次都要点名，做好记录。对活动积极性不高、课程任务不能及时按要求完成的同学不能听之任之，要及时和其谈心交流，明确活动的目的性，以达到预期的活动目的。

万良中学

2013 年 3 月

● 简评

以上是一份开展社团活动的计划书，活动内容及措施明确清晰，便于操作。

● 写作练习

1. 根据个人实际，用文字叙述式写一份本学期学习计划。

2. 校运动会召开在即，请你用图表式为班级制定一份运动会训练计划。

笔谈:自我介绍

◎ 情境演练

　　现代社会已进入了信息时代,每个人都离不开信息交流。介绍,也成为人们日常生活中不可或缺的一个部分。我们生活在信息社会中,今后踏入社会,或在应聘过程中,或在工作岗位上,都离不开介绍。假如今天你去面试,面试官请你介绍一下你自己,你打算如何自我介绍呢?

◎ 实例借鉴

各位老师:

　　你们好!

　　非常荣幸能参加这次面试,我是×××号考生,报考的职位是×××,希望通过这次面试能向各位老师学到更多东西。

　　我来自美丽的海滨城市××,今年24岁,是××大学××专业本科的应届毕业生。闽南的山水哺育我长大,我的血液里流淌着闽南人特有的活泼开朗的性格和爱拼才会赢的打拼精神。带着这种精神,在校期间我刻苦学习,分别获得2011—2012学年二等奖学金,2012—2013学年一等奖学金,用实际努力报答了父母和师长的养育之恩。

　　除了学习之外,我还积极参加各种社会实践活动。我曾担任班级的宣传委员,组织了几次班级和学院的公益活动,如青年志愿者助残活动,向孤儿院儿童献爱心活动等。组织这些活动以及在活动中和成员的相处,让我学到了很多东西,对培养自己的能力和人际关系的处理有很大的好处,为我更快地走向社会提供了良好的平台。

　　此外,计算机是我最大的业余爱好。我计算机过了国家二级,除熟悉日常电脑操作和维护外,还自学了网站设计等,并自己设计了个人主页。回顾自己大学四年的工作学习生活,感触很深,收获颇丰。掌握了专业知识,培养了自己各方面的能力,这些对今后的工作都将带来重要的帮助。除此之外,我也看到自己的一些缺点,如有时候做事情比较急于求成,在工作中实际经验不足等等。但"金无足赤,人无完人",每个人都不可避免地存在缺点,有缺点并不可怕,关键是如何看待自己的缺点,只有正视它的存在,通过不断的努力学习,才能改正自己的缺点。这次我选择这个职位,除了专业对口以外,我也十分喜欢这个职位,相信它能让我充分实现自己的社会理想,体现自身的价值。我认为我有能力也有信心做好这份工作,希望各位老师能够认可我,给我这个机会!

　　谢谢各位老师!

◎ **简评**

以上自我介绍能抓住自己的专业特长和兴趣爱好,表述准确扼要,介绍自己优点的同时也介绍了缺点,显得谦虚诚恳。

◎ **相关知识**

自我介绍既是相互沟通的出发点,又是自我展示自我宣传的平台。

一、自我介绍的内容

自我介绍的内容一般为:个人简况、家庭情况、外貌体型、性格特点、生活态度、爱好特长、成长经历、人际交往、优点缺点等。在不同的场合,自我介绍的内容侧重点有所不同。

二、自我介绍的要求

1. 抓住特征

自我介绍要抓住自身的特征,包括姓名、出生年月、工作或学习单位、兴趣爱好、个性特点、专业特长、成就贡献等。

2. 理清顺序

介绍的思路要明确清晰,不能东拉西扯。

3. 准确易懂

介绍的语言必须准确易懂,尽可能使用口语。

三、自我介绍的注意事项

1. 注重礼仪,表情生动。

自我介绍场合上,最先给人印象的,不是言辞,而是礼仪和脸孔、态度、服饰等。学会用握手礼、点头礼和注目礼,首先给对方以尊重。其次,面带微笑,平静温和,落落大方地表现自己的真诚和热情。

2. 语调明朗,简洁新颖。

介绍者要精神饱满,充满自信,内容简洁而有新意,既不夸夸其谈,又不过分谦虚。

3. 使用辅助材料,增强介绍的全面性、形象性。

名片、自我推荐表、照片、图片、成果资料等都可以帮助他人了解自己。

◎ **拓展练习**

1. 写一个描写同学的片段,要求展现同学的鲜明特点,富有创意。文中不要出现姓名之类指示性内容,写好之后请大家来猜,被猜出人数最多者获得优胜奖。

2. 围绕"这就是我"这个话题写一篇作文。可以抓住自己一方面的特点来写,也可以多角度地介绍自己,写出自己的独特之处。

媒介素养综合实践活动

倾听生命行走的声音——我的成长历程

◎ 场景案例

一个小男孩几乎认为自己是世界上最不幸的孩子,因为他患脊髓灰质炎而留下了瘸腿和参差不齐且突出的牙齿。他很少与同学们游戏或玩耍,老师叫他回答问题时,他也总是低着头一言不发。

在一个平常的春天,小男孩的父亲从邻居家讨了一些树苗,他想把它们栽在房前。他叫他的孩子们每人栽一棵。父亲对孩子们说,谁栽的树苗长得最好,就给谁买一件最喜欢的礼物。小男孩也想得到父亲的礼物。但看到兄妹们蹦蹦跳跳提水浇树的身影,不知怎么萌生出一种阴冷的想法:希望自己栽的那棵树早点死去。因此,他浇过一两次水后,再也没去搭理它。

几天后,小男孩再去看他种的那棵树时,惊奇地发现它不仅没有枯萎,而且还长出了几片新叶子,与兄妹们种的树相比,显得更嫩绿、更有生气。父亲兑现了他的诺言,为小男孩买了一件他最喜欢的礼物,并对他说,从他栽的树来看,他长大后一定能成为一名出色的植物学家。

从那以后,小男孩慢慢变得乐观向上起来。

一天晚上,小男孩躺在床上睡不着,看着窗外那明亮皎洁的月光,忽然想起生物老师曾说过的话:植物一般都在晚上生长,何不去看看自己种的那棵小树? 当他轻手轻脚来到院子里时,却看见父亲用勺子在向自己栽种的那棵树下泼洒着什么。 顿时,一切他都明白了,原来父亲一直在偷偷地为自己栽种的那棵小树施肥! 他返回房间,任凭泪水肆意奔流……

几十年过去了,那瘸腿的小男孩虽然没有成为一名植物学家,但他却成了美国总统,他的名字叫富兰克林·罗斯福。

爱是生命中最好的养料,哪怕只是一勺清水,也能使生命之树苗壮成长。也许那树是那样的平凡、不起眼;也许那树是如此的瘦小,甚至还有些枯萎;但只要有这养料的浇灌,它就能长得枝繁叶茂,甚至长成参天大树。

◎ 策划筹备

当母亲剪掉脐带的那一瞬间,我们就在不停地招手,仿佛在告诉人们我们来到了人世间。从呱呱坠地的第一声哭泣,到懵懂无知的孩提;从年少轻狂的昨天,到理智果敢的今天,父母几乎用了生命的全部为我们换来了蓬勃生机;他们脸上沧桑的面容、斑白的双鬓,是无情岁月残留下来的痕迹。正如泰戈尔所说,爱是亘古长明的灯塔,它定睛望着风暴却兀自不动,爱就是充实了的生命,正如盛满了酒的酒杯。当我们遇到了暴风雨,父母给我们爱的雨伞;当我们遇到了洪流,父母给我们搭起爱的虹桥;当我们迷失了方向,父母给我们爱的灯塔。你一定很想了解父母为我们的成长付出了多少艰辛吧!

一、听父母讲那过去的事情,根据父母的讲述用文字记录下来。

二、收集有关父母和自己成长的照片。

三、找几张尺寸适宜的硬纸板,并对硬纸板进行装饰美化。

活动应用

一、分小组讲述自己的故事,组内互评,推荐典型参加班级活动。

二、每个小组代表在班级内讲述成长故事,各组互相评价,教师评价。

三、对收集的照片进行文字说明。介绍父母的故事,以及他们对自己的影响,同时介绍自己的成长故事。

四、制作展板,把相关照片和文字说明粘贴到硬纸板上,恰当安排照片和文字的位置。

五、成果展示,每个学习小组推荐一人向全班同学介绍本组同学的活动情况和收获,互相了解成长过程,理解生命的珍贵,体会父母养育的艰辛。

第 二单元　文学与人性

单元导语

文学是人性的最生动的表达，是历史的最形象的诠释。优秀的文学作品，传达着人类的憧憬和理想，凝聚着人类美好的感情和灿烂的智慧。一个时代的优秀文学作品，是这个时代的缩影，是这个时代的心声。阅读优秀的文学作品，可以了解历史，了解社会，了解自然，了解人生。文学作品对人起着潜移默化的影响。阅读文学作品，是一种知识的积累，一种文化的积累，一种感情的积累，也是一种智慧的积累。

本单元的古代诗歌《鹊桥仙》，感情细腻，观点明确，借牛郎织女悲欢离合的故事，歌颂坚贞诚挚的爱情；剧本《雷雨》在激烈的矛盾冲突中，为我们描绘了一场激荡在半封建半殖民地社会沉闷空气里即将到来的社会大变动的雷雨；《爱如茉莉》的作者，以清新的笔触向我们娓娓道来一个有关"爱"的故事；《〈乱世佳人〉剧情简介》不仅让我们了解了《乱世佳人》这部电影，也让我们认识了一种新的文学形式；现代小说《窗》让我们对人性深深地反思。在学习的过程中，需要了解和掌握一定的文体及鉴赏知识，更重要的是体会这些篇章的精神内涵，为我们带来审美的愉悦和文学素养的提高。

在本单元，我们将训练记叙文写作中立意与选材的技巧，旨在帮助同学们提高记叙文写作能力；还安排了"艺术人生"的笔谈训练，使同学们学会正确表达自己的观点；同时还安排了"走进文学百花园——探究人性的美与丑"这一语文综合实践活动，让我们在活动中思考与体会文学中的人性百态。

阅读与欣赏

6 鹊桥仙①

秦 观

课文导读

牛郎织女的故事是一段流传了两千多年之久的神奇传说,是一个爱情悲剧故事。借牛郎织女的故事,表现人间的悲欢离合,古已有之,然而大都因承袭了"欢愉苦短"的传统主题,格调哀婉、凄楚。本词一反相思离别的缠绵伤感,表现出"两情若是久长时,又岂在朝朝暮暮"的新颖见解,堪称独出机杼,立意高远。

此词将写景、抒情、议论融为一体,意境新颖,设想奇巧,独辟蹊径,写得流畅自然而又婉约蕴藉,余味隽永。

纤云弄巧②,飞星传恨③,银汉④迢迢暗度。金风⑤玉露⑥一相逢,便胜却人间无数。 柔情似水,佳期如梦,忍顾⑦鹊桥归路。两情若是久长时,又岂在朝朝暮暮⑧!

---

① 选自秦观《淮海居士长短句》,徐培均校注,上海古籍出版社1985年版。

② 纤云弄巧:纤细的云彩变幻出许多美丽的花样来。这句写织女劳动的情形。传说织女精于纺织,能将天上的云织成锦缎。

③ 飞星传恨:飞奔的牵牛星流露出久别的怨恨。作者想象被银河阻隔的牛郎、织女二星,闪现出离愁别恨的样子。

④ 银汉:银河,天河。

⑤ 金风:秋风。

⑥ 玉露:晶莹如玉的露珠,指秋露。

⑦ 忍顾:不忍心回头看。

⑧ 朝朝暮暮:日日夜夜。这里指日夜的相聚。

【作者简介】

秦观(1049—1100),字太虚、少游,号淮海居士,后世称之为"淮海公",高邮(今江苏扬州)人,北宋文学家。与黄庭坚、张耒、晁补之合称"苏门四学士",颇得苏轼赏识。北宋后期著名婉约派词人,著有《淮海集》40卷,以及《淮海居士长短句》《劝善录》《逆旅集》等作品。

【译文】

纤细的云彩变幻出许多美丽的花样来,飞奔的牵牛星流露出久别的怨恨。纵然那迢迢银河宽又阔,鹊桥上牛郎织女只要一相逢,团圆在秋风与玉露间,胜过了人间多少整日在一起却不知珍惜的凡俗情。

含情脉脉似流水,美好时光恍如梦,不忍心回头看这鹊桥上回去的路。只要是真情久长心相印,又何必朝夕相聚度此生?

思考与练习

一、秦观的这首《鹊桥仙》表达了怎样的爱情观？你同意他的观点吗？为什么？

二、"柔情似水，佳期如梦，忍顾鹊桥归路。"这一句运用了什么修辞手法？作用是什么？

三、试从思想内容、情感和艺术特色等方面对这首词进行赏析。

四、朗读背诵这首词。

延伸阅读

辛未七夕

李商隐

恐是仙家好别离，故教迢递作佳期。

由来碧落银河畔，可要金风玉露时。

清漏渐移相望久，微云未接过来迟。

岂能无意酬乌鹊，惟与蜘蛛乞巧丝。

迢迢牵牛星

无名氏

迢迢牵牛星，皎皎河汉女。

纤纤擢素手，札札弄机杼。

终日不成章，泣涕零如雨。

河汉清且浅，相去复几许？

盈盈一水间，脉脉不得语。

7 雷雨（节选）①

曹 禺

课文导读

  《雷雨》是曹禺的处女作，也是他的成名作，在中国现代戏剧史上占有突出的地位。本文节选自《雷雨》第二幕，通过鲁侍萍到周公馆接女儿四凤回家，与周朴园不期而遇，由此展开周、鲁两家的尖锐冲突。这种冲突本质上反映的是劳动人民和资产阶级的矛盾，但由于与血缘关系、命运巧合纠缠在一起，就产生了更为强烈的戏剧效果，能更加深入地反映人物的内心世界，展示他们伦理道德上的不同性格特性，揭示出以周朴园为代表的封建大家庭崩溃的必然性。

  曹禺将这部戏命名为《雷雨》有两重意义，一是整个故事的发生、结束都是在雷雨之夜，一是预示令人窒息的旧时代将被革命的雷雨荡涤一新。学习本文要仔细领会剧本巧妙安排的戏剧冲突和个性鲜明的语言特色。

[午饭后，天气更阴沉，更郁热。低沉潮湿的空气，使人异常烦躁……]
  ……

周朴园 （点着一支吕宋烟②，看见桌上的雨衣，向鲁侍萍）这是太太找出来的雨衣吗？

鲁侍萍 （看着他）大概是的。

周朴园 （拿起看看）不对，不对，这都是新的。我要我的旧雨衣，你回头跟太太说。

鲁侍萍 嗯。

周朴园 （看她不走）你不知道这间房子底下人不准随便进来么？

鲁侍萍 （看着他）不知道，老爷。

周朴园 你是新来的下人？

---

  ① 选自《曹禺选集》，人民文学出版社 1978 年版，本文格式参照苏教版《语文（必修四）》。本课文为《雷雨》第二幕节选。四幕话剧《雷雨》写于 1933 年，第二年发表在《文学季刊》第三期上。

  ② 吕宋烟：雪茄烟，因菲律宾吕宋岛所产的质量好而得名。

鲁侍萍	不是的,我找我的女儿来的。
周朴园	你的女儿?
鲁侍萍	四凤是我的女儿。
周朴园	那你走错屋子了。
鲁侍萍	哦。——老爷没有事了?
周朴园	(指窗)窗户谁叫打开的?
鲁侍萍	哦。(很自然地走到窗前,关上窗户,慢慢地走向中门)
周朴园	(看她关好窗门,忽然觉得她很奇怪)你站一站。(鲁妈停)你——你贵姓?
鲁侍萍	我姓鲁。
周朴园	姓鲁。你的口音不像北方人。
鲁侍萍	对了,我不是,我是江苏的。
周朴园	你好像有点无锡口音。
鲁侍萍	我自小就在无锡长大的。
周朴园	(沉思)无锡? 嗯,无锡,(忽而)你在无锡是什么时候?
鲁侍萍	光绪二十年,离现在有三十多年了。
周朴园	哦,三十年前你在无锡?
鲁侍萍	是的,三十多年前呢,那时候我记得我们还没有用洋火呢。
周朴园	(沉思)三十多年前,是的,很远啦,我想想,我大概是二十多岁的时候。那时候我还在无锡呢。
鲁侍萍	老爷是那个地方的人?
周朴园	嗯,(沉吟)无锡是个好地方。
鲁侍萍	哦,好地方。
周朴园	你三十年前在无锡么?
鲁侍萍	是,老爷。
周朴园	三十年前,在无锡有一件很出名的事情——
鲁侍萍	哦。
周朴园	你知道么?
鲁侍萍	也许记得,不知道老爷说的是哪一件?
周朴园	哦,很远的,提起来大家都忘了。
鲁侍萍	说不定,也许记得的。
周朴园	我问过许多那个时候到过无锡的人,我想打听打听。可是那个时候在无锡的人,到现在不是老了就是死了,活着的多半是不知道的,或者忘了。
鲁侍萍	如若老爷想打听的话,无论什么事,无锡那边我还有认识的人,虽然许久不通音信,托他们打听点事情总还可以的。
周朴园	我派人到无锡打听过。——不过也许凑巧你会知道。三十年前在无锡

有一家姓梅的。

鲁侍萍　　姓梅的？

周朴园　　梅家的一个年轻小姐，很贤惠，也很规矩，有一天夜里，忽然地投水死了，后来，后来，——你知道么？

鲁侍萍　　不敢说。

周朴园　　哦。

鲁侍萍　　我倒认识一个年轻的姑娘姓梅的。

周朴园　　哦？你说说看。

鲁侍萍　　可是她不是小姐，她也不贤惠，并且听说是不大规矩的。

周朴园　　也许，也许你弄错了，不过你不妨说说看。

鲁侍萍　　这个梅姑娘倒是有一天晚上跳的河，可是不是一个，她手里抱着一个刚生下三天的男孩。听人说她生前是不规矩的。

周朴园　　（苦痛）哦！

鲁侍萍　　这是个下等人，不很守本分的。听说她跟那时周公馆的少爷有点不清白，生了两个儿子。生了第二个，才过三天，忽然周少爷不要了她，大孩子就放在周公馆，刚生的孩子抱在怀里，在年三十夜里投河死的。

周朴园　　（汗涔涔①地）哦。

鲁侍萍　　她不是小姐，她是无锡周公馆梅妈的女儿，她叫侍萍。

周朴园　　（抬起头来）你姓什么？

鲁侍萍　　我姓鲁，老爷。

周朴园　　（喘出一口气，沉思地）侍萍，侍萍，对了。这个女孩子的尸首，说是有一个穷人见着埋了。你可以打听得她的坟在哪儿么？

鲁侍萍　　老爷问这些闲事干什么？

周朴园　　这个人跟我们有点亲戚。

鲁侍萍　　亲戚？

周朴园　　嗯，——我们想把她的坟墓修一修。

鲁侍萍　　哦——那用不着了。

周朴园　　怎么？

鲁侍萍　　这个人现在还活着。

周朴园　　（惊愕）什么？

鲁侍萍　　她没有死。

周朴园　　她还在？不会吧？我看见她河边上的衣服，里面有她的绝命书。

鲁侍萍　　不过她被一个慈善的人救活了。

周朴园　　哦，救活啦？

———————————

①　涔涔(cén)：形容汗水不断地下流。

鲁侍萍	以后无锡的人是没见着她,以为她那夜晚死了。
周朴园	那么,她呢?
鲁侍萍	一个人在外乡活着。
周朴园	那个小孩呢?
鲁侍萍	也活着。
周朴园	(忽然立起)你是谁?
鲁侍萍	我是这儿四凤的妈,老爷。
周朴园	哦。
鲁侍萍	她现在老了,嫁给一个下等人,又生了个女孩,境况很不好。
周朴园	你知道她现在在哪儿?
鲁侍萍	我前几天还见着她!
周朴园	什么? 她就在这儿? 此地?
鲁侍萍	嗯,就在此地。
周朴园	哦!
鲁侍萍	老爷,你想见一见她么?
周朴园	不,不,谢谢你。
鲁侍萍	她的命很苦。离开了周家,周家少爷就娶了一位有钱有门第的小姐。她一个单身人,无亲无故,带着一个孩子在外乡什么事都做,讨饭,缝衣服,当老妈,在学校里伺候人。
周朴园	她为什么不再找到周家?
鲁侍萍	大概她是不愿意吧? 为着她自己的孩子,她嫁过两次。
周朴园	嗯,以后她又嫁过两次。
鲁侍萍	嗯,都是很下等的人。她遇人都很不如意,老爷想帮一帮她么?
周朴园	好,你先下去。让我想一想。
鲁侍萍	老爷,没有事了? (望着朴园,眼泪要涌出)老爷,您那雨衣,我怎么说?
周朴园	你去告诉四凤,叫她把我樟木箱子里那件旧雨衣拿出来,顺便把那箱子里的几件旧衬衣也拣出来。
鲁侍萍	旧衬衣?
周朴园	你告诉她在我那顶老的箱子里,纺绸的衬衣,没有领子的。
鲁侍萍	老爷那种纺绸衬衣不是一共有五件? 您要哪一件?
周朴园	要哪一件?
鲁侍萍	不是有一件,在右袖襟上有个烧破的窟窿,后来用丝线绣成一朵梅花补上的? 还有一件——
周朴园	(惊愕)梅花?
鲁侍萍	还有一件绸衬衣,左袖襟也绣着一朵梅花,旁边还绣着一个萍字。还有一件——

周朴园	（徐徐立起）哦，你，你，你是——
鲁侍萍	我是从前伺候过老爷的下人。
周朴园	哦，侍萍？（低声）怎么，是你？
鲁侍萍	你自然想不到，侍萍的相貌有一天也会老得连你都不认识了。
周朴园	你——侍萍？（不觉地望望柜上的相片，又望鲁妈）
鲁侍萍	朴园，你找侍萍么？侍萍在这儿。
周朴园	（忽然严厉地）你来干什么？
鲁侍萍	不是我要来的。
周朴园	谁指使你来的？
鲁侍萍	（悲愤）命！不公平的命指使我来的。
周朴园	（冷冷地）三十年的工夫你还是找到这儿来了。
鲁侍萍	（怨愤）我没有找你，我没有找你，我以为你早死了。我今天没想到到这儿来，这是天要我在这儿又碰见你。
周朴园	你可以冷静点。现在你我都是有子女的人，如果你觉得心里有委屈，这么大年纪，我们先可以不必哭哭啼啼的。
鲁侍萍	哭？哼，我的眼泪早哭干了，我没有委屈，我有的是恨，是悔，是三十年一天一天我自己受的苦。你大概已经忘了你做的事了！三十年前，过年三十的晚上我生下你的第二个儿子才三天，你为了要赶紧娶那位有钱有门第的小姐，你们逼着我冒着大雪出去，要我离开你们周家的门。
周朴园	从前的恩怨，过了几十年，又何必再提呢？
鲁侍萍	那是因为周大少爷一帆风顺，现在也是社会上的好人物。可是自从我被你们家赶出来以后，我没有死成，我把我的母亲可给气死了，我亲生的两个孩子你们家里逼着我留在你们家里。
周朴园	你的第二个孩子你不是已经抱走了么？
鲁侍萍	那是你们老太太看着孩子快死了，才叫我抱走的。（自语）哦，天哪，我觉得我像在做梦。
周朴园	我看过去的事不必再提起来吧。
鲁侍萍	我要提，我要提，我闷了三十年了！你结了婚，就搬了家，我以为这一辈子也见不着你了；谁知道我自己的孩子偏偏命定要跑到周家来，又做我从前在你们家里做过的事。
周朴园	怪不得四凤这样像你。
鲁侍萍	我伺候你，我的孩子再伺候你生的少爷们。这是我的报应，我的报应。
周朴园	你静一静。把脑子放清醒点。你不要以为我的心是死了，你以为一个人做了一件于心不忍的事就会忘了么？你看这些家具都是你从前顶喜欢的东西，多少年我总是留着，为着纪念你。
鲁侍萍	（低头）哦。

周朴园	你的生日——四月十八——每年我总记得。一切都照着你是正式嫁过周家的人看,甚至于你因为生萍儿,受了病,总要关窗户,这些习惯我都保留着,为的是不忘你,弥补我的罪过。
鲁侍萍	(叹一口气)现在我们都是上了年纪的人,这些傻话请你不必说了。
周朴园	那更好了。那么我们可以明明白白地谈一谈。
鲁侍萍	不过我觉得没有什么可谈的。
周朴园	话很多。我看你的性情好像没有大改,——鲁贵像是个很不老实的人。
鲁侍萍	你不要怕。他永远不会知道的。
周朴园	那双方面都好。再有,我要问你的,你自己带走的儿子在哪儿?
鲁侍萍	他在你的矿上做工。
周朴园	我问,他现在在哪儿?
鲁侍萍	就在门房等着见你呢。
周朴园	什么? 鲁大海? 他! 我的儿子?
鲁侍萍	他的脚趾头因为你的不小心,现在还是少一个的。
周朴园	(冷笑)这么说,我自己的骨肉在矿上鼓励罢工,反对我!
鲁侍萍	他跟你现在完完全全是两样的人。
周朴园	(沉静)他还是我的儿子。
鲁侍萍	你不要以为他还会认你做父亲。
周朴园	(忽然)好! 痛痛快快地! 你现在要多少钱吧?
鲁侍萍	什么?
周朴园	留着你养老。
鲁侍萍	(苦笑)哼,你还以为我是故意来敲诈你,才来的么?
周朴园	也好,我们暂且不提这一层。那么,我先说我的意思。你听着,鲁贵我现在要辞退的,四凤也要回家。不过——
鲁侍萍	你不要怕,你以为我会用这种关系来敲诈你么? 你放心,我不会的。大后天我就会带四凤回到我原来的地方。这是一场梦,这地方我绝对不会再住下去。
周朴园	好得很,那么一切路费,用费,都归我担负。
鲁侍萍	什么?
周朴园	这于我的心也安一点。
鲁侍萍	你?(笑)三十年我一个人都过了,现在我反而要你的钱?
周朴园	好,好,好,那么你现在要什么?
鲁侍萍	(停一停)我,我要点东西。
周朴园	什么? 说吧?
鲁侍萍	(泪满眼)我——我——我只要见见我的萍儿。
周朴园	你想见他?

鲁侍萍	嗯,他在哪儿?
周朴园	他现在在楼上陪着他的母亲看病。我叫他,他就可以下来见你。不过是——
鲁侍萍	不过是什么?
周朴园	他很大了。
鲁侍萍	(追忆)他大概是二十八了吧?我记得他比大海只大一岁。
周朴园	并且他以为他母亲早就死了的。
鲁侍萍	哦,你以为我会哭哭啼啼地叫他认母亲么?我不会那么傻的。我难道不知道这样的母亲只给自己的儿子丢人么?我明白他的地位,他的教育,不容他承认这样的母亲。这些年我也学乖了,我只想看看他,他究竟是我生的孩子。你不要怕,我就是告诉他,白白地增加他的烦恼,他自己也不愿意认我的。
周朴园	那么,我们就这样解决了。我叫他下来,你看一看他,以后鲁家的人永远不许再到周家来。
鲁侍萍	好,希望这一生不至于再见你。
周朴园	(由衣内取出支票,签好)很好,这是一张五千块钱的支票,你可以先拿去用。算是弥补我一点罪过。
鲁侍萍	(接过支票)谢谢你。(慢慢撕碎支票)
周朴园	侍萍。
鲁侍萍	我这些年的苦不是你那钱就算得清的。
周朴园	可是你——
	［外面争吵声。鲁大海的声音:"放开我,我要进去。"三四个男仆声:"不成,不成,老爷睡觉呢。"门外有男仆等与鲁大海的争执声。］
周朴园	(走至中门)来人!(仆人由中门进)谁在吵?
仆　人	就是那个工人鲁大海!他不讲理,非见老爷不可。
周朴园	哦。(沉吟)那你叫他进来吧。等一等,叫人到楼上请大少爷下楼,我有话问他。
仆　人	是,老爷。
	［仆人由中门下。］
周朴园	(向鲁妈)侍萍,你不要太固执。这一点钱你不收下,将来你会后悔的。
鲁侍萍	(望着他,一句话也不说)
	［仆人领鲁大海进,大海站在左边,三四仆人立一旁。］
鲁大海	(见鲁妈)妈,您还在这儿?
周朴园	(打量鲁大海)你叫什么名字?
鲁大海	(大笑)董事长,您不要同我摆架子,您难道不知道我是谁么?
周朴园	你?我只知道你是罢工闹得最凶的工人代表。

鲁大海	对了,一点儿也不错,所以才来拜望拜望您。
周朴园	你有什么事吧?
鲁大海	董事长当然知道我是为什么来的。
周朴园	(摇头)我不知道。
鲁大海	我们老远从矿上来,今天我又在您府上大门房里从早上六点钟一直等到现在,我就是要问问董事长,对于我们工人的条件,究竟是允许不允许?
周朴园	哦,那么——那么,那三个代表呢?
鲁大海	我跟你说吧,他们现在正在联络旁的工会呢。
周朴园	哦,——他们没告诉你旁的事情么?
鲁大海	告诉不告诉于你没有关系。——我问你,你的意思,忽而软,忽而硬,究竟是怎么回事?

[周萍由饭厅上,见有人,即想退回。]

周朴园	(看周萍)不要走,萍儿!(视鲁妈,鲁妈知周萍为其子,眼泪汪汪地望着他)
周　萍	是,爸爸。
周朴园	(指身侧)萍儿,你站在这儿。(向大海)你这么只凭意气是不能交涉事情的。
鲁大海	哼,你们的手段,我都明白。你们这样拖延时候不过是想去花钱收买少数不要脸的败类,暂时把我们骗在这儿。
周朴园	你的见地①也不是没有道理。
鲁大海	可是你完全错了。我们这次罢工是团结的,有组织的。我们代表这次来并不是来求你们。你听清楚,不求你们。你们允许就允许;不允许,我们一直罢工到底,我们知道你们不到两个月整个地就要关门的。
周朴园	你以为你们那些代表们,那些领袖们都可靠吗?
鲁大海	至少比你们只认识洋钱的结合要可靠得多。
周朴园	那么我给你一件东西看。

[朴园在桌上找电报,仆人递给他;此时周冲②偷偷由左书房进,在旁谛听。]

周朴园	(给大海电报)这是昨天从矿上来的电报。
鲁大海	(拿过去看)什么?他们又上工了。(放下电报)不会,不会。
周朴园	矿上的工人已经在昨天早上复工,你当代表的反而不知道么?
鲁大海	(惊,怒)怎么矿上警察开枪打死三十个工人就白打了么?(又看电报,忽

① 见地:见解。
② 周冲:周朴园和后妻繁漪的儿子,是一个受过"五四"以来新思潮影响的,充满着天真的幻想的年轻人。

　　　　　　然笑起来)哼,这是假的。你们自己假作的电报来离间我们的。(笑)哼,
　　　　　　你们这种卑鄙无赖的行为!

周　萍　　(忍不住)你是谁? 敢在这儿胡说?

周朴园　　萍儿! 没有你的话。(低声向大海)你就这样相信你那同来的几个代
　　　　　　表么?

鲁大海　　你不用多说,我明白你这些话的用意。

周朴园　　好,那我把那复工的合同给你瞧瞧。

鲁大海　　(笑)你不要骗小孩子,复工的合同没有我们代表的签字是不生效力的。

周朴园　　哦,(向仆人)合同!(仆人由桌上拿合同递他)你看,这是他们三个人签
　　　　　　字的合同。

鲁大海　　(看合同)什么?(慢慢地,低声)他们三个人签了字。他们怎么会不告诉
　　　　　　我就签了字呢? 他们就这样把我不理啦?

周朴园　　对了,傻小子,没有经验只会胡喊是不成的。

鲁大海　　那三个代表呢?

周朴园　　昨天晚上就回去了。

鲁大海　　(如梦初醒)他们三个就骗了我了,这三个没有骨头的东西,他们就把矿
　　　　　　上的工人们卖了。哼,你们这些不要脸的董事长,你们的钱这次又灵了。

周　萍　　(怒)你混账!

周朴园　　不许多说话。(回头向大海)鲁大海,你现在没有资格跟我说话——矿上
　　　　　　已经把你开除了。

鲁大海　　开除了?

周　冲　　爸爸,这是不公平的。

周朴园　　(向冲)你少多嘴,出去!

　　　　　　[冲由中门气下。]

鲁大海　　哦,好,好,(切齿)你的手段我早就领教过,只要你能弄钱,你什么都做得
　　　　　　出来。你叫警察杀了矿上许多工人,你还——

周朴园　　你胡说!

鲁侍萍　　(至大海前)别说了,走吧。

鲁大海　　 哼,你的来历我都知道,你从前在哈尔滨包修江桥,故意在叫江堤
　　　　　　出险——

周朴园　　(厉声)下去!

　　　　　　[仆人等拉他,说"走! 走!"]

鲁大海　　(对仆人)你们这些混账东西,放开我。我要说,你故意淹死了三千二百
　　　　　　个小工,每一个小工的性命你扣三百块钱! 姓周的,你发的是绝子绝孙
　　　　　　的昧心财! 你现在还——

周　萍　　(忍不住气,走到大海面前,重重地打他两个嘴巴)你这种混账东西!

［大海立刻要还手，倒是被周宅的仆人们拉住。］

周　萍　　　打他。

鲁大海　　　（向周萍高声）你，你（正要骂，仆人一起打大海。大海头流血。鲁妈哭喊
　　　　　　着护大海）

周朴园　　　（厉声）不要打人！

　　　　　　［仆人们停止打大海，仍拉着大海的手。］

鲁大海　　　放开我，你们这一群强盗！

周　萍　　　（向仆人）把他拉下去。

鲁侍萍　　　（大哭起来）哦，这真是一群强盗！（走至周萍前，抽咽）你是萍，——
　　　　　　凭，——凭什么打我的儿子？

周　萍　　　你是谁？

鲁侍萍　　　我是你的——你打的这个人的妈。

鲁大海　　　妈，别理这东西，您小心吃了他们的亏。

鲁侍萍　　　（呆呆地看着萍的脸，忽而又大哭起来）大海，走吧，我们走吧。（抱着大
　　　　　　海受伤的头哭）

【作者简介】

　　曹禺（1910—1996），原名万家宝，字小石，汉族，祖籍湖北潜江，生于天津一个没
落的封建官僚家庭，是中国现代杰出的戏剧家，著有《雷雨》《日出》《原野》《北京人》
等著名作品。他一生共写过8部剧本，号称"东方的莎士比亚"。"曹禺"是他在1926
年发表小说时第一次使用的笔名（姓氏"万"的繁体字的"草"字头谐音"曹"）。曹禺
是"文明戏的观众，爱美剧的业余演员，左翼剧动影响下的剧作家"（孙庆升：《曹禺
论》，北京大学出版社1986年版）。这句话，大致概括了曹禺的戏剧人生。

思考与练习

一、请简要叙述《雷雨》第二幕中展现的矛盾冲突,并思考冲突的实质是什么。

二、课文开头一段舞台说明"午饭后,天气更阴沉,更郁热。低沉潮湿的空气,使人异常烦躁……"在剧中的作用是什么?

三、从课文中找出下面几句台词,结合全文,谈谈鲁侍萍和周朴园所表现的人物性格。

鲁侍萍　你不要怕,他永远不会知道的。

鲁侍萍　你不要怕,你以为我会用这种关系来敲诈你么?

鲁侍萍　……你不要怕,我就是告诉他,白白地增加他的烦恼,他也是不愿意承认我的。

周朴园　(忽然)好! 痛痛快快地! 你现在要多少钱吧?

周朴园　(由衣内取出皮夹的支票,签好)很好,这是一张五千块钱的支票,你可以先拿去用。算是弥补我一点罪过。

四、课外阅读、观看《雷雨》或曹禺的其他剧作的录像、光盘,座谈阅读曹禺作品的感受。也可排演一个片段,加深对戏剧这一文学样式的认识。

延伸阅读

《雷雨》剧情简介

19 世纪 20 年代的一个夏天,气候闷热逼人,室外没有阳光,天空昏暗,暴风雨即将来临。周公馆的老爷周朴园由于处理矿工罢工,一直忙于公务,回到家里没有看到太太蘩漪。客厅里侍女四凤正在滤药,她的父亲鲁贵昨天连喝带赌,欠了别人的债,正厚着脸皮向女儿要钱呢:"如果你不给,我就要把你和大少爷之间的私情张扬出去。"四凤无奈,只得给他钱打发他走,鲁贵一高兴,告诉四凤大少爷周萍和他的继母蘩漪有乱伦关系。正在这时蘩漪走进客厅,向四凤打听大少爷周萍的消息。太太这么一问,她心里更紧张了,太太又请她母亲来,不知安的什么心。这时,蘩漪的亲生儿子周冲蹦蹦跳跳地跑进来,他对母亲说,他想把自己的学费分一半给四凤,好让她去上学,因为他正热恋着四凤。正当此时,周萍走进了客厅,他说他明天要离家到矿上去,找父亲谈一谈。

周萍是周朴园同他家的一个侍女生的孩子。那时候,周朴园还是个封建官僚家庭的大少爷,与仆人梅妈的女儿梅侍萍相爱,侍萍为他生了两个儿子,因周家老太爷不同意这门亲事,所以在侍萍生下第二个孩子第三天,大年夜的晚上被赶出家门,她抱着孩子冒着暴风雪投河自尽。后周家几次搬家。

繁漪是周朴园的第三个太太，她只比周萍大7岁，她脸色苍白，面部轮廓很美，眉目间显出忧郁，她有些神经症，得不到任何温情，因而爱上软弱的周萍。繁漪让四凤的母亲鲁妈来，就是要让她把四凤带走，重新得到周萍。

午饭后天气更加阴沉郁闷。周萍走进客厅，打了个暗号，四凤从外面跑了进来，他们约定晚上11点到四凤的屋子相会。繁漪希望周萍留下陪陪他，她指责周萍当初引诱她，使她现在母亲不像母亲，情妇不像情妇。周萍冷漠地说："如果你以为你不是父亲的妻子，我自己还承认我是我父亲的儿子。""我盼望这一次的谈话是我们最后一次。"她对周萍说："你不能就这么抛弃我，我不能受周家两代人的欺负。我要让你尝尝一个女人受伤害时的力量。"

鲁妈在四凤的陪同下来到了客厅，她就是当年投河自尽的梅侍萍。当年她并没有死，被人救了，后来又嫁了两次，都是下等人。她万万没想到，三十年前她伺候周家的老爷，三十年后，她的女儿又伺候周家的少爷。

周朴园走进客厅，侍萍的无锡口音引起了他的注意，经过盘问，他认出了侍萍，在此之前，他很怀念侍萍，家里的一切都按照侍萍在时的布置，可当活着的侍萍站在他面前时，他却厉声问："你来干什么？""是谁指使你来的？"侍萍愤怒地回答："命，不公平的命指使我来的。"周朴园决定用钱来解决他们的恩怨，侍萍当面撕碎了5000元支票，她说只想见见她的萍儿。

这时罢工代表鲁大海闯了进来，他就是侍萍和周朴园的第二个儿子。周朴园拿出复工合同，原来他用钱收买了另外三个罢工代表，而准备开除鲁大海。鲁大海非常愤怒地揭露他在哈尔滨包修江桥时，故意让江堤出险，淹死了三千多名工人，发了一笔绝子绝孙的昧心财的丑事。周萍上来打了鲁大海两个巴掌，侍萍看到了父子、兄弟势不两立的惨剧。

晚上，电闪雷鸣，风雨交加。周冲奉母命来给侍萍送100元钱。四凤拒绝接收，鲁贵却厚着脸收下了。鲁大海知道此事，带着鲁贵把钱退还给周冲，并把周冲赶出门。周萍也冒雨来到鲁家，周萍从窗子跳进四凤的房间，跟踪而来的繁漪把窗子关死，进屋拿东西的大海发现了周萍，四凤羞愧地夺路而逃。

侍萍和鲁大海来到周公馆找四凤，侍萍要带四凤回家，四凤不得已向侍萍说出真相，她已经怀了周萍的孩子，侍萍如闻晴天霹雳，因为她知道四凤与周萍是同母异父的兄妹。在四凤的苦苦哀求下她答应让周萍带四凤走，并永远不要再见到他们。

繁漪带周冲来阻止周萍带四凤走，周朴园也闻声而至，他以为侍萍前来认儿子，让周萍跪下认自己的生母。严酷的现实让四凤无法承受，她冲向花园，碰到漏电的电线而死，周冲去救她也触电身亡。周萍开枪自杀了，善良的鲁妈痴呆了，阴鸷的繁漪疯狂了，倔强的鲁大海出走了。

——选自网络资料（作者不详）

8 爱如茉莉[①]

佚　名

课文导读

　　爱，是一个温暖的字。每个人对于爱的理解是不一样的。本文作者以清新的笔触，向我们娓娓道来一个有关"爱"的故事。那平淡无奇、幽香洁白的茉莉花，正是对"爱"的诠释。阅读本文时，要注重理解一家人的感情。

　　那是一个飘浮着橘黄色光影的美丽黄昏，我从一本缠绵悱恻[②]、荡气回肠的爱情小说中抬起酸胀的眼睛，不禁对着一旁修剪茉莉花枝的母亲冲口说："妈妈，你爱爸爸吗？"

　　妈妈先是一愣，继而微红了脸，嗔怪[③]道："死丫头，问些什么莫名其妙的问题！"我见从妈妈口中掏不出什么秘密，便改变了问话的方式："妈，那你说真爱像什么？"妈妈寻思了一会儿，随手指着那株平淡无奇的茉莉花，说："就像茉莉吧。"我差点笑出声来，但一看到妈妈一本正经的眼睛，赶忙把"这也叫爱"这句话咽了回去。

　　此后不久，在爸爸出差归来的前一个晚上，妈妈得急病住进了医院。第二天早晨，妈妈用虚弱的声音对我说："映儿，本来我答应今天包饺子给你爸爸吃，现在看来不行了。你待会儿就买点现成的饺子煮给你爸吃。记住，要等他吃完了再告诉他我进了医院，不然他会吃不下去的。"然而爸爸没有吃我买的饺子，也没听我花尽心思编的谎话，直奔到医院。此后，他每天都去医院。

　　一个清新的早晨，我按照爸爸特别的叮嘱，剪了一大把茉莉花带到医院去。当我推开病房的门，不禁被跳入眼帘的情景惊住了：妈妈睡在病床上，嘴角挂着恬静的微笑；爸爸坐在床前的椅子上，一只手紧握着妈妈的手，头伏在床沿边睡着了。初升的阳光从窗外悄悄地探了进来，轻轻柔柔地笼罩着他们。一切都是那么静谧美好，一切都浸润在生命的芬芳与光泽里。

　　似乎是我惊醒了爸爸。他睡眼蒙眬地抬起头，轻轻放下妈妈的手，然后蹑手蹑脚地走到门边，把我拉了出去。望着爸爸憔悴的脸和布满血丝的眼睛，我不禁心疼地说："爸，你怎么不在陪床上睡？"爸爸边打哈欠边说："我夜里睡得沉，你妈妈有事

[①]　选自王玉强《时文选粹（2）》，南方出版社2002年版（2009年6月重印）。
[②]　悱恻（fěi cè）：悲苦的样子。旧时形容内心痛苦难以排解。也指文章感情婉转凄凉。
[③]　嗔怪：责怪。表面上是骂，其实满含爱的一种方式。

又不肯叫醒我。这样睡，她一动我就惊醒了。"

爸爸去买早点，我悄悄溜进病房，把一大束茉莉花插进瓶里，一股清香顿时弥漫开来。我开心地想：妈妈在这花香中欣欣然睁开双眼，该多有诗意啊！我笑着回头，却触到妈妈一双清醒含笑的眸子①。

"映儿，来帮我揉揉胳膊和腿。"

"妈，你怎么啦？"我好生奇怪。

"你爸爸伏到床边睡着了。我怕惊动他不敢动。不知不觉，手脚都麻木了。"

病房里，那簇茉莉花更加洁白纯净。它送来缕缕幽香，袅袅地钻到我们的心中。

哦，爱如茉莉，爱如茉莉。

思考与练习

一、文章开篇写"我"向妈妈提问。请你结合具体文段，推测"我"当时为什么会提出这样的问题。妈妈对"我"的提问，回答时先"寻思了一会儿"，又"一本正经"的，这又是为什么？

二、为了突出爸爸妈妈的相互关爱，文章精心写了几个生活细节，请把细节概括出来。

三、文章最后一节表达了"我"怎样的心情？有什么作用？

四、文章以"爱如茉莉"为题，且在文中多次出现，作者赋予了它深刻的内涵。请概括"爱如茉莉"的含义和作用。

延伸阅读

父母与孩子之间的爱

[美] 弗罗姆

如果不是一个仁慈的命运在保护婴儿，不让他感觉到离开母体的恐惧的话，那么诞生的一刹那，婴儿就会感到极度的恐惧。但是婴儿在生后一段时间内同他出生

---

① 眸子：本指瞳仁（瞳孔），这里指眼睛。

以前并无多大的区别；他还是不能辨认物体，还是不能意识到自己的存在以及他身体之外的世界的存在。他只有需要温暖和食物的要求，但却不会区别温暖、食物与给予温暖和食物的母亲。母亲对婴儿来说就是温暖，就是食物，是婴儿感到满足和安全的快乐阶段。这一个阶段用弗洛伊德的概念就是自恋阶段。周围的现实、人和物体，凡是能引起婴儿身体内部的满足或失望的才会对他产生意义。婴儿只能意识到他的内部要求；外部世界只有同他的需要有关的才是现实的，至于与他的要求无关的外部世界的好坏，则没有任何意义。

如果孩子不断生长、发育，他就开始有能力接受事物的本来面目。母亲的乳房不再是惟一的食物来源。终于他能区别自己的渴、能喂饱肚子的乳汁、乳房和母亲。他开始知道其他物体有其自己的、与他无关的存在。在这个阶段孩子学会叫物体的名称，同时学习如何对待这些物体；他开始懂得火是热的，会烫人，木头是硬的，而且很沉，纸很轻能撕碎。他也开始学习同人打交道：他看到如果他吃东西，母亲就微笑；如果他哭泣，母亲就把他抱起来；如果他消化好，母亲就称赞他。所有这些经历凝聚并互相补充成为一种体验：那就是我被人爱。我被人爱是因为我是母亲的孩子。

我被人爱是因为我孤立无援。我被人爱是因为我长得可爱并能赢得别人的喜爱。简而言之就是：我被人爱是因为我有被人爱的资本——更确切的表达是：我被人爱是因为我是我。母爱的体验是一种消极的体验。我什么也不做就可以赢得母亲的爱，因为母亲是无条件的，我只需要是母亲的孩子。母爱是一种祝福，是和平，不需要去赢得它，也不用为此付出努力。但无条件的母爱有其缺陷的一面。这种爱不仅不需要用努力去换取，而且也根本无法赢得。如果有母爱，就有祝福；没有母爱，生活就会变得空虚——而我却没有能力去唤起这种母爱。

大多数8岁到10岁的儿童，他们的主要问题仍然是要被人爱，无条件地被人爱。8岁以下的儿童还不会爱，他对被爱的反应是感谢和高兴。儿童发展到这一阶段就会出现一个新的因素——一种新的感情，那就是要通过自己的努力去唤起爱。孩子第一次感到要送给母亲（或父亲）一样东西——写一首诗、画一张画或者做别的东西。在他的生活中爱的观念——第一次从"被人爱"变成"爱别人"，变成"创造爱"。但从爱的最初阶段到爱的成熟阶段还会持续许多年。进入少年时代的儿童最终会克服他的自我中心阶段，他人就不会再是实现个人愿望的工具，他人的要求同自己的要求同等重要——事实上也许更为重要。给比得更能使自己满足，更能使自己快乐，爱比被爱更重要。通过爱，他就从由自恋引起的孤独中解脱出来，他开始体验关心他人以及同他人的统一，另外他还能感觉到"爱唤起爱"的力量。他不再依赖于接受爱以及为了赢得爱必须使自己弱小、孤立无援、生病或者听话。

天真的、孩童式的爱遵循下列原则："我爱，因为我被人爱。"成熟的爱的原则是："我被人爱，因为我爱人。"不成熟的、幼稚的爱是："我爱你，因为我需要你。"而成熟的爱是："我需要你，因为我爱你。"

同爱的能力发展紧密有关的是爱的对象的发展。人生下来后的最初几个月和最初几年,同母亲的关系最为密切。这种关系在人没出生以前就已经开始,那就是当怀孕的妇女和胎儿既是一体又是两体的时候。出生在某种意义上改变了这种状况,但绝不是像看上去那样有很大的变化。在母体外生活的婴儿还几乎完全依赖于母亲。后来幼儿开始学走路、说话和认识世界,这时同母亲的关系就失去了一部分休戚相关的重要性,而同父亲的关系开始重要起来了。

为了理解这种变化,必须了解母爱和父爱性质上的根本区别。我们上面已经谈到过母爱。母爱就其本质来说是无条件的。母亲热爱新生儿,并不是因为孩子满足了她的什么特殊的愿望,符合她的想象,而是因为这是她生的孩子。(我在这里提到的母爱或者父爱都是指"理想典型",也就是马克斯·韦伯提到的或者荣格的方式爱孩子。我更多的是指在母亲和父亲身上体现的那种本质。)无条件母爱不仅是孩子,也是我们每个人最深的渴求。从另一个角度来看,通过努力换取的爱往往会使人生疑。人们会想:也许我并没有给那个应该爱我的人带来快乐,也许会节外生枝——总而言之,人们害怕这种爱会消失。此外,靠努力换取的爱常常使人痛苦地感到:我之所以被人爱是因为我使对方快乐,而不是出于我自己的意愿——归根结底我不是被人爱,而是被人需要而已。鉴于这种情况,因此我们所有的人,无论是儿童还是成年人都牢牢地保留着对母爱的渴求,是不足为奇的。

同父亲的关系则完全不同。母亲是我们的故乡,是大自然、大地和海洋。而父亲不体现任何一种自然渊源。在最初几年内孩子同父亲几乎没有什么联系,在这个阶段父亲的作用几乎无法同母亲相比。父亲虽然不代表自然世界,却代表人类生存的另一个极端:即代表思想的世界,人所创造的法律、秩序和纪律等事物的世界。父亲是教育孩子,向孩子指出通往世界之路的人。

同父亲作用紧密相关的是另一个同社会经济发展有关的作用:随着私有制以及财产由一个儿子继承的现象出现,父亲就对那个将来要继承他财产的人特别感兴趣。父亲总是挑选他认为最合适的儿子当继承人,也就是与他最相像,因而也是最值得他欢心的那个儿子。父爱是有条件的爱,父爱的原则是:"我爱你,因为你符合我的要求,因为你履行你的职责,因为你同我相像。"正如同无条件的母爱一样,有条件的父爱有其积极的一面,也有其消极的一面。消极的一面是父爱必须靠努力才能赢得,在辜负父亲期望的情况下,就会失去父爱。父爱的本质是:顺从是最大的道德,不顺从是最大的罪孽,不顺从者将会受到失去父爱的惩罚。父爱的积极一面也同样十分重要。因为父爱是有条件的,所以我可以通过自己的努力去赢得这种爱。与母爱不同,父爱可以受我的控制和努力的支配。

父母对孩子的态度符合孩子的要求。婴儿无论从身体还是心理上都需要母亲的无条件的爱和关怀。在6岁左右孩子就需要父亲的权威和指引。母亲的作用是给予孩子一种生活上的安全感,而父亲的任务是指导孩子正视他将来会遇到的种种困难。一个好母亲是不会阻止孩子成长和鼓励孩子求援的。母亲应该相信生活,不应该惶恐不安并把她的这种情绪传染给孩子。她应该希望孩子独立并最终脱离自己。父爱应该受一定的原则支配并提出一定的要求，应该是宽容的、耐心的，不应该是咄咄逼人和专横的。父爱应该使孩子对自身的力量和能力产生越来越大的自信心，最后能使孩子成为自己的主人，从而能够脱离父亲的权威。

一个成熟的人最终能达到他既是自己的母亲，又是自己的父亲的高度。他发展了一个母亲的良知，又发展了一个父亲的良知。母亲的良知对他说："你的任何罪孽，任何罪恶都不会使你失去我的爱和我对你的生命、你的幸福的祝福。"父亲的良知却说："你做错了，你就不得不承担后果；最主要的是你必须改变自己，这样你才能得到我的爱。"成熟的人使自己同母亲和父亲的外部形象脱离，却在内心建立起这两个形象。同弗洛伊德的"超我"理论相反，人不是通过合并父亲和母亲，从而树立起这两个形象，而是把母亲的良知建筑在他自己爱的能力上，把父亲的良知建筑在自己的理智和判断力上。成熟的人既同母亲的良知，又同父亲的良知生活在一起，尽管两者看上去互为矛盾。如果一个人只发展父亲的良知，那他会变得严厉和没有人性；如果他只有母亲的良知，那他就有失去自我判断力的危险，就会阻碍自己和他人的发展。

人从同母亲的紧密关系发展到同父亲的紧密关系，最后达到综合，这就是人的灵魂健康和达到成熟的基础。

9 《乱世佳人》剧情简介①

郑雪来

课文导读

剧情简介是对戏剧、电视剧、电影等的再叙述,是一个故事的大概情节。在叙述的过程中,应避免加入作者个人主观倾向的解读。美国女作家玛格丽特·米切尔的《乱世佳人》这部小说,自 1936 年问世以来,一直畅销不衰,不仅在美国,而且在全世界都受到广大读者的喜爱;现已公认是以美国南北战争为背景的爱情小说的经典之作。小说以亚特兰大以及附近的一个种植园为故事场景,描绘了内战前后美国南方人的生活。作品刻画了那个时代的许多南方人的形象,其中最吸引人的地方是郝思嘉的独特个性以及她的爱情故事。

1861 年,南北战争爆发前夕,南部佐治亚州亚特兰大城郊外的塔拉庄园和十二橡树庄园被奴隶主们狂热的求战情绪所笼罩。男人们兴高采烈地谈论战争,毫无根据地认为南方联盟必胜。塔拉庄园的郝思嘉小姐则另有烦恼,她听说她心目中的偶像、十二橡树庄园的卫希礼先生将与亚特兰大城的韩媚兰结婚,不禁妒火中烧。她迫不及待地去路口迎候将从卫家回来的父亲吉拉德,以便问个究竟。

吉拉德证实了这个消息,并告诫郝思嘉不要胡思乱想,因为她和希礼在性格上并不相配,更重要的是她作为郝家的长女,应当考虑如何继承塔拉的土地:"土地是世界上唯一重要的东西,唯有土地才值得人们去为之忙碌、奋斗乃至送命,因为世界上唯有土地是与日月同在的。"

父亲的话对女儿丝毫不起作用。翌日在卫家举行的盛大烤肉宴会上,思嘉把希礼叫到藏书室里,直率地告诉他:"我爱你,你并不爱媚兰。"希礼坚决否认。"你曾经使我以为你会跟我结婚的。"希礼又坚决否认。思嘉打了希礼一个耳光,他默默地离开了她。她余怒未息,拿起一个花瓶往墙上砸去,惊醒了在沙发上睡午觉的白瑞德。瑞德的尖刻言辞刺伤了思嘉的自尊心,两人不欢而散。

为了报复希礼,思嘉立即去勾引媚兰的弟弟查利,并当场答应和他结婚。她抢

---

① 选自郑雪来:《世界电影鉴赏辞典》,福建教育出版社 2003 年版。

先一天举行了婚礼。这一举动使查利的情人、希礼的妹妹密儿恨透了她。

南北战争爆发了。希礼、查利都上了战场，查利很快就染病去世，思嘉成了寡妇。为了排遣生活的孤寂，她去亚特兰大和媚兰做伴，但她心里仍然热恋着希礼。

在一次义卖舞会上，思嘉又遇见了白瑞德。她已听说白瑞德是个来自南卡罗莱纳的商人，曾被军校开除，还遗弃过一个女人，但白瑞德的翩翩风度吸引了她。在跳舞时白瑞德向她示爱，她断然拒绝了。

在亚特兰大做战争生意的白瑞德不断地对郝思嘉献殷勤。他的玩世不恭、语带讥讽的态度使思嘉气愤难平，她不时流露的对希礼的恋情也使瑞德悻悻于心。希礼因战功获特许回家休假三天，思嘉难抑情火，又找希礼纠缠，被毅然拒绝。

南军在葛底斯堡战役中大败，亚特兰大挤满了伤兵。媚兰和思嘉去医院义务服务，战祸造成的痛苦惨状使思嘉难以忍受，她这时获悉母亲病倒，急欲返回塔拉。她在路上遇见白瑞德，白瑞德劝她同他一起赴欧洲。思嘉被惊呆了。白瑞德说："卫太太快生孩子了，难道你还想要那个有妻室儿女的男人？"思嘉狠狠地说："我恨你，到死都瞧不起你。"

由于媚兰即将临盆，思嘉只得留下照顾。这时北军大军压境，亚特兰大危在旦夕。思嘉在妓女华贝儿家里找到白瑞德，求他帮忙把她和刚生完孩子的媚兰送回塔拉。马车在遍地大火的城中飞驰，奇迹般地逃出了火海。但在通向塔拉的路上，瑞德说他不能目睹南军溃败，要去助一臂之力。思嘉大惊失色，哀求他留下。瑞德不为所动，粗暴地拥吻思嘉告别，并送给她一支手枪防身。思嘉怒吼起来："你滚吧，我再也不想见你了。"

思嘉勇敢地驾起马车，终于回到了塔拉。家里已被北军士兵抢劫一空，母亲已经去世。可怕的饥饿折磨着全家。思嘉独自站在荒芜的田地上，抓起一把泥土，咬牙切齿地发誓："上帝是我的见证。我不能垮！我决不再忍饥挨饿了，也不能让家里的人挨饿。我哪怕去撒谎，去偷，去骗，去杀人，我也干！上帝是我的见证，我决不再忍饥挨饿了！"（上集完）

在棉田里，思嘉带领着两个妹妹和几个仅剩的黑奴辛勤劳作。思嘉已是一家之主，她要解决精神失常的父亲、两个妹妹还有媚兰母子的温饱问题。她作风泼辣，行事果敢，还亲手打死了一个来抢劫的北军散兵。

战争终于结束了，生活依然困难。为了减轻负担，她答应法兰在筹足聘礼后来迎娶妹妹苏伦。不久，在战争中被俘的希礼获释回来了。思嘉抢着上去迎接，被黑妈妈一把拖住："这是媚兰的丈夫！"

北方来的统治者决定要庄园主交纳重税，这使思嘉大为恐慌。她去找希礼，要求和他一起逃走。希礼告诉她，他不爱她，他也不能抛下妻儿，更不能不顾名誉。思嘉在绝望中去亚特兰大找白瑞德借钱，但发现他已被关进监狱。在归途中她遇到法兰，知道他手头已颇有积蓄，便谎称她妹妹已经嫁人，骗得法兰和她结了婚。

为了重振塔拉庄园,思嘉愈来愈不择手段。她在法兰经营的木工厂里非法雇用囚犯,她不顾舆论的指责和北方来的商人大做生意。她不许希礼离开她,把他安排在木工厂里管理财务。她对法兰颐指气使,根本不把他放在眼里。她在一个偶然的场合又见到了白瑞德。衣着华美的白瑞德告诉她,金钱的力量已使他恢复了自由,而金钱的力量也使她又嫁给了一个她不爱的男人。思嘉红着脸说:"他们怎么没有把你绞死!"

在亚特兰大,反对北方统治者的秘密活动在进行着,法兰和希礼也加入了反抗者的行列。在一次秘密集会中,北军包围了他们。法兰中弹而死,希礼负伤逃脱。北军在卫家设防,等候希礼落网。正在万分危急之际,希礼在白瑞德陪同下醉醺醺地回来了。白瑞德向北军队长保证他们是在妓女华贝儿家寻欢作乐,并未参加过任何秘密集会。危险过去了,而思嘉再次成了寡妇。她已成为众矢之的,除了心地善良的媚兰一再为她开脱外,家里家外的女人们个个对她切齿痛恨。父亲已经去世,对希礼的痴情已经绝望,她感到万分孤独,终日借酒浇愁。

正在此时,白瑞德突然来访。他对思嘉说:"我不能没有你。我从认识你那天起,一直真诚地需要你。现在你拥有了法兰的木工厂和法兰的钱,不再像上次去监狱找我时那样身无分文了。所以我认为我要和你结婚。"思嘉怒不可遏,但她从他表面的嘲讽中感受到了他的真诚。她无法抗拒他疯狂的进攻,终于屈服在他的热吻中。

豪华的蜜月旅行使思嘉心满意足,但夜深人静时她噩梦频频。"我似乎在浓雾里跑着,寻找着某种东西,"她对白瑞德诉苦说,"让我们回塔拉吧。"

一座豪华的新楼房在亚特兰大落成了。一年后,思嘉生下了女儿邦妮。瑞德从女儿身上看到了思嘉当年的影子,他把全部感情倾注在邦妮身上。思嘉不愿过早地发胖,决心不再生育,这使瑞德感到不快。不幸的是当她偶然翻出希礼的照片,不禁看得出神时,正巧被白瑞德撞见。夫妻间的裂痕加深了,瑞德又到华贝儿家里寻找安慰,但家里暂时相安无事。

邦妮日渐长大,瑞德替她买了一匹小马,教她练习骑术。思嘉某日去木工厂,希礼告诉她明天将是他的生日,希望她去参加聚会。思嘉的美丽使希礼情不自禁地回忆起当年在十二橡树庄园举行烤肉宴会的美好日子。思嘉伤心地倒在希礼的怀里。希礼的妹妹突然闯入,撞见了这其实并非爱情的一幕。

流言四起,思嘉吓得不敢去参加希礼的生日聚会。白瑞德为了维护女儿的名誉,强迫思嘉去面对卫家的亲友。在宴会上,媚兰不仅毫无异样的表示,反而对她特别亲热。从卫家回来后,白瑞德告诉她,媚兰不怪罪于她,是因为她为人光明正大,不相信她会有越轨行为。他声称要换一种方法来消除她对希礼的爱情,这个新方法就是切断思嘉和邦妮的联系。他把邦妮带去了英国。

邦妮离开了母亲,感到孤寂。"一个坏妈妈总比没有妈妈好",瑞德不得已又把邦妮送回了家。瑞德和思嘉刚一见面,又口角起来。思嘉告诉白瑞德,她又怀孕了。

白瑞德问父亲是谁？这使思嘉感到受了侮辱，朝他猛扑过去，没想到一下从楼梯上滚落了下去。思嘉流产了。

感到内疚的白瑞德去找媚兰谈话。媚兰告诉他，思嘉是真心爱他的，希望他不要听信关于思嘉和希礼的无聊流言。半个月后，思嘉康复了。白瑞德希望和思嘉重归于好，要求她把木工厂交给希礼，然后一起带着邦妮出去旅行。正在谈话之际，邦妮在他俩面前坠马摔死了。

一波未平，一波又起。媚兰因操劳过度病倒不起。在弥留之际，她要求思嘉照顾她的儿子，还要求她照顾希礼，"但决不要让他本人知道"。思嘉痛哭失声，她扑向希礼，白瑞德在一旁冷笑几声，便转身离去。思嘉看着伤心欲绝的希礼，她忽然间恍然大悟，她爱的希礼其实并不存在，她真正需要的是白瑞德，但白瑞德已不知去向了。

思嘉气喘吁吁地奔回家，她要告诉白瑞德，她并不爱希礼，她真正爱的是他。但是，白瑞德不再相信她，他决心回老家去重新寻找美好而体面的东西。思嘉说："你走了，我怎么办呢？"白瑞德说："坦率地说，我亲爱的，我才不管呢。"

茫然无措的思嘉在轻声抽泣，她耳边响起了父亲的声音："世界上唯有土地是与日月同在的。"思嘉顿时振作起来："我有办法叫他回来的。希望在明天！"

【作者简介】

郑雪来，生于 1925 年，福建长乐人。曾用名郑存善、郑诗昂，笔名雷楠。戏剧、电影理论家、翻译家。主要论著有《电影美学问题》《斯坦尼斯拉夫斯基体系论集》《电影学论稿》等。主编著作有《世界电影鉴赏辞典》(1—4 卷)等。

思考与练习

一、通读全文，谈谈郝思嘉的性格特点，并找出表现这些性格的语句。

二、"土地是世界上唯一重要的东西，唯有土地才值得人们去为之忙碌、奋斗乃至送命，因为世界上唯有土地是与日月同在的。"分析这句话在全文中的作用。

三、请你为自己所喜欢的一部影片或电视剧写一段剧情简介。

延伸阅读

《霸王别姬》剧情简介

郑雪来

1924 年,北京。

做妓女的母亲带着 9 岁的儿子小豆子来到关家科班,恳求关师傅收留他学京戏。小豆子眉清目秀,却长了六指。六指是不能当京剧演员的。母亲狠下心来用刀切掉他那畸形的指头。因疼痛和惊惧而惨叫的小豆子,被按倒在祖师爷的香案前完成入梨园行的仪式。

同科班的孩子虽都出身贫寒,却歧视这个妓女的儿子。唯有大师兄小石头对他怜悯关照。科班里练功异常艰苦,小石头悄悄帮小豆子打马虎眼;为此遭到关师傅用刀坯子痛打,还被罚在雪夜里举着水盆长跪在院子里。豪情仗义的小石头,是小豆子的偶像和保护神。

小豆子学的是旦角。每当他唱《思凡》时,总是将道白"我本是女娇娥,又不是男儿郎"错念成"我本是男儿郎",他挨了无数次打,有时手被打得血肉模糊,几乎不能继续学戏了。一次偶然的机会,小石头放走了对学戏深恶痛绝的小豆子和小癞子。

获得自由的小豆子和小癞子在街头东走西逛,到戏院门口,目睹京剧名角被戏迷们狂热追踪的显赫声威,又为他们在舞台上的艺术魅力所倾倒。他俩决心返回关家科班。这时科班里的孩子们正为他俩的逃跑受到"打通堂"的体罚,小石头作为罪魁祸首,首当其冲。小豆子突然出现,宣称逃跑是自己的主意,与师哥无关。于是他代替小石头成为关师傅刀坯子下的泄愤对象,被打得气息奄奄,可就是不讨饶。小石头在一旁忍无可忍正待发作,被吓得失魂落魄的小癞子投环上吊了。

在棍棒的威逼之下,小石头、小豆子的技艺有了长足进步。第一次在张太监家唱堂会合演《霸王别姬》获得满堂彩。不久他们都成了红极一时的名角,《霸王别姬》誉满京城。小石头艺名段小楼,小豆子艺名程蝶衣。他们的演出也获得了热衷于"捧角"的权势人物袁四爷的青睐。

段小楼邂逅了沦落风尘的菊仙。在一帮恶少对她胡作非为之际,段小楼挺身而出。鉴于小楼的深情厚义,菊仙为自己赎身托以终生。此事引起程蝶衣的极度反感。蝶衣与小楼相约合演一辈子《霸王别姬》,他将历史上英雄美人两情缱绻的悲剧性情景,视为自己的人生理想。菊仙的插足,使他的理想被践踏。菊仙的妓女出身,更触动了他依恋而又为之感到屈辱的母亲在心灵上留下的创伤。

蝶衣在袁四爷家见到一把小楼向往已久的名贵宝剑。袁四爷赠给了他,他又转赠给小楼。同时却又声称师兄弟从此分道扬镳。

日本侵略军占领了北平。一次演出中,段小楼与日本宪兵发生冲突被捕;程蝶衣的演出却受到日军军官青木的高度赞赏。翌日,蝶衣接到日军军方的邀请。是否接受这次邀请,有关个人名节又系段小楼之安危。菊仙出面与蝶衣交易,为救出小楼,她愿重返妓院再操旧业。蝶衣赴日本军营演出了,获释的段小楼却唾了他一口。菊仙也自食其言,她并未离开小楼,而且不让小楼再去唱戏。程蝶衣名声更加显赫,却感到异常孤独。他用鸦片烟来麻醉自己。

关师傅召来了这对失和的师兄弟,喝令他们跪下,并进行体罚,痛斥他们行为不端,有违师训。师兄弟再次合作演出。

抗日战争胜利了,艺人处境依旧。国军伤兵戏弄舞台上的程蝶衣,段小楼打抱不平遭到伤兵殴打。为救小楼,菊仙在骚乱中流产。蝶衣因曾到日军军营演出,以汉奸罪被捕。小楼夫妻倾家荡产,恳求袁四爷疏通。约定蝶衣口供:因日本人施以刑罚,才被迫演出。孰料在法庭上蝶衣招供说并未受刑罚,于是全庭哗然。袁四爷拂袖而去,小楼夫妇回天乏术。法庭宣判时,却意外地判程蝶衣自由了:其内因是某国民党大员指名要看他的戏。菊仙认定蝶衣自己早有安排,却让别人蒙在鼓里,劳神折财。师兄弟再次破裂。程蝶衣依旧享有盛名,却无法圆霸王虞姬之旧梦,精神上更加苦闷沉沦。

1949 年初北平解放。师兄弟同台演出慰问解放军。过量抽鸦片和长期的劳累积郁,程蝶衣在舞台上突然失声。小楼连连向观众致歉,解放军却报以热烈掌声。世道真是大变了,像袁四爷这样历朝历代的不倒翁,现在以"反革命戏霸"的罪名被枪毙。程蝶衣下定决心戒除鸦片,痛苦得近乎疯狂。菊仙听到他的谵语,孩子似地呼唤母亲和师哥,突然意识到他是个将舞台与人生混杂一气的戏痴。她像母亲一样抱住昏迷中的蝶衣,流下怜悯之泪。

戒除了毒瘾的蝶衣,对新生活充满向往,却又面对新的坎坷。京剧现代戏乃戏曲改革之核心,对京剧痴迷的程蝶衣,真诚地从艺术角度提出了一些京剧现代戏的毛病。这种不合时宜的由衷之言,被当成是一种政治上的落后表现。段小楼则不然,审时度势,随弯就圆。他们在少年时代收留过一个弃婴小四。小四也学旦角,师承蝶衣。年轻的小四更敏锐地意识到时代的变化,背离了蝶衣,受到领导的信任和培养。

一次当蝶衣扮好虞姬之后,发现小四也同样上了妆,组织上决定以小四代替蝶衣。段小楼面对严峻的抉择,霸王与哪一个虞姬同台?紧锣密鼓在催促,段小楼终于抛弃了蝶衣。程蝶衣的艺术理想也是他的生活理想彻底幻灭了,他点燃了一排挂着的戏衣。他不能原谅段小楼,却又不能忘情于他。文化大革命山雨欲来之际,蝶衣雨夜来到段小楼的院里。小楼夫妇正在自行清除"四旧",为政治风暴的来临作准备。菊仙最担忧的是这种夫妻之情能否经得住这风暴的摧折。段小楼猛地将她抱起,二人在激情中相接。目睹此情景的蝶衣默默离去,像个幽灵。

在群众斗争大会上,师兄弟和其他挨斗者一律戏妆示众。小楼忐忑不安,蝶衣却宛如当年那样精心为霸王勾脸。在以小四为首的造反派审讯下,段小楼被迫揭发蝶衣,将他历史上的丑行和美丽的幻梦都作为"罪行"抖露出来。震惊而惶惑的蝶衣,以牙还牙。他认为小楼背叛的根源在于菊仙,大骂菊仙是"臭婊子"。段小楼又被迫表白:"她是妓女,我不爱她。"

菊仙上吊了,穿着结婚时的大红礼服。

11年后,空旷的体育馆里,霸王与虞姬携手走过来。在舞台上分离22年后,段小楼与程蝶衣最后一次合作《霸王别姬》的绝唱。虞姬:"大王,快将宝剑赐与妾身。"霸王:"妃子,不,不,不可寻此短见。"虞姬转过头来,拔出霸王的宝剑——那不是舞台上的道具,而是师兄弟之间感情曲折见证的那柄宝剑——自刎了。程蝶衣最终实践了他的人生和艺术理想,虽然那理想是已经破碎了的。

中国北京电影制片厂/香港汤臣电影公司联合摄制

导演:陈凯歌

编剧:李碧华　芦苇

摄影:赵发合

主要演员:张国荣(饰程蝶衣)

张丰毅(饰段小楼)

巩俐(饰菊仙)

吕齐(饰关师爷)

本片获1993年夏纳国际电影节金棕榈奖及国际影评联盟大奖

10　窗①

[澳]泰格特

课文导读

　　澳大利亚作家泰格特的短篇小说《窗》虽然只有1200余字，但内涵十分丰富。初读此文，觉得它像一泓清泉；再读之，则如橄榄在口，愈嚼愈有滋味。一扇窗户照出了两个灵魂，表现出两种截然相反的处世态度，揭示了人性的美与丑。作者从微观世界中揭示人物丰富的内在精神世界，看似简单的一扇窗口，却可以成为我们窥视灵魂、认识人的复杂内心世界的瞭望台。

　　文章以短小的篇幅表达了深刻的内涵，其中给读者留下的许多值得回味的"空白"，阅读时需悉心领会。

　　在一家医院的病房里，曾住过两位病人，他们的病情都很严重。这间病房十分窄小，仅能容得下他们两人。病房有一扇门和一个窗户，门通向走廊，透过窗户可以看到外界。

　　其中一位病人经允许，可以分别在每天上午和下午起身坐上一个小时。这位病人的病床靠近窗口。

　　而另一位病人则不得不日夜躺卧在病床上。当然，两位病人都需要静养治疗。使他们感到尤为痛苦的是，两人的病情不允许他们做任何事情借以消遣，既不能读书阅报，也不能听收音机、看电视……只有静静地躺着。而且只有他们两个人。噢，两人经常谈天，一谈就是几个小时。他们谈起各自的家庭妻小，各自的工作，各自在战争中做过些什么，曾在哪些地方度假，等等。

　　每天上午和下午，时间一到，靠近窗户的病人就被扶起身来，开始一小时的仰坐。每当这时，他就开始为同伴描述起他所见到的窗外的一切。渐渐地，每天的这两个小时，几乎就成了他和同伴生活中的全部内容了。

　　很显然，这个窗户俯瞰②着一座公园，公园里面有一泓③湖水，湖面上照例漫游着

---

①　选自《外国小说选刊》1987年7月号。
②　俯瞰（kàn）：俯视，从高处往下看。
③　一泓（hóng）：清水一片或一道。

一群群野鸭、天鹅。公园里的孩子们有的在扔面包喂这些水禽,有的在摆弄游艇模型。一对对年轻的情侣手挽着手在树荫下散步。公园里鲜花盛开,主要有玫瑰花,但四周还有五彩斑斓、争相斗妍的牡丹花和金盏草。在公园那端的一角,有一块网球场,有时那儿进行的比赛确实精彩,不时也有几场板球赛,虽然球艺够不上正式决赛的水平,但是,有的看总比没有强。那边还有一块用于玩滚木球的草坪。公园的尽头是一排商店,在这些商店的后边,闹市区隐约可见。

躺着的病人津津有味地听着这一切。这个时刻的每一分钟对他来说都是一种享受。描述仍在继续:一个孩童怎样差一点跌入湖中,身着夏装的姑娘是多么美丽动人。接着又是一场扣人心弦的网球赛。他听着这栩栩如生①的描述,仿佛亲眼看到了窗外所发生的一切。

一天下午,当听到一名板球队员正慢悠悠地把球击得四处皆是时,不靠窗口的病人突然产生了一个想法:为什么偏偏是挨着窗户的那个人有幸能观赏到窗外的一切?为什么自己不应得到这种机会呢?他为自己会有这种想法而感到惭愧,竭力不再这么想。可是,他愈加克制,这种想法却变得愈加强烈,直至几天以后,这个想法已经进一步变为:紧挨着窗口的为什么不该是我呢?

他白昼无时不为这一想法困扰,晚上又彻夜难眠。结果,病情一天天加重了,医生们对其病因不得而知。

一天晚上,他照例睁着双眼盯着天花板。这时,他的同伴突然醒来,开始大声咳嗽,呼吸急促,时断时续。液体已经充塞了他的肺腔,他两手摸索着,在找电铃的按钮,只要电铃一响,值班的护士就会立即赶来。

但是,另一位病人却纹丝不动地看着。心想:他凭什么要占据窗口那张床位呢?

痛苦的咳嗽声打破了黑夜的沉静。一声又一声……卡住了……停止了……直至最后呼吸声也停止了。

另一位病人仍然继续盯着天花板。

第二天早晨,医护人员送来了漱洗水,发现那个病人早已咽气了,他们静悄悄地将尸体抬了出去,丝毫没有大惊小怪。

稍过了几天,似乎这时开口已经正当得体。剩下的这位病人就立刻提出是否能让他挪到窗口的那张床上去。医护人员把他抬了过去,将他舒舒服服地安顿在那张病床上。接着他们离开了病房,剩下他一个静静地躺在那儿。

医生刚一离开,这位病人就十分痛苦地挣扎着,用一只胳膊肘支起了身子,口中

---

① 栩栩(xǔ)如生:指艺术形象非常逼真,如同活的一样。

气喘吁吁。他探头朝窗口望去。

他看到的只是光秃秃的一堵墙。

【作者简介】

泰格特,澳大利亚作家,1987年7月《外国小说选刊》刊载了他的小说《窗》,在中国引起较大的反应。

思考与练习

一、本文标题《窗》的含义是什么?

二、找出文中的几处环境描写,并说说有什么作用。

三、小说所塑造的两个人物的性格特点有什么不同?

四、在文中找出"另一位病人"心理活动的句子,说说这个病人的心理变化过程。

五、续写本文。

延伸阅读

麦琪的礼物

[美]欧·亨利

一块八角七,就这么些钱,其中六角是一分一分的铜板,一个子儿一个子儿在杂货店老板、菜贩子和肉店老板那儿硬赖来的,每次闹得脸发臊,深感这种掂斤播两的交易实在丢人现眼。德拉反复数了三次,还是一元八角七分钱,而第二天就是圣诞节了。

除了扑倒在那破旧的小睡椅上哭嚎之外,显然别无他途。

德拉这样做了,可精神上的感慨油然而生,生活就是哭泣、抽噎和微笑,尤以抽噎占统治地位。

当这位家庭主妇逐渐平静下来之际,让我们看看这个家吧。一套带家具的公寓房子,每周房租八美元。尽管难以用笔墨形容,可它真正够得上乞丐帮这个词儿。

楼下的门道里有个信箱,可从来没有装过信,还有一个电钮,也从没有人的手指按响过电铃。而且,那儿还有一张名片,上写着"詹姆斯·迪林厄姆·杨先生"。

"迪林厄姆"这个名号是主人先前春风得意之际,一时兴起加上去的,那时候他每星期挣三十美元。他的收入缩减到二十美元,"迪林厄姆"的字母也显得模糊不清,似乎它们正严肃地思忖着是否缩写成谦逊而又讲求实际的字母D。不过,每当詹姆斯·迪林厄姆·杨先生回家上楼,走进楼上的房间时,詹姆斯·迪林厄姆·杨太太,就是刚介绍给诸位的德拉,总是把他称作"吉姆",而且热烈地拥抱他。那当然是再好不过的了。是呀,吉姆是多好的运气呀!

德拉哭完之后,往面颊上抹了抹粉,她站在窗前,痴痴地瞅着灰蒙蒙的后院里一只灰白色的猫正行走在灰白色的篱笆上。明天就是圣诞节,她只有一元八角七分钱给吉姆买一份礼物。她花去好几个月的时间,用了最大的努力一分一分地攒积下来,才得了这样一个结果。一周二十美元实在经不起花,支出大于预算,总是如此。只有一元八角七分钱给吉姆买礼物,她的吉姆啊。她花费了多少幸福的时日筹划着要送他一件可心的礼物,一件精致、珍奇、贵重的礼物——至少应有点儿配得上吉姆所有的东西才成啊。

房间的两扇窗子之间有一面壁镜。也许你见过每周房租八美元的公寓壁镜吧。一个非常瘦小而灵巧的人,从观察自己在一连串的纵条影像中,可能会对自己的容貌得到一个大致精确的概念。德拉身材苗条,已精通了这门子艺术。

突然,她从窗口旋风般地转过身来,站在壁镜前面。她两眼晶莹透亮,但二十秒钟之内她的面色失去了光彩。她急速地拆散头发,使之完全披散开来。

现在,詹姆斯·迪林厄姆·杨夫妇俩各有一件特别引以为自豪的东西。一件是吉姆的金表,是他祖父传给父亲,父亲又传给他的传家宝;另一件则是德拉的秀发。如果示巴女王也住在天井对面的公寓里,总有一天德拉会把头发披散下来,露出窗外晾干,使那女王的珍珠宝贝黯然失色;如果地下室堆满金银财宝、所罗门王又是守门人的话,每当吉姆路过那儿,准会摸出金表,好让那所罗门王嫉妒得吹胡子瞪眼睛。

此时此刻,德拉的秀发披散在她的周围,微波起伏,闪耀光芒,有如那褐色的瀑布。她的美发长及膝下,仿佛是她的一件长袍。接着,她又神经质地赶紧把头发梳好。踌躇了一分钟,一动不动地立在那儿,破旧的红地毯上溅落了一两滴眼泪。

她穿上那件褐色的旧外衣,戴上褐色的旧帽子,眼睛里残留着晶莹的泪花,裙子一摆,便飘出房门,下楼来到街上。

她走到一块招牌前停下来,上写着:"索弗罗妮夫人——专营各式头发"。德拉奔上楼梯,气喘吁吁地定了定神。那位夫人身躯肥大,过于苍白,冷若冰霜,同"索弗罗妮"的雅号简直牛头不对马嘴。

"你要买我的头发吗?"德拉问。

"我买头发,"夫人说,"揭掉帽子,让我看看发样。"

那褐色的瀑布披散了下来。

"二十美元。"夫人一边说,一边内行地抓起头发。

"快给我钱。"德拉说。

呵,接着而至的两个小时犹如长了翅膀,愉快地飞掠而过。请不用理会这胡诌的比喻。她正在彻底搜寻各家店铺,为吉姆买礼物。

她终于找到了,那准是专为吉姆特制的,决非为别人。她找遍了各家商店,哪儿也没有这样的东西，一条朴素的白金表链，镂刻着花纹。正如一切优质东西那样，它只以货色论长短，不以装潢来炫耀。而且它正配得上那只金表。她一见这条表链，就知道一定属于吉姆所有。它就像吉姆本人，文静而有价值——这一形容对两者都恰如其分。她花去二十一美元买下了，匆匆赶回家，只剩下八角七分钱。金表匹配这条链子，无论在任何场合，吉姆都可以毫无愧色地看时间了。尽管这只表华丽珍贵，因为用的是旧皮带取代表链，他有时只偷偷地瞥上一眼。

德拉回家之后，她的狂喜有点儿变得审慎和理智了。她找出烫发铁钳，点燃煤气，着手修补因爱情加慷慨所造成的破坏，这永远是件极其艰巨的任务，亲爱的朋友们——这简直是件了不起的任务呵。

不出四十分钟，她的头上布满了紧贴头皮的一绺绺小卷发，使她活像个逃学的小男孩。她在镜子里老盯着自己瞧，小心地、苛刻地照来照去。

"假如吉姆看我一眼不把我宰掉的话，"她自言自语，"他定会说我像个科尼岛上合唱队的卖唱姑娘。但是我能怎么办呢——唉，只有八角七分钱，我能干什么呢？"

七点钟，她煮好了咖啡，把煎锅置于热炉上，随时都可做肉排。

吉姆一贯准时回家。德拉将表链对叠握在手心，坐在离他一贯进门最近的桌子角上。接着，她听见下面楼梯上响起了他的脚步声，她紧张得脸色失去了一会儿血色。她习惯于为了最简单的日常事务而默默祈祷，此刻，她悄声道："求求上帝，让他觉得我还是漂亮的吧。"

门开了，吉姆步入，随手关上了门。他显得瘦削而又非常严肃。可怜的人儿，他才二十二岁，就挑起了家庭重担！他需要买件新大衣，连手套也没有。

吉姆站在屋里的门口边，纹丝不动地好像猎犬嗅到了鹌鹑的气味。他的两眼固定在德拉身上，其神情使她无法理解，令她毛骨悚然。既不是愤怒，也不是惊讶，又不是不满，更不是嫌恶，根本不是她所预料的任何一种神情。他仅仅是面带这种神情死死地盯着德拉。

德拉忐忑不安地从桌上跳了下来，走到他身边。

"吉姆，亲爱的，"她喊道，"别那样盯着我。我把头发剪掉卖了，因为不送你一件礼物，我无法过圣诞节。头发会再长起来——你不会介意，是吗？我非这么做不可。我的头发长得快极了。说'圣诞快乐'吧！吉姆，让我们快快乐乐的。你肯定猜不着我给你买了一件多么好的——多么美丽的礼物啊！"

"你已经把头发剪掉了？"吉姆吃力地问道，似乎他绞尽脑汁也没弄明白这显而易见的事实。

"非但剪了，而且卖了，"德拉说，"不管怎么说，你不也同样喜欢我吗？没了长发，我还是我，不是吗？"

吉姆好奇地向房里四下张望。

"你说你的头发没有了吗？"他带着近乎白痴的神情问道。

"别找啦，"德拉说，"告诉你，我已经卖了——卖掉了，没有啦。这是圣诞前夜，亲爱的。好好对待我，这是为了你呀。也许我的头发数得清，"突然她特别温柔地接下去，"可谁也数不清我对你的爱啊。我把肉排烧上好吗，吉姆？"

吉姆好像从恍惚之中醒来，把德拉紧紧地搂在怀里。现在，别着急，先让我们花个十秒钟从另一角度审慎地思索一下某些无关紧要的事。房租每周八美元，或者一百万美元——那有什么差别呢？数学家或才子会给你错误的答案。麦琪带来了宝贵的礼物，但就是缺少了那件东西，这句晦涩的话，下文将有所交代。

吉姆从大衣口袋里掏出一个小包，扔在桌上。

"别对我产生误会，德儿，"他说道，"无论剪发、修面，还是洗头，我以为世上没有什么东西能减低一点点对我姑娘的爱情。不过，你只要打开那包东西，就会明白刚才为什么我会愣住了。"

白皙的手指灵巧地解开绳子，打开纸包。紧接着是欣喜若狂的尖叫，哎呀！突然变成了女性神经质的泪水和哭泣，立刻需要公寓的主人用尽办法来安慰她。

因为摆在眼前的是那套插在头发上的梳子——全套梳子，包括两鬓用的，后面的，样样俱全。那是很久以前德拉在百老汇的一个橱窗里见过并羡慕得要死的东西。这些美妙的发梳，纯玳瑁做的，边上镶着珠宝——其色彩正好同她失去的美发相匹配。她明白，这套梳子实在太昂贵，对此，她仅仅是羡慕渴望，但从未想到过据为己有。现在，这一切居然属于她了，可惜那有资格佩戴这垂涎已久的装饰品的美丽长发已无影无踪了。

不过，她依然把发梳搂在胸前，过了好一阵子才抬起泪水迷蒙的双眼，微笑着说："我的头发长得飞快，吉姆！"

随后，德拉活像一只被烫伤的小猫跳了起来，叫道："喔！喔！"

吉姆还没有瞧见他的美丽的礼物哩。她急不可耐地把手掌摊开，伸到他面前，那没有知觉的贵重金属似乎闪现着她的欢快和热忱。

"漂亮吗，吉姆？我搜遍了全城才找到了它。现在，你每天可以看一百次时间了。把表给我，我要看看它配在表上的样子。"

吉姆非但不按她的吩咐行事，反而倒在睡椅上，两手枕在头下，微微发笑。

"德拉，"他说，"让我们把圣诞礼物放在一边，保存一会儿吧。它们实在太好了，目前尚不宜用。我卖掉金表，换钱为你买了发梳。现在，你做肉排吧。"

那三位麦琪，读者都知道，全都是有智慧的人——非常有智慧的人，他们把礼物带来送给出生在马槽里的圣婴耶稣。他们首创了圣诞节馈赠礼物的风俗。由于他们是聪明人，毫无疑问，他们的礼物也是聪明的礼物，如果碰上两样东西完全一样，可能还具有交换的权利。在这儿，我已经笨拙地给你们介绍了住公寓套间的两个傻孩子不足为奇的平淡故事，他们极不明智地为了对方而牺牲了他们家最最宝贵的东西。不过，让我们对现今的聪明人说最后一句话：在一切馈赠礼品的人当中，那两个人是最聪明的；在一切馈赠又接收礼品的人当中，像他们两个这样的人也是最聪明的。无论在任何地方，他们都是最聪明的人，他们就是麦琪。

表达与交流

记叙文写作:立意与选材

写作要求

能根据题目确定文章主旨,并围绕中心选择写作材料。

写作指导

一、记叙文的立意

(一)"立意"释义

立意,是指确立文章的中心思想。决定了写什么,接着就要考虑:通过写这个内容表现什么样的思想、情感或说明一个什么道理呢? 文章所表现的主要的思想、情感或道理就是文章的中心思想。

中心思想是文章的灵魂、统帅。作文时,在中心思想方面应该做到明确、集中,如有可能,再争取有点深度,有点新意。

(二)怎样立意

在作文的时候,立意有三个方面的问题:立意是否准确,这是切题与否的问题;立意层次高低,这是文章的主旨深刻与否的问题;立意价值大小,这是文章的导向性问题。

1. 在立意的时候,还要注意以下四个方面:

(1)准确

立意首先要"破题",破题首先要考虑"准确"。所谓准确,就是指文章的主题符合作文题目的要求。

例如:2006 年上海语文高考作文《我想握住你的手》,这是一个适合写记叙文的题目。有人评价说:这是 2006 年高考全部作文题中最有"小资情调"的一个,也最易写出真情实感的一个。题目的要点是"想",写作的范围是"我握你的手"。这个"我"应该是作者自己,按照传统观点,"我"是文章中的第一人称者。"你"是对方,被握的对象。

"我"为什么"想"握你的手呢? 可能因为感激,也可能因为化解。选择一个角度,就可以破题立意了。

(2)深刻

一篇文章光是做到立意准确是不够的,还必须在立意的深刻性上下功夫。

例如:《雕刻心中的天使》。

题目的要点是"雕刻",对象是"天使",写作的范围是"心中"。那么,"雕刻"就是打磨、塑造,可以是具体的,也可以是抽象的;可以打磨自己,也可以雕刻他人;"雕刻"还包含了一个发展变化的过程。"天使"定是美丽的、美好的、善良的、可爱的,可以是人,也可以是物;可以自由选择自己心中美好圣洁的形象作为题材,从"白衣天使""洪战辉"等生活中的英雄到"超女""哈利·波特"等娱乐、小说人物,甚至在日常生活中遇到的平凡人。"心中"则表明其价值或重要性,是心里的不是眼里的,是发自内心的。

（3）积极

作文无论写什么,都要积极向上,都要健康乐观,喻人以事,晓人以理,动人以情;不片面、不偏激、不灰色、没有低级情趣等等。不可以只站在自己的角度,反映偏激的思想。应注意,立意的要求是:记叙文要"思想感情健康",这是最基本的要求,要切实做到。

（4）新颖

这是在前二者基础上更高一些的要求。文章要力争写出新意,写出深度,不要过多重复别人已说过的话题,不要就事论事、浅尝辄止。一定要考虑到针对性和社会性。

2.怎样立意

（1）结合材料,确定中心

同一个材料从不同的角度分析,往往能发现几种不同的思想意义。

例如:秋天,北京大学新学年开始了。一个外地学生背着大包小包走进了校园。实在太累了,他就把包都放在路边。这时,正好一位老人迎面走过来,年轻学生走上去问:"您能不能替我看一下包呢?"老人爽快地答应了。那位新生于是轻装地去办理各种入学手续。一个多小时以后回来了,老人还尽职尽责地履行着自己的使命。年轻学子谢过老人,两人各自走开。几天之后,北大开学典礼,这位年轻学子惊讶地发现,主席台上就座的北大副校长季羡林先生,正是那一天替自己看行李的老人。

请根据上述材料,拟一个作文题目。

这个材料,如果满足于就事论事,做表面文章,可以命为:《助人为乐》《一诺千金》《长者风范》等。

稍稍挖掘一下,则可拟题为:《开学第一课》《北大第一课》《人间自有真情在》《渊博的学识,高尚的人格》。

如果再深一层,则可以拟为:《己之所欲,巧施于人》《可敬的赤子之心》《质朴无华见纯真》《自然心——最高的境界》《金子般的平常心》《呼唤平等与博爱》,旨在赞颂季羡林先生,平凡中的伟大是真正的伟大。

发现的角度多了,从中确定一种。选择的标准,首先看自己对哪一点更有体会,更有可说;在同样有体会、有话说的情况下,再比较一下哪一点更"有点深度,有点新意"。切记：不要片面追求"立意深刻、新颖"。

为了将中心思想表现得更明确、更集中，在写的过程中，对最能表现中心的地方一定要详写，从而使中心思想自然流露出来。

（2）发散思维，多种角度

①多维立意

所谓多维立意，指的是思考客观对象时，从多角度、多侧面、多层次思考，从而决定自己文章的主旨。"横看成岭侧成峰，远近高低各不同"，不同的观察者，可能因为所站角度不同，看到的特点有异，得出的结论也可能不尽相同。同一事物，同一材料，不同的角度所作出的判断、所得出的主题也不尽相同，我们应该努力将这些不同的判断归结到一起，然后根据自己的实际情况选择其一，作为文章的主旨。

②融旨于物

借助于某种事物来表现文章的主旨。这种立意方法常常通过对平凡事物的精雕细刻，以显示深远的寓意。借某事物寄情托志，是"融旨于物"的主要特征。

③反用其意

指借旧事物翻出新意，给人以新的启迪和感受，使读者耳目一新，收到好的艺术效果。在审题准确的前提下，想别人想不到的，想别人不敢想的，想别人想不透的，这是立意创新的关键。摆脱思维定式，多逆向思维。我们要摈弃陈规，发前人所未发，立意求异。同样的题材，同样的记叙对象，能写出前人所不曾有的理解，这就是立意上的推陈出新。

确立文章的主旨以后，也就是完成了立意的工作，在动笔作文之前，还要做一件工作：用一句话把本文的主旨——或者中心（思想）——概括出来，以此来选材，确定文章结构，选择表达方法和语言风格。

二、记叙文的选材

如果说中心思想是一篇文章的灵魂，那么材料就是这篇文章的血肉躯体。中心思想是由具体材料来表现的，中心思想蕴含渗透在材料之中。因此，我们要表现一个特定的中心思想，就需要进行认真的选择，必须紧紧围绕中心选择材料。基础等级中的"内容充实"就是对文章材料的质量的要求，即选材的要求。

（一）什么是作文的材料

凡可用于文章写作的客观事物和事理，统称为材料。材料是文章的"血肉"。选材就是在占有材料的基础上根据主题的需要选择、运用并组织材料。没有材料，就等于最先进的计算机没有任何可供处理的数据，即使观点再新颖、正确，也会因空洞无物而无法给读者留下深刻的印象。

（二）作文材料的来源

材料最好能是亲身经历的，那样富有真情实感。但一个十几岁的中学生不可能有那么多的"人生体验"，所以，关键在于"积累"，积累的主要途径有：

1.课本上的事例和事理。要经常温故知新,归纳整理,不要抱着金碗讨饭。

2.留意观察身边的人和事,注意思考和提炼。这些事例由于是"亲历"的,往往能写出动人的文章来。

3.听广播、看电视、读报纸杂志,做有心人,善于收集。

4.同学之间的交谈和作文,有不少是值得借鉴的材料。

5.老师平常讲课、谈话所引事例。

(三)选择材料的方法

如同产品制造的优劣在很大的程度上取决于原材料的质量一样,一篇叙述类文章写作的成败好坏,也常常取决于作者在现实生活中对各种事物的观察、体验、了解和掌握的程度。作者掌握的材料,能否成为文章中的有用部分,关键在于选择和取舍。

选择材料,贵在一个"严"字,即如鲁迅所说"选材要严,开掘要深"。茅盾提出选材要"像关卡的税吏似的百般挑剔",这"百般挑剔"体现了选材的基本原则。

1.围绕和突出主题

中心是选材、剪裁的依据,要力求选取最能表现中心的材料,果断舍弃与中心无关的材料,才能有力地突出中心。剪裁,需要有依据。依据之一就是文章的中心思想。最能表现中心思想的材料,一定要详写;对表现中心思想起辅助作用的材料要进行略写;与中心思想无关的材料不管多么生动,也要毫不可惜地予以割舍。

2.真实性和典型性

"真实"就是要求材料符合实际,符合生活的逻辑;"典型"指材料能揭示事物的本质和规律,有代表性。这里需要注意的是:叙述类文章的选材与论述类的选材有不同的特点。叙述类的文章选材不一定非得选用那些惊人的"大事",往往一些看似平常的小事同样能反映事物的本质,此所谓"滴水也能见太阳的光辉"。

3.新颖而又生动

"新颖"就是采用别人文中未用过或很少用过的材料,或是对旧材料能从新的角度加以分析,挖掘新的含义。这样才能产生陌生化的效果,使人耳目一新。"生动"就是材料要有时代气息,有意味,有可读性。新颖的事物能吸引人,作文尤其如此。从阅卷的反馈信息来看,考生作文选材陈旧的情况比较普遍,往往千篇一律,缺乏时代气息。学生作文材料经常让人似曾相识:总是下雨妈妈送伞、老师给我补课、帮助孤寡老奶奶等等。之所以如此,可能是没有注意取材的创新,思维局限在部分材料的框架中。

时代在进步,社会在发展,各种新鲜事物层出不穷,这为我们选材提供了广阔的空间。我们要善于观察生活,感受生活,捕捉生活中的"闪光点","见人所未见,发人所未发",这样才有可能写出好作文。

要做到这些,需要注意以下几点:

其一,选材以今以中为主,尽量从生活中选择紧跟时代潮流,体现时代精神,反映现实问题的事例。这些事例总是新颖的，正所谓"江山代有才人出，各领风骚数百年"。如果选取古代或外国的材料，要选择那些历久弥新、洋为中用的事例，因为回归古典（如《薛宝钗魂断大观园》）、借鉴西方也是新颖生动的重要途径。

其二，要善于把握角度，小中见大，平中见奇，从那些司空见惯的生活现象中，挖掘出新鲜生动的材料。

4.选取有个性特点的细节材料

记叙文是通过具体、形象的人或事来表达中心意思的。在写人记事时，大而空，是同学们常犯的毛病。如果能从"大处着眼，小处落墨"，即选择个性特点鲜明的细节材料来写人记事，就能给人留下深刻的印象。

例文展示

人生难免有离别。离别是一种难舍的情绪，总是那样令人伤感、令人回味。请你以"送别"为题，写一篇记叙文。列出选取的材料和立意。

A.材料：每天早上我去上学，妈妈都送我出家门。

立意：表现妈妈对我的关心。

B.材料：我的一个亲人或朋友将要到远方去。我到车站送他。

立意：表现出亲人或朋友之间真挚难舍的感情。

C.材料：我的一个好友因犯罪伏法，我为他送别。

立意：表现好友的后悔和对我的教育。

D.材料：我去远方读书，临行时我心爱的小狗送了我一段又一段路。

立意：表现人与动物之间的真情。

E.材料：我爷爷死了，在下葬时。我为他送别，忆起过去种种情景。

立意：表现亲人之间的"死别"悲情。

简评

A.答案不太正确，审题不清，作者没有领会题目真正含义。

B.答案正确，但是选材、立意太普通，缺乏新意，多数人会这样写。

C.答案较深刻，有一定的社会意义。

D.答案较新颖，一般人不会想到。

E.答案虽平常，但如果写得好，容易写出真情，打动人心。

写作练习

看下面一则材料，根据要求写出你的立意和选材，并完成作文。

有人说"熟悉的地方没有风景"，那是因为他对熟悉的地方缺少观察、缺少好奇心、缺少发现的结果。其实，风景是无处不在的。请以"熟悉的地方也有风景"为题，写一篇写人记事的作文，不少于600字。

笔谈:艺术人生

情境演练

　　艺术家是人类最敏感的群体,他们不认为自己有多么伟大,他们选择艺术就是选择了自由,选择了艰难,在各种艰难中演化为各种形式的活动,以此来显现社会、人生和世界。艺术家总是走在时代的前列,所以他们的人生同样充满着艺术色彩,值得我们去解读,从中还可以学到很多知识,了解到一些做人的真谛。你喜欢哪位艺术家? 从他的人生经历中你获得了什么?

实例借鉴

　　同学甲:我们是 4 年的老同学了,在这 4 年的共同学习中我们认识了很多画家,你最喜欢的画家是谁?

　　同学乙:我最喜欢莫奈,克劳德·莫奈。

　　同学甲:他也是我最喜欢的画家!

　　同学乙:莫奈的画风对我的影响很大,在他的画作中看不到非常明确的阴影,他改变了阴影和轮廓线的画法。

　　同学甲:对,他的画作中也看不到突显或平涂式的轮廓线。

　　同学乙:莫奈对于色彩的运用相当细腻,他用许多相同主题的画作来实验色彩与光的完美表达。

　　同学甲:对,他是法国最重要的画家之一,印象派的理论和实践大部分都由他推广的。

　　同学乙:我最喜欢的一幅画是他扬名于世的"印象·日出"。这幅油画描绘出晨雾中不清晰的背景,用多种色彩赋予了水面无限的光辉,并非准确的描画使那些小船依稀可见,真实地描绘了法国海港城市日出时的光与色给予画家的视觉印象。

　　同学甲:是的,莫奈在视觉观察方面无疑是一个富有创造性的天才。他善于从光与色的相互关系中发现前人从未发现的某种现象。他把全部注意力都集中在光与色上,从而找到了最适于表达光与色的明度差别变化的形式,他把这种光色明度差别变化从绘画的各种其他因素中抽象出来,把它提到了不可攀登的高度。

　　同学乙:应该说莫奈是印象派画家中最先获得成功的人,尽管后来的野兽派、立体派、超现实主义等艺术流派,并未遵循印象派创立的一些原则,但创立这些流派的艺术家,都从印象派那里汲取过营养。

　　同学甲:不过,我对莫奈的喜欢源于他对艺术的坚持,曾有一段时间,巴黎举办了八次印象派画展,而莫奈第五、六次和最后一次均未参加展出。由于在这三次展览中的作品已经有悖于原来的创作手法。为了坚持信仰,莫奈拒绝参加展览以示反抗。这是他始终如一的坚持印象派信条的表现。我想这也是莫奈在印象派中影响力最大的一个原因。

同学乙:是啊,莫奈在晚期,视力下降很快,但他仍然坚持绘画,坚持画《睡莲》,也是我们要向他致敬的。

◎ 简评

此次笔谈对自己喜欢的画家进行了评论。交流的双方能畅所欲言,就共同的兴趣一步一步深入探讨,既表达了自己的观点,也留给对方空间。笔谈内容,既有专业知识,又有个人观点。表达条理清晰,语句通顺。

◎ 拓展练习

根据下面的情境进行笔谈练习:

1.两人一组,假设此时,A 是一名知名艺术家(动漫设计师或装饰设计师)参加电视台的一档访谈类节目《艺术人生》,与主持人 B 进行笔谈。

2.四人一组,本周末同学聚会,其间大家聊起了有关人生的话题:

A 说:"我觉得人的一生也就这样,好还是坏又怎么评判呢?"

B 说:"是啊,有钱的人不一定家庭幸福,平淡过日子的人心里还美滋滋呢!"

C 说:"那可不是,每个人都想着平淡,不求进取,那社会还能进步吗?"

D 说:"(可自己提出观点)。"

请 ABCD 四人继续笔谈。

媒介素养综合实践活动

走进文学百花园——探究人性的美与丑

◎ 场景案例

1999 年,3 月 28 日上午,"新概念"作文大赛的评选在上海青松城大酒店举行。所有评委坐在一个大房间里评阅稿件,在场的作家包括:王蒙、铁凝、方方、叶兆言、叶辛。大学教授包括:时任南京大学副校长董健,北京大学中文系程郁缀、曹文轩,复旦大学中文系陈思和等人。

在确定一、二等奖名单后,叶兆言发现韩寒没来考试,他提议是否通知韩寒前来补考。在场的所有作家和教授一致表示同意。

等韩寒赶到考场的时候,他被安排在一个单独的房间补考。李其纲受评委们委托负责出题,他把一张纸放进水杯里,随后离开。而另一位编辑林青则负责给韩寒监考。

韩寒面前的杯子里,一团纸缓缓展开。"我想到的是人性。"他拿起笔写下了第一句。

在那个房间里,少年韩寒纹丝不动地写了一个多小时,既没喝水,也没上厕所。林青将房门关好,坐在房间里盯着韩寒,一个多小时也纹丝不动,整个过程中韩寒只说了一句话:"老师,我写好了。"然后离开房间。

最终韩寒的《杯中窥人》获得了大赛的一等奖。

现在韩寒已经成为一名畅销书作家。

◉ 策划筹备

文学作品最能够震撼人心灵的,恐怕就是它所展示的人性的光辉或丑陋了。沈从文先生以一种优美的、诗化的笔调将一幅幅湘西的风俗画展现给了大家。《边城》里的翠翠美丽、纯真、热情、对生活充满了美好的憧憬与期待,这种淳朴的爱与美的展示,使人领略到了艺术赋予人物的人性之美。莎士比亚的《威尼斯商人》、莫里哀的《吝啬鬼》、巴尔扎克的《欧也妮·葛朗台》以及果戈理的《死魂灵》都是用文学作品的形式剖析人性的劣质——贪欲与吝啬。你是否也想体会文学作品中的人性百态呢?

一、通过报刊资料、互联网等,搜集体现人性光辉或丑陋的小故事。

二、广泛阅读中外文学作品,了解不同时代、不同类别文学作品的风格特点,思考作者的写作意图,体会作品中展现的人性。

三、阅读韩寒的作文《杯中窥人》,领悟其中的意蕴,思考:如果是你去参加考试,你会怎么写?

◉ 活动应用

一、与学习小组内的同学交流自己搜集到的体现人性光辉或丑陋的小故事。

二、选择 2—3 部文学作品,与学习小组内的同学共同欣赏、解读作品中所体现的人性,或选取作品中的某个片段对其中所体现的人性进行解读。

三、写下解读笔记,并制作成手抄报,在学习小组内展示交流。

四、每个学习小组推荐一人,向全班同学介绍本组开展活动的情况及本组同学写的最佳解读笔记,大家共同欣赏文学作品的解读笔记,提高自己的语言表达能力和文学欣赏能力。

五、每人写一篇关于人性的文章,体裁不限,并在班级内进行交流展示,评选出优秀作品若干。

第 三单元　人与自然

单元导语

　　人与自然是一个永恒的话题。大自然孕育了人类,人类在大自然的怀抱里生息繁衍,大自然所给予我们的一切,让很多人觉得理所当然,很少有时间静下心来思考如何善待我们身边的其他生命。

　　《归园田居》仿佛将我们带入了牧歌式的田园生活,这多么像是我们理想的家园;《想北平》和《故乡的桂花雨》的作者老舍、琦君正是基于对身边一草一木真正的爱,故乡的风土人情才会成为他们一生的精神滋养;《藏羚羊跪拜》告诉我们,在倒地的藏羚羊面前,我们需要深刻反思我们对于大自然的态度;《我的野生动物朋友》写了 10 岁女孩蒂皮与各种动物的有趣故事,又好像在告诉我们,其实我们是可以和自然和谐相处的。

　　在本单元,我们将训练记叙文写作中的叙述和描写的技巧,旨在帮助学生提高叙述技巧与对事物的描写能力;本单元还安排了笔谈"自助旅游",通过这一主题训练,提高学生独立外出时的交流能力;在本单元的综合实践活动中,我们以"走近人类的好朋友——动物"为主题,通过创意写作的形式,让本单元课文中的人物相互对话,讨论人类该如何与自然相处。

阅读与欣赏

11 归园田居（其一）

陶渊明

课文导读

　　《归园田居》为著名诗人陶渊明所作，一共5首诗歌，描写了诗人重归田园时的新鲜感受和由衷喜悦。《归园田居其一》以白描的手法点染勾画的田园风光：南野、田园、方宅、草屋、榆柳……无一不渗透着诗人所赋予的性灵。在诗人的笔下，田园是与浊流纵横的官场相对立的理想洞天，寻常的农家景象无不现出迷人的诗情画意。本诗语言质朴，平淡自然，寓意深刻，有很高的思想艺术性。

少无适俗韵①，性本爱丘山。
误落尘网②中，一去三十年③。
羁鸟④恋旧林，池鱼思故渊。
开荒南野⑤际，守拙⑥归园田。
方⑦宅十余亩，草屋八九间。
榆柳荫⑧后檐，桃李罗堂前。

---

① 适俗：适应世俗。韵：本性，气质。
② 尘网：喻指官府生活污浊而又拘束，犹如罗网。
③ 三十年：吴仁杰认为当作"十三年"。陶渊明自太元十八年（393）初仕为江州祭酒，到义熙元年（405）辞彭泽令归田，恰好是十三个年头。
④ 羁鸟：笼中之鸟。池鱼：池塘之鱼。鸟恋旧林、鱼思故渊，借喻自己怀恋旧居。
⑤ 南野：一本作南面。际：间。
⑥ 守拙：守正不阿。潘岳《闲居赋序》有"巧官""拙官"二词，巧官即善于钻营的人，拙官即一些守正不阿的人。守拙的含义即守正不阿，可解释为固守自己愚拙的本性。
⑦ 方：读作"旁"。这句是说住宅周围有土地十余亩。
⑧ 荫：荫蔽。

暧暧①远人村，依依墟里②烟。

狗吠深巷中，鸡鸣桑树颠。

户庭③无尘杂，虚室④有余闲。

久在樊⑤笼里，复得返自然。

【作者简介】

陶渊明（约365—427），字元亮（又一说名潜，字渊明），号五柳先生，私谥"靖节"，东晋诗人、文学家、辞赋家、散文家。汉族，东晋浔阳柴桑人（今江西九江）。曾做过几年小官，后辞官回家，从此隐居。田园生活是陶渊明诗的主要题材，相关作品有《饮酒》《归园田居》《桃花源记》《五柳先生传》《归去来兮辞》等。晋义熙二年，亦即陶渊明辞去彭泽令后的次年，诗人写下了《归园田居》5首著名诗篇。这是诗人辞旧我的别词，迎新我的颂歌。它所反映的深刻的思想变化，所表现的精湛圆熟的艺术技巧，不仅为历来研究陶渊明的学者所重视，也使广大陶诗爱好者为之倾倒。

【译文】

少年时就没有迎合世俗的本性，天性原本热爱山川田园生活。

错误地陷落在官场的罗网中，一去十三个年头。

关在笼中的鸟儿依恋居住过的树林，养在池中的鱼儿思念生活过的深潭。

---

① 暧暧（ài）：暗淡的样子。

② 依依：轻柔的样子。墟里：村落。

③ 户庭：门庭。尘杂：尘俗杂事。

④ 虚室：闲置的屋子。余闲：闲暇。

⑤ 樊：栅栏。樊笼：蓄鸟工具，这里比喻仕途、官场。返自然：指归耕园田。这两句是说自己像笼中的鸟一样，重返大自然，获得自由。

到南边的原野里去开荒,固守愚拙,回乡过田园生活。

住宅四周有十多亩地,茅草房子有八九间。

榆树、柳树遮掩着后檐,桃树、李树罗列在堂前。

远远的村落依稀可见,村落上的炊烟随风轻柔地飘升。

狗在深巷里吠叫,鸡在桑树顶打鸣。

门庭里没有世俗琐杂的事情烦扰,安静的房中有的是空闲的时间。

长久地困在笼子里面,现在总算又能够返回到大自然了。

思考与练习

一、分析下面加点词语的比喻意义。

误落尘网中,一去三十年。羁鸟恋旧林,池鱼思故渊。

二、诗人笔下的田园景色有何特点?请抓住诗中几组意象分析。

三、整首诗歌表达了作者怎样的感情?

四、请你以自己适当的方式来表现诗歌的意境。如:可以采用绘画的方式或计算机辅助设计的方式来表现整首诗歌或某几句诗的意境。

延伸阅读

陶渊明——隐逸诗人之宗(节选)

陶渊明是东晋时期的一位非常重要的诗人。他被尊称为隐逸诗人之宗,而且开创了田园文学这一文学潮流。他的诗文充满了田园气息,他的名士风范和对生活简朴的热爱,影响了一代又一代的中国文人,乃至整个中国文化都深受其影响。

陶渊明在中国几乎是个家喻户晓的名字。上过中学的人都学过他的《桃花源记》,很多人会随口念道:采菊东篱下,悠然见南山。老师还会给我们讲他"不为五斗米折腰"的故事。然而要进一步对他说些什么,恐怕就有点困难了。一个人之所以成为那样的人,总得有很多因素的影响造成。若要更进一步了解这位隐逸诗人,知道他的生平、多读他的诗文,是必不可少的。

陶渊明(约365—427),字元亮,晚年时更名为潜,谥号靖节,东晋浔阳柴桑人——就是现在的江西九江。曾祖陶侃做过晋朝的大司马,封长沙郡公。祖父、父亲都做过太守。但在陶渊明的少年时代,家族的显赫已经成为历史。有时候日常生活所需也出现危机。陶渊明年轻时徘徊于仕与隐之间。在那个年代,做官是所有文人的入世之道,正所谓学而优则仕。然而看样子陶渊明是不大喜欢做官的。29岁那年,他做过江州祭酒的小官,但很快就"不堪吏职",辞职不干了。此后一直在家隐居,直到中年后迫于生计,又一度出门任职。当他在做彭泽令的时候,他因不想"束带"去见督邮,说了句"我岂能为五斗米折腰向乡里小儿",然后又辞官归隐了。这一次是真正地归隐田园,再也没有出来做官。

从他的事迹可以看出他是个生性热爱自然,不喜拘束的人。正如他《归园田居》中写道:少无适俗韵,性本爱丘山。误落尘网中,一去三十年。这样的人让他去做官,每天逢场作戏官场酬酢,定是难受得很。当他真正抛弃了所谓的"功名利禄"之后,一个无限舒展的世界向他敞开了。从他的诗里,我们就可以看出来,他的精神世界迈向了另一个层次:种豆南山下,草盛豆苗稀。晨兴理荒秽,带月荷锄归。随口念来,让人心向往之。

东晋是乱世之末,又是佛教风行、崇尚名士风度的时代,因此,才会造就出陶渊明这样超越世俗的田园诗人。唐以来的许多大诗人,像李白、杜甫、白居易、苏轼、陆游等,都是非常推崇陶渊明的,在艺术创作和人生态度上也深受其影响。陶渊明的诗文代表了关于"人的觉醒",也就是说,人不光要有物质生活,精神生活也非常重要。当我们再次念到"采菊东篱下,悠然见南山"这样的诗句时,便感到了一种来自灵魂深处的自由与舒展。

陶渊时年幼时,家道衰微,八岁丧父,与母妹三人度日。孤儿寡母,多在外祖父孟嘉家里生活。日后,他的个性、修养,都很有外祖父的遗风。外祖父家里藏书多,给他提供了阅读古籍和了解历史的条件,在学者以《庄》《老》为宗而黜《六经》的两晋时代,他不仅像一般的士大夫那样学了《老子》《庄子》,而且还学了儒家的《六经》和文、史以及神话之类的"异书"。时代思潮和家庭环境的影响,使他接受了儒家和道家两种不同的思想,培养了"猛志逸四海"和"性本爱丘山"的两种不同的志趣。

陶渊明辞官归里,过着"躬耕自资"的生活。夫人翟氏,与他志同道合,安贫乐道,"夫耕于前,妻锄于后",共同劳动,维持生活,与劳动人民日益接近,息息相关。归田之初,生活尚可。"方宅十余亩,草屋八九间,榆柳荫后檐,桃李满堂前。"渊明爱菊,宅边遍植菊花。"采菊东篱下,悠然见南山"(《从杂诗》)至今脍炙人口。他性嗜酒,饮必醉。朋友来访,无论贵贱,只要家中有酒,必与同饮。他先醉,便对客人说:"我醉欲眠卿可去。"义熙四年,住地上京(今星子县城西城玉京山麓)失火,迁至栗里(今星子温泉栗里陶村),生活较为困难。如逢丰收,还可以"欢会酌春酒,摘我园中蔬"。如遇灾年,则"夏日抱长饥,寒夜无被眠"。义熙末年,有一个老农清晨叩门,带酒与他同饮,劝他出仕:"褴褛屋檐下,未足为高栖。一世皆尚同(是非不分),愿君汩其泥(指同流合污)。"他回答:"深感老父言,禀气寡所谐。纡辔(回车)诚可学,违已讵非迷?且共欢此饮,吾驾不可回。"(《饮酒》)用"和而不同"的语气,谢绝了老农的劝告。他的晚年,生活愈来愈贫困,有的朋友主动送钱周济他。有时,他也不免上门请求借贷。他的老朋友颜延之,于刘宋少帝景平元年(423)任始安郡太守,经过浔阳,每天都到他家饮酒。临走时,留下两万钱,他全部送到酒家,陆续饮酒。不过,他求贷或接受周济，是有原则的。宋文帝元嘉元年(424)，江州刺史檀道济亲自到他家访问。这时，他又病又饿了好些天，起不了床。檀道济劝他："贤者在世，天下无道则隐，有道则至。今子(你)生文明之世，奈何自苦如此?"他说："潜也何敢望贤，志不及也。"檀道济馈以粱肉，被他挥而去之。他辞官回乡二十二年一直过着贫困的田园生活，而固穷守节的志趣，老而益坚。元嘉四年(427)九月中旬陶渊明在神志还清醒的时候，给自己写了《挽歌诗》三首，在第三首诗中末两句说："死去何所道，托体同山阿"，表明他对死亡看得那样平淡自然。

陶渊明是汉魏南北朝800年间最杰出的诗人。陶诗今存125首，多为五言诗。从内容上可分为饮酒诗、咏怀诗和田园诗三大类。

——选自《陶渊明——隐逸诗人之宗》(作者不详)

12 想北平①

老　舍

"一方水土养一方人",家乡的山川草木,风土人情是我们成长的精神滋养。北京是老舍的故乡,他在文章中情不自禁地说:"我真爱北平。"让他如此眷恋的北平是怎样的,他又是如何描绘的? 在阅读文本的过程中,你能感受到老舍性格中的哪些特点,让他对北平有着刻骨铭心的眷恋,也许你也就能理解为何游历欧洲的他,仍然"喜爱北平的花多菜多果子多"。

如果让我写一本小说,以北平作背景,我不至于害怕,因为我可以捡着我知道的写,而躲开我所不知道的。但让我把北平一一道来,我没办法。北平的地方那么大,事情那么多,我知道的真是太少了,虽然我生在那里,一直到廿七岁才离开。以名胜说,我没到过陶然亭②,这多可笑! 以此类推,我所知道的那点只是"我的北平",而我的北平大概等于牛的一毛。

可是,我真爱北平。这个爱几乎是想说而说不出的。我爱我的母亲。怎样爱? 我说不出。在我想做一件事讨她老人家喜欢的时候,我独自微微地笑着;在我想到她的健康而不放心的时候,我欲落泪。言语是不够表现我的心情的,只有独自微笑或落泪才足以把内心表达出来。我之爱北平也近乎这个。夸奖这个古城的某一点是容易的,可是那就把北平看得太小了。我所爱的北平不是枝枝节节的一些什么,而是整个儿与我的心灵相黏合的一段历史,一大块地方,多少风景名胜,从雨后什刹海的蜻蜓一直到我梦里的玉泉山的塔影,都积凑到一块,每一细小的事件中有个我,我的每一思念中有个北平,只有说不出而已。

真愿成为诗人,把一切好听好看的字都浸在自己的心血里,像杜鹃似的啼出北平的俊伟。但我不是诗人,我将永远道不出我的爱,一种像由音乐与图画所引起的爱。这不但辜负了北平,也对不住我自己,因为我的最初的知识与印象都得自北平,它是在我的血里,我的性格与脾气里有许多地方是这古城所赐给的。我不能爱上海

————————————

① 选自钱理群:《乡风市声》,人民文学出版社 1992 年版。北平,1928 年 6 月 20 日至 1949 年 9 月 26 日这段时间北京使用的城市名称。

② 陶然亭:位于北京西城区的陶然亭公园。清朝康熙三十四年(1695),工部郎中江藻建此亭。并取诗人白居易"更待菊黄家酿熟,与君一醉一陶然"之意,取名陶然亭。

与天津,因为我心中有个北平。可是我说不出来!

伦敦,巴黎,罗马与堪司坦丁堡,曾被称为欧洲的四大"历史的都城"。我知道一些伦敦的情形;巴黎与罗马只是到过而已;堪司坦丁堡根本没有去过。就伦敦、巴黎、罗马来说,巴黎更近似北平——虽然"近似"两字要拉扯得很远——不过,假使让我"家住巴黎",我一定会和没有家一样感到寂苦。巴黎,据我看,还太热闹。自然,那里也有空旷静寂的地方,可是又未免太旷;不像北平那样既复杂而又有个边际,使我能摸着——那长着红酸枣的老城墙!面向着积水滩,背后是城墙,坐在石上看水中的小蝌蚪或苇叶上的嫩蜻蜓,我可以快乐地坐一天,心中完全安适,无所求也无可怕,像小儿安睡在摇篮里。是的,北平也有热闹的地方,但是它和太极拳相似,动中有静。巴黎有许多地方使人疲乏,所以咖啡与酒是必要的,以便刺激;在北平,有温和的香片茶就够了。

虽说巴黎的布置比伦敦、罗马匀调①得多了,可是比起北平来还差点儿。北平在人为之中显出自然,既不挤得慌,又不太僻静:最小的胡同里的房子也有院子与树;最空旷的地方也离买卖街与住宅区不远。这种分配法可以算——在我的经验中——天下第一了。北平的好处不在处处设备完全,而在它处处有空儿,可以使人自由地喘气;不在有许多美丽的建筑,而在建筑的四周都有空闲的地方,使它们成为美景。每一个城楼,每一个牌楼,都可以从老远就看见。况且在街上还可以看见北山与西山呢!

好学的,爱古物的,人们自然喜欢北平,因为这里书多古物多。我不好学,也没钱买古物。对于物质上,我却喜爱北平的花多菜多果子多。花草是种费钱的玩艺,可是此地的"草花儿"很便宜,而且家家有院子,可以花不多的钱而种一院子花,即使算不了什么,可是到底可爱呀。墙上的牵牛,墙根的靠山竹与草茉莉,省钱省事而且会招来翩翩的蝴蝶。至于青菜、白菜、扁豆、毛豆角、黄瓜、菠菜等等,大多数是直接由城外担来而送到家门口的。雨后,韭菜叶上还往往带着雨时溅起的泥点。青菜摊

---

① 匀调:匀称,协调。

子上的红红绿绿几乎有诗一般的美丽。果子有不少是从西山与北山来的,西山的沙果、海棠,北山的黑枣、柿子,进了城还带着一层白霜儿呀! 哼,美国的橘子包着纸,遇到北平的带霜儿的玉李,还不愧杀[①]!

是的,北平是个都城,而能有好多自己产生的花、菜、水果,这就使人更接近了自然。从它里面说,它没有像伦敦的那些成天冒烟的工厂;从外面说,它紧连着园林、菜圃与农村。采菊东篱下,在这里,确是可以悠然见南山的。像我这样的一个贫寒的人,或许只有在北平才能享受一点清福吧。

好,不再说了吧;要落泪了,真想念北平呀!

【作者简介】

老舍,本名舒庆春,字舍予,笔名老舍。北京满族正红旗人,中国现代著名小说家、文学家、戏剧家,杰出的语言大师。"文革"期间受到迫害,1966 年 8 月 24 日深夜,老舍含冤自沉于北京西北的太平湖,终年 67 岁。老舍一生共写了计 800 万字的作品,被称为"人民艺术家"。代表作有小说《骆驼祥子》《四世同堂》,话剧《茶馆》《龙须沟》等。

思考与练习

一、"可是,我真爱北平"——作者怎样定义这个"爱"的?"这个几乎是要说而说不出的爱",作者用了怎样的类比来形容这种"爱"的?

二、为什么在巴黎咖啡与酒是必要的,而在北平只要"有温和的香片茶就够了"?

三、请结合课文具体语境,说说对下面语句的理解。

自然,那里也有空旷静寂的地方,可是又未免太旷;不像北平那样既复杂而又有个边际,使我能摸着——那长着红酸枣的老城墙!

四、以"……要落泪了。真想念北平呀!"收笔,好在哪里?

延伸阅读

藕与莼菜

叶圣陶

同朋友喝酒,嚼着薄片的雪藕,忽然怀念起故乡来了。若在故乡,每当新秋的早晨,门前经过许多的乡人:男的紫赤的臂膊和小腿肌肉突起,躯干高大且挺直,使人

---

① 愧杀:很惭愧。

起健康的感觉；女的往往裹着白地青花的头巾，虽然赤脚，却穿短短的夏布裙，躯干固然不及男的那样高，但是别有一种健康的美的风致；他们各挑着一副担子，盛着鲜嫩玉色的长节的藕。在产藕的池塘里，在城外曲曲弯弯的小河边，他们把这些藕一再洗濯，所以这样洁白。仿佛他们以为这是供人品味的珍品，这是清晨的画境里的重要题材，倘若涂满污泥，就把人家欣赏的浑凝之感打破了；这是一件罪过的事，他们不愿意担在身上，故而先把它们洗濯得这样洁白了，才挑进城里来。他们要稍稍休息的时候，就把竹扁担横在地上，自己坐在上面，随便拣择担里过嫩的"藕枪"或是较老的"藕朴"，大口地嚼着解渴。过路的人就站住了，红衣衫的小姑娘拣一节，白头发的老公公买两支，清淡的甘美的滋味于是普遍于家家户户了。这种情形差不多是平常的日课，要到叶落秋深的时候。

在这里上海，藕这东西几乎是珍品了。大概也是从我们故乡运来的。但是数量不多，自有那些伺候豪华公子硕腹巨贾的帮闲茶房们把大部分抢去了；其余的便要供在较大的水果铺里，位置在金山苹果吕宋香芒之间，专待善价而沽。至于挑着担子在街上叫卖的，也并不是没有，但不是瘦得像乞丐的臂和腿，便涩得像未熟的柿子，实在无从欣美。因此，除了仅有的一回。我们今年竟不曾吃过藕。

这仅有的一回不是买来吃的，是邻舍送给我们吃的。他们也不是自己买的，是从故乡来的亲戚带来的。这藕离开它的家乡大约有好些时候了，所以不复呈玉样的颜色，却满被着许多锈斑。削去皮的时候，刀锋过处，很不爽利。切成片送入口里嚼着，有些儿甘味，但是没有一种鲜嫩的感觉，而且似乎含了满口的渣，第二片就不想吃了。只有孩子很高兴，他把这许多片嚼完，居然有半点钟工夫不再作别的要求。

想起了藕就联想到莼菜。在故乡的春天，几乎天天吃莼菜。莼菜本身没有味道，味道全在于好的汤。但是嫩绿的颜色与丰富的诗意，无味之味真足令人心醉。在每条街旁的小河里，石埠头总歇着一两条没篷的船，满舱盛着莼菜，是从太湖里捞来的。当然能得日餐一碗了。

而在这里上海又不然。非上馆子就难以吃到这东西。我们当然不上馆子，偶然有一两回去叨扰朋友的酒席，恰又不是莼菜上市的时候，所以今年竟不曾吃过。直到最近，伯祥的杭州亲戚来了，送他瓶装的西湖莼菜，他送给我一瓶，我才算也尝了新了。

向来不恋故乡的我，想到这里，觉得故乡可爱极了。我自己也不明白，为什么会起这么深浓的情绪？再一思索，实在很浅显：因为在故乡有所恋，而所恋又只在故乡有，就萦系着不能割舍了。譬如亲密的家人在那里，知心的朋友在那里，怎得不恋恋？怎得不怀念？但是仅仅为了爱故乡么？不是的，不过在故乡的几个人把我们牵系着罢了。若无所牵系，更何所恋念？像我现在，偶然被藕与莼菜所牵系，所以就怀念起故乡来了。

所恋在哪里，哪里就是我们的故乡了。

13 故乡的桂花雨①

琦　君

课文导读

　　"中秋节前后,就是故乡的桂花季节。"在"每逢佳节倍思亲"的中秋时节,作者就会想起故乡幽幽清香的桂花和"摇桂花"的童年乐趣。作者别出心裁地以"雨"来展现桂花落英缤纷的美丽景象,其喻意是丰富的:既再现了落花如雨的情景,又烘托了人和丰年的生活,还如一场甘霖滋润了作者永生难忘的童年和对父母的感恩思念之情。一句"桂花,真叫我魂牵梦萦"让现在与过去的时空交替浮现,童年的欢乐与淡淡的乡愁融为一体。

　　中秋节前后,就是故乡的桂花季节。

　　一提到桂花,那股子香味就仿佛闻到了。桂花有两种,月月开的称木樨,花朵较细小,呈淡黄色,台湾好像也有,我曾在走过人家围墙外时闻到这香味,一闻到就会引起乡愁。另一种称金桂,只有秋天才开,花朵较大,呈金黄色。

　　我家大宅院中,前后两大片旷场,沿着围墙,种的全是金桂。唯有正屋大厅前的庭院中,种着两株木樨、两株绣球。还有父亲书房的廊檐下,是几盆茶花与木樨相间。

　　小时候,我对无论什么花,都不懂得欣赏。尽管父亲指指点点地告诉我,这是凌霄花,这是叮咚花,这是木碧花……我除了记些名称外,最喜欢的还是桂花。桂花树不像梅花那么有姿态,笨笨拙拙的,不开花时,只是满树茂密的叶子,即使开花季节,也得从绿叶丛里仔细找细花。它不与繁花斗艳。其香气味,真是迷人。迷人的原因,是它不但可以闻,还可以吃。

　　桂花,真叫我魂牵梦萦②。

　　故乡是近海县乡,八月正是台风季节。母亲称之为"风水忌"。桂花一开放,母亲就开始担心了:"可别做风水啊!"(批注:就是台风来的意思。)她担心的,一是将收成的稻谷,二是将收成的桂花。

---

　　①　选自琦君:《长沟流月去无声》,云南人民出版社1994年版。
　　②　魂牵梦萦:形容思念情切。

桂花也像桃梅李果，也有收成呢。母亲每天都要在前后院子走一遭，嘴里念着："只要不做风水，我可以收几大箩。送一斗给胡宅老爷爷，一斗给毛宅二婶婆，他们两家糕饼做得多。"——原来桂花是糕饼的香料。

桂花开得最茂盛时，不说香闻十里，至少前后左右十几家邻居，没有不浸在桂花香里的。桂花成熟时，就应当"摇"，摇下来的桂花，朵朵完整、新鲜。如任它开过谢落在泥土里，尤其是被风雨吹落，那就湿漉漉的，香味差太多了。

"摇桂花"对于我是件大事，所以老是盯着母亲问："妈，怎么还不摇桂花嘛？"

母亲说："还早呢，没开足，摇不下来的。"

可是母亲一看天空阴云密布，云脚长毛，就知道要"做风水"了，赶紧吩咐长工提前"摇桂花"——这下，我可乐了，帮着在桂花树下铺簸箪，帮着抱桂花树使劲地摇，桂花纷纷落下来，落得我们满头满身，我就喊："啊！真像下雨，好香的雨啊！"

母亲洗净双手，撮一撮桂花放在水晶盘中，送到佛堂供佛。父亲点上檀香，炉烟袅袅，两种香混合在一起，佛堂就像神仙世界。

于是父亲诗兴①发了，即时口占一绝："细细香风淡淡烟，竞收桂子庆丰年。儿童解得摇花乐，花雨缤纷②入梦甜。"诗虽不见得高明，但在我心目中，父亲确实是才高八斗③，出口成诗呢。

桂花摇落以后，全家动员，拣去小枝小叶，铺开在箪子里，晒上好几天太阳，晒干了，收在铁罐子里，和在茶叶中泡茶，做桂花卤，过年时做糕饼。全年，整个村庄，都沉浸④在桂花香中。

――――――――

① 诗兴：作诗的兴致。

② 缤纷：繁多而凌乱。

③ 才高八斗：比喻才智很高。

④ 沉浸：浸入水中。多比喻处于某种境界或思想活动中。

　　念中学时到了杭州,杭州有一处名胜满觉陇,一座小小山坞,全是桂花,花开时那才是香闻十里。我们秋季远足,一定去满觉陇赏桂花。"赏花"是借口,主要的是饱餐"桂花栗子羹"。因满觉陇除桂花以外,还有栗子。花季栗子正成熟,软软的新剥栗子,和着西湖白莲藕粉一起煮,面上撒几朵桂花,那股子雅淡清香是无论如何没有字眼形容的。即使不撒桂花也一样清香,因为栗子长在桂花丛中,本身就带有桂花香。

　　我们边走边摇,桂花飘落如雨,地上不见泥土,铺满桂花,踩在花上软绵绵的,心中有点不忍。这大概就是母亲说的"金沙铺地,西方极乐世界"吧。母亲一生辛劳,无怨无忧,就是因为她心中有一个金沙铺地的西方极乐世界①。

　　我回家时,总捧一大袋桂花回来给母亲,可是母亲常常说:"杭州的桂花再香,还是比不得家乡旧宅院子里的金桂。"

　　于是我也想起了在故乡童年时代的"摇花乐",和那阵阵的桂花雨。

【作者简介】

　　琦君(1917—2006),原名潘希真。现当代台湾女作家、散文大家,浙江永嘉人。浙江杭州之江大学中文系毕业,是著名词学专家夏承焘先生的得意门生。1949年去台湾,曾任台湾"中央大学"中文系教授,后定居美国新泽西州。琦君以散文创作成就最大,已在台湾结集出版的有《烟愁》等近20种散文集。曾出版小说集和儿童文学集多种,还著有文学评介集《词人之舟》。作品多以儿童故事为主。琦君堪称以真善美的视角写童年故家的圣手。在她的笔下,童年不是一般意义上人类个体生存史上的童蒙期,而是"蓦然回首,不复存在的心灵伊甸园"。她是用儿童圣洁的心灵,把对童年的一次回忆,当成是涤滤心灵的一次巡礼。

思考与练习

一、阅读全文,分析作者是如何从多角度来观察桂花,展现它的特征的。

二、为什么作者一闻到桂花香就会引起乡愁?

三、"桂花,真叫我魂牵梦萦"这句话在文中起什么作用?

四、本文的题目是"故乡的桂花雨","桂花雨"的具体内容是什么?

五、联系课文,分析下面句子的含义。

1. 可是母亲常常说:"杭州的桂花再香,还是比不得家乡旧宅院里的金桂。"

2. 于是我也想起了在故乡童年时代的"摇花乐",和那阵阵的桂花雨。

---

　　① 极乐世界:佛经中指阿弥陀佛所居住的国土。佛教徒认为居住在这个地方,就可获得光明、清净和快乐,摆脱人间一切烦恼。也叫西天。

延伸阅读

桂花雨

王 艳

记忆里的秋天，总是一首芳香的诗。浙东乡间的老家院子里有几株桂花树。一过中秋，细碎的小花缀满了枝头。淡淡幽香，秋水般倾注在徐徐清风里，逡巡着长年掩扉的寂寞小院。

年少的我，喜欢在桂树下读古诗。三百首唐诗宋词，几乎都是沐浴着桂香念完的。某一日，正念到初唐诗人宋之问的"桂子月中落，天香云外飘"。有风吹过，一阵柔软的金色的桂花雨，清芬无声地飘然洒落。落在发间，落在眉梢，落在线装诗集的书页间。恍恍然，我步入如诗如画的梦境之中。记起小时候，常听外婆讲"嫦娥奔月"的神话。传说中月宫里有一株可编桂冠的月桂。一个叫吴刚的莽汉，想要砍伐它，始终不能如愿。就这样，一砍就是几千年。阿婆说，你可以不信我的话，可是你瞧月亮上的影子。真的！看，月亮上果真有一个伞形的树影。缥缈的传奇，世世代代，镂刻在了人们心中。这满庭的桂花雨，兴许是从月宫上飘落的呢！桂花树是阿婆的宝贝。深秋的时候，她会在地下铺开一张塑料布，吩咐我轻轻摇动那些桂花树。一阵阵桂花雨便悠悠洒落。隔着缤纷花雨，我总会看到阿婆绽开的笑容。于是，我每天喝茶时，就能在碧绿的茶水里，看到漂动着星星点点金黄色的桂花瓣。啜一口，醇爽的茶叶味中，带着甜丝丝的幽香，直透心脾。我最爱吃的点心，当然是阿婆做的桂花栗子羹。鲜嫩嫩的栗子，送入嘴里就会化掉。桂花的味道却让人满口余香，弥久不去。

阿婆喜欢桂花，这几株树是她嫁过来的那年种下的。据说，阿婆年轻时是方圆几十里有名的美人，追慕她的人踏破了门槛。她却爱上了当小学教师的一贫如洗的阿公。可是，从记事起，阿婆在我眼里只是一个满脸刻满皱纹，步履蹒跚的老人，哪里还有一点点昔日传说中的影子呢？直到有一天，顽皮的我在一个大木箱的底层翻拣出一件褪了色的红旗袍。那里面，竟裹着一张旧照片。上面是繁花丛中一位嫣然巧笑的少女。隔了几十年的岁月风尘，照片已经模糊泛黄，但那少女动人的风姿仍依稀可见。"这衣服咋变成了这种颜色？当初它可是嫣红色的。"阿婆自言自语道。旧事凄凉，阿公只跟她生活了六年，就永远到那神秘不可知的地方云游去了。阿婆在桂树下痛哭。"死生契阔，与子相悦，执子之手，与子偕老。"白首之约，桂树犹记。桂啊桂，能否重述他山盟海誓的话语。那虽生犹死之心，安忍这薄薄一棺之隔？满含着心酸，阿婆苦苦撑起了这个家，陆陆续续把三个儿子都送进了名牌大学。日复一日，年复一年，多少月缺风晓，几度人间桂香，三十个春秋在无尽的操劳中悄然而逝。也许，只有桂树知道，少年春衫是如何被深藏到箱底；动人的红，是如何日渐憔悴;如缎的乌黑长发是如何零落成稀疏的花白短发……年年八月,阿婆呆立在桂花雨中,总有清泪潸然滴上襟袖。她那双如落叶般枯萎的手,沾满了星光,无比深情地穿过摇曳红烛的光华,轻轻地打开那尘封的爱情旧札。人生正如清夜闻钟,红楼一梦。也许,在桂花的芬芳中,阿婆觉得一切都可以重新开始。仿佛,魁伟英俊的阿公正对她微笑,一如当年。而她,依然是那位年轻美丽的新嫁娘。当阿婆再次带着甜蜜的欢欣走进美好而温馨的梦境,岁月已在氤氲中被泪水浸满。

长大了一些,我来到城里念书。桂花雨的香气渐渐在儿时的记忆里飘散了。年年金秋,阿婆总会托人带给我甜甜的桂花糕。直到有一年,阿婆在一个桂花飘尽的黄昏,永远离开了我们……

来杭州求学后,我从没有错过满觉陇的桂花节。"满陇桂雨"在杭州是最负盛名的。明代文学家高濂在《四时幽赏录》中形容此地:"秋时,策蹇入山看花,从数里外便触清馥。入径珠英琼树,香满空山,快赏幽深,恍入灵鹫金粟世界。"那粉白如霜雪的银桂,淡黄似米兰的金桂,橙红若火星的丹桂,一枝枝,一串串,招引着纷至沓来的游人驻足观赏。桂花茶、桂花羹依然是有的,但我总觉得味道不如从前了。桂下清坐,听凭风吹一身花蕊,疏疏落落,淅淅沥沥,犹如行走在雨丝绵绵之中。每当这时候,我总会在桂香里想起轻轻摇曳于风中的童年和往事,会想起阿婆充满关切之情的吴侬软语。想到最最疼爱我的人已经不在人间了,心中就会有难言的伤痛。如果说,枫是秋的血,那桂就是秋的魂魄了。唐朝王维干脆称桂树为"桂魄"。我却相信,沧桑多年后,阿婆的魂魄会在清秋踏月归来,微风过处,化作满院的桂花雨……

如今,又到月圆桂香的时候了。月光下,把酒于桂花雨中。起舞弄清影,何似在人间。不想今宵,梦里花落知多少啊!

14 藏羚羊跪拜①

王宗仁

课文导读

面对老猎人的枪口，一头母藏羚羊居然两腿一跪，流出了两行热泪。但是，枪声还是响了。最后，老猎人在倒地的母羚羊腹中发现了已失去生命的小藏羚羊，他震颤了……

其实，震颤的远不止这位老猎人。当我们毫无顾忌地猎取地球上的生物时，我们是否也意识到它们的生命也是宝贵的？面对日益恶化的自然环境，我们是否也需要对自己进行深刻的反思？

这是听来的一个西藏故事。发生故事的年代距今有好些年了，可是，我每次乘车穿过藏北无人区时总会不由自主地要想起这个故事的主人公——那只将母爱浓缩于深深一跪的藏羚羊。

那时候，枪杀、乱逮野生动物是不受法律惩罚的，就是在今天，可可西里的枪声仍然带着罪恶的余音低回在自然保护区巡视卫士们的脚步难以到达的角落，当年举目可见的藏羚羊、野马、野驴、雪鸡、黄羊等，眼下已经成为凤毛麟角了。

当时，经常跑藏北的人总能看见一个肩披长发，留着浓密大胡子，脚蹬长筒藏靴的老猎人在青藏公路附近活动。那支磨蹭得油光闪亮的杈子枪斜挂在他身上，身后的两头藏牦牛驮着沉甸甸的各种猎物。他无名无姓，云游四方，朝别藏北雪，夜宿江河源，饿时大火煮黄羊肉，渴时一碗冰雪水。猎获的那些皮张自然会卖来一笔钱。他除了自己消费一部分外，更多地用来救济路遇的朝圣者。那些磕长头去拉萨朝觐②的藏家人心甘情愿地走一条布满艰难和险情的漫漫长路。每次老猎人在救济他们时总是含泪祝愿：上苍保佑，平安无事。

杀生和慈善在老猎人身上共存，促使他放下手中的杈子枪是在发生了这样一件事以后——应该说那天是他很有福气的日子，大清早，他从帐篷里出来，伸伸懒腰，正准备要喝一铜碗酥油茶时，突然瞅见两步之遥对面的草坡上站立着一只肥肥壮壮

---

① 选自王宗仁：《藏羚羊跪拜》，西藏人民出版社 2007 年版。
② 朝觐（jìn）：指宗教徒拜谒圣像、圣地等。

的藏羚羊,他眼睛一亮,送上门来的美事!沉睡了一夜的他浑身立即涌上来一股清爽的劲头,丝毫没有犹豫,就转身回到帐篷拿来了权子枪,他举枪瞄了起来,奇怪的是,那只肥壮的藏羚羊并没有逃走,只是用乞求的眼神望着他,然后冲着他前行两步,两条前腿扑通一声跪了下来,与此同时只见两行长泪从它眼里流了出来。老猎人的心头一软,扣扳机的手不由得松了一下,藏区流行着一句老幼皆知的俗语:"天上飞的鸟,地上跑的鼠,都是通人性的。"此时藏羚羊给他下跪自然是求他饶命了,他是个猎手,不被藏羚羊的悲悯打动是情理之中的事,他双眼一闭,扳机在手指下一动,枪声响起,那只藏羚羊便栽倒在地,它倒地后仍是跪卧的姿势,眼里的两行泪迹也清晰地留着。

那天,老猎人没有像往日那样当即将猎获的藏羚羊开膛、扒皮。他的眼前老是浮现着给他跪拜的那只藏羚羊。他有些蹊跷①,藏羚羊为什么要下跪?这是他几十年狩猎生涯中唯一见到的一次,夜里躺在地铺上他也久久难以入眠,双手一直颤抖着……

次日,老猎人怀着忐忑不安的心情对那只藏羚羊开膛扒皮,他的手仍在颤抖,腹腔在刀刃上打开了,他吃惊得叫出了声,手中的屠刀哐当一声掉在地上……原来在藏羚羊的子宫里,静静卧着一只小藏羚羊,它已经成形,自然是死了。这时候,老猎人才明白为什么那只藏羚羊的身体肥肥壮壮,也才明白它为什么要弯下笨重的身子向自己下跪,它是在求猎人留下自己的孩子的一条命呀!

天下所有慈母的跪拜,包括动物在内,都是神圣的。

老猎人的开膛破腹半途而停。

当天,他没有出猎,在山坡上挖了个坑,将那只藏羚羊连同它那没有出世的孩子掩埋了。同时埋掉的还有他的权子枪……

从此,这个老猎人在藏北草原上消失了,没人知道他的下落。

【作者简介】

王宗仁,1939年生,当代散文家、作家,陕西扶风人,笔名柳山。是中国作家协会会员,中国散文学会副会长兼秘书长,国家一级作家。1955年在《陕西文艺》发表散文处女作《陈书记回家》,2010年散文集《藏地兵书》获得第五届鲁迅文学奖。迄今共出版散文、散文诗和报告文学专集31部。散文集主要有《传说噶尔木》《雪山无雪》《情断无人区》《苦雪》《拉萨跑娘》和《藏羚羊跪拜》等代表作品。

_____

① 蹊跷(qī qiāo):奇怪,可疑。

思 考 与 练 习

一、请用自己的语言概括这个故事的主要内容。

二、标题"藏羚羊跪拜"也是拟人化的,作者这样写有什么用意?

三、课文为什么要写老猎人救济他人的行为?"杀生和慈善在老猎人身上共存"这句话该怎么理解?最后,老猎人为什么在掩埋了藏羚羊的同时埋掉了杈子枪?

四、作者说:"天下所有慈母的跪拜,包括动物在内,都是神圣的。"这句话有什么含义?请联系课文内容说说你的理解。

五、根据你对课文的理解,设想一下老猎人在离开藏北草原以后的生活,续写一个老猎人离开藏北草原以后的故事。

延 伸 阅 读

斑羚飞渡

沈石溪

我们狩猎队分成好几个小组,在猎狗的帮助下,把七八十只斑羚逼到戛洛山的伤心崖上。

伤心崖是戛洛山上的一座山峰,像被一把利斧从中间剖开,从山底下的流沙河抬头往上看,宛如一线天。隔河对峙的两座山峰相距约六米左右,两座山都是笔直的绝壁。斑羚虽有肌腱发达的四条长腿,极善跳跃,是食草类动物中的跳远冠军,但就像人跳远有极限一样,在同一水平线上,健壮的公斑羚最多只能跳出五米远,母斑羚、小斑羚和老斑羚只能跳四米左右,而能一跳跳过六米宽的山涧的超级斑羚还没有生出来呢。

开始,斑羚们发现自己陷入了进退维谷的绝境,一片惊慌,胡乱蹿跳。有一只老斑羚不知是老眼昏花没测准距离,还是故意逞能,竟退后十几步一阵快速助跑奋力起跳,想跳过六米宽的山涧,结果在离对面山峰还有一米多的空中哀咩一声,像颗流星一样笔直坠落下去,好一会儿,悬崖下才传来扑通的落水声。

过了一会儿,斑羚群渐渐安静下来,所有的眼光集中在一只身材特别高大、毛色深棕油光水滑的公斑羚身上,似乎在等候这只公斑羚拿出使整个种群能免遭灭绝的好办法来。毫无疑问,这只公斑羚是这群斑羚的头羊,它头上的角像两把镰刀。镰刀头羊神态庄重地沿着悬崖巡视了一圈,抬头仰望雨后湛蓝的苍穹,悲哀地咩了数声,表示自己也无能为力。

斑羚群又骚动起来。这时被雨洗得一尘不染的天空突然出现一道彩虹,一头连着伤心崖，另一头飞越山涧，连着对面那座山峰，就像突然间架起了一座美丽的天桥。斑羚们凝望着彩虹，有一头灰黑色的母斑羚举步向彩虹走去，神情飘渺，似乎已进入了某种幻觉状态。也许，它们确实因为神经高度紧张而误以为那道虚幻的彩虹是一座实实在在的桥，可以通向生的彼岸。

灰黑色母斑羚的身体已经笼罩在彩虹炫目的斑斓光谱里，眼看就要一脚踩进深渊去，突然，镰刀头羊"咩——咩——"发出吼叫。这叫声与我平常听到的羊叫迥然不同，没有柔和的颤音，没有甜腻的媚态，也没有绝望的叹息，音调虽然也保持了羊一贯的平和，但沉郁有力，透露出某种坚定不移的决心。

随着镰刀头羊的那声吼叫，灰黑色母斑羚如梦初醒，从悬崖边缘退了回来。

随着镰刀头羊的那声吼叫，整个斑羚群迅速分成两拨：老年斑羚为一拨，年轻斑羚为一拨。在老年斑羚队伍里，有公斑羚，也有母斑羚；在年轻斑羚队伍里，年龄参差不齐，有身强力壮的中年斑羚，有刚刚踏进成年行列的大斑羚，也有稚气未脱的小斑羚。两拨分开后，老年斑羚的数量比年轻的那拨少了十来只。镰刀头羊本来站在年轻斑羚那拨里，眼光在两拨斑羚间转了几个来回，悲怆地轻咩了一声，迈着沉重的步伐走到老年斑羚那一拨去了。有几只中年公斑羚跟随着镰刀头羊，也自动从年轻斑羚那拨里走出来，进入老年斑羚的队伍。这么一来，两拨斑羚的数量大致均衡了。

就在这时，我看见，从那拨老斑羚里走出一只公斑羚来。公斑羚朝那拨年轻斑羚示意性地咩了一声，一只半大的斑羚应声走了出来。一老一少走到伤心崖，后退了几步，突然，半大的斑羚朝前飞奔起来，差不多同时，老斑羚也快速起跑，半大的斑羚跑到悬崖边缘，纵身一跃，朝山涧对面跳去；老斑羚紧跟在半大斑羚后面，头一勾，也从悬崖上蹿跃出去；这一老一少跳跃的时间稍分先后，跳跃的幅度也略有差异，半大斑羚角度稍高些，老斑羚角度稍低些，等于是一前一后，一高一低。我吃了一惊，怎么自杀也要老少结成对子，一对一对去死吗？这只半大斑羚和这只老斑羚除非插上翅膀，否则绝对不可能跳到对面那座山崖上去！突然，一个我做梦都无法想象的镜头出现了，老斑羚凭着娴熟的跳跃技巧，在半大斑羚从最高点往下降落的瞬间，身体出现在半大斑羚的蹄下。老斑羚的跳跃能力显然要比半大斑羚略胜一筹，当它的身体出现在半大斑羚蹄下时，刚好处在跳跃弧线的最高点，就像两艘宇宙飞船在空中完成了对接一样，半大斑羚的四只蹄子在老斑羚宽阔结实的背上猛蹬了一下，就像踏在一块跳板上，它在空中再度起跳，下坠的身体奇迹般的再度升高。而老斑羚就像燃料已输送完了的火箭残壳，自动脱离宇宙飞船，不，比火箭残壳更悲惨，在半大斑羚的猛力踢蹬下，它像只突然断翅的鸟笔直坠落下去。这半大斑羚的第二次跳跃力度虽然远不如第一次，高度也只有地面跳跃的一半，但足已够跨越剩下的最后两米路程了。瞬间，只见半大斑羚轻巧地落在对面山峰上，咩叫一声，钻到磐石后面不见了。

试跳成功。紧接着，一对对斑羚凌空跃起，在山涧上空画出一道道令人眼花缭乱的弧线。每一只年轻斑羚的成功飞渡，都意味着一只老年斑羚摔得粉身碎骨。

山涧上空，和那道彩虹平行，又架起了一座桥，那是一座用死亡做桥墩架设起来的桥。没有拥挤，没有争夺，秩序井然，快速飞渡。我十分注意盯着那群注定要送死的老斑羚，心想，或许有个别比较滑头的老斑羚，会从注定死亡的那拨偷偷溜到新生的那拨去，但让我震惊的是，从头至尾没有一只老斑羚调换位置。

他们心甘情愿用生命为下一代搭起一条生存的道路。

绝大部分老斑羚都用高超的跳跃技艺，帮助年轻斑羚平安地飞渡到对岸的山峰。只有一头衰老的母斑羚，在和一只小斑羚空中衔接时，大概力不从心，没能让小斑羚踩上自己的背，一老一少一起坠进深渊。

我没想到，在面临种群灭绝的关键时刻，斑羚群竟然能想出牺牲一半挽救另一半的办法来赢得种群的生存机会。我没想到，老斑羚们会那么从容地走向死亡。

我看得目瞪口呆，所有的猎人都看得目瞪口呆，连狗也惊讶地张大嘴，伸出了长长的舌头来。

最后伤心崖上只剩下那只成功地指挥了这群斑羚集体飞渡的镰刀头羊。它孤零零地站在山峰上，既没有年轻斑羚需要它做空中垫脚石飞到对岸去，也没有谁来帮它飞渡。只见它迈着坚定的步伐，走向那道绚丽的彩虹。弯弯的彩虹一头连着伤心崖，一头连着对岸的山峰，像一座美丽的桥。

它走了上去，消失在一片灿烂中。

15 我的野生动物朋友[①]（节选）

［法］蒂皮・德格雷

课文导读

蒂皮的父母是拍摄野生动物的著名摄影师，1990年她在纳米比亚出生后就跟随父母辗转于非洲南部的沙漠、丛林，与狒狒相伴，同鸵鸟共舞，大象是她哥哥，变色龙是她最好的朋友，就连危险的动物她也尝试着去接近：小狮子吮吸着她的拇指睡得很香，凶恶的豹子向她撒一泡尿表示亲昵。她体会到"动物来自好人这一边"，对残害野生动物的行为伤心不已。10岁回到巴黎后她把这一切难忘的经历和感受写下来，既有浓郁的传奇色彩，又透着孩子的天真、纯情和显然受过良好熏陶所显示出来的老到与成熟。

学完《藏羚羊跪拜后》再来阅读这篇课文，我们有必要检讨一下在大自然的交往中，我们做了什么，又遗忘了些什么。

猫鼬宝贝

一天，在一家驯养动物的牧民家里，我见到了三只猫鼬。我很小的时候，妈妈就给我讲过猫鼬的故事，所以我觉得，还未见到它们就已经对它们有了了解。这些小宝贝真是十分逗人喜欢。

有时候，我也在想，妈妈她是不是也有点魔力，可以跟猫鼬沟通。但是，我不太相信她真有魔力，她如果真的有这种力量，我会嫉妒的。她要是真有魔力，为什么只会对它们说话，却理解不了它们呢？不管怎么说，她只会用嘴巴对猫鼬讲话，而我是用眼睛跟它们交流的。

我的名字叫奥康迪，我是猫鼬大家庭中的一员，我可高兴了。它们是了不起的族群，一辈子互相关照。如果它们各顾各的，遇到困难就解决不了，但一合起来，它们比很多动物都强大。

它们又是宝贝，是猫鼬宝贝，特别得很。妈妈教过我怎么对它们。把它们抱起来，轻轻地搂着它们，真是好玩极了。

[①] 选自［法］蒂皮・德格雷：《我的野生动物朋友》，黄天源译，云南教育出版社2002年版。

杰比,stop it

在汶多克村旁边,住着很多牧民,他们在山上养着一大群一大群的牛。我就是在名叫戴维和佩达的牧民家见到豹子杰比的。当地的牧民都有一个头痛的问题,他们的牛群常常遭到豹子的袭击。为了防范豹子,他们四处布下陷阱。有一次,杰比的妈妈掉进了陷阱,伤得很重很重,后来死去了。在死去以前,它生下了二头小豹,一雄一雌。戴维把小雌豹给了邻居,留下雄的,并给它起了个名字叫杰比。杰比就这样在戴维和佩达家安了家。

戴维和佩达用奶瓶给杰比喂奶,像养小孩那样抚养它,但都没有把它驯化过来,杰比仍然是豹子。豹子呢,可危险了。这我很清楚,但我不为所动,照样跟它玩。它看到我并不怕它,所以也不攻击我。它可爱得很,我看见它要做蠢事了,就大声地骂它,于是它便停下来,用一双不解的眼睛看着我。

有一次我跟它玩,它用嘴咬我的肩膀,它没有把牙合上,只是轻咬了一下,不然我就没有肩膀了。打从那以后,我真的觉得,如果它想……就会毫不费力地把我吃掉。

后来,有一天,那场面真恐怖。那天,我和妈妈、达杜和变色龙莱昂一起去散步。杰比也许是听到我们的声音,想跟我们走,便连招呼也不打,就跳到了屋顶上,然后用力一蹦,越过院子的栅栏,追上我们。路上,豹子遇见两个非洲小男孩。两个小男孩一见豹子,便惊慌失措,大喊大叫,夺路而逃。他们不知道,遇上野兽,这样做是万万不行的。杰比把两个小男孩当作猎物追赶起来,并逮住了最小的那个……

父母亲和我眼睁睁地看着所发生的一切,却无能为力,豹子动作快得很啊。妈妈说:"我去找戴维。"

然后她就急匆匆地向屋子跑过去。达杜则用严厉的声音对我说:

"蒂皮,你在这儿待着,不许动!"

他撇下我和莱昂,去救被豹子伤害的小男孩。我看着父亲跑去,后来也禁不住跟着他去了,我没法听他的话了。

杰比离猎物只有几来远,嘴里都是血,正准备发起攻击。

我听到达杜的声音,他一把将浑身是血的小男孩抱起,轻声对豹子说话。我看得出,杰比并不想放走小男孩,我想它甚至想扑向达杜,把猎物抢回来。也许它还想进攻达杜呢。看到这些,我很生气很生气。得有人下命令,让杰比收手。于是,我径直向它走去,说:"杰比,stop it!"

杰比能听懂英语,很多纳米比亚人也会讲英语。为了肯定它听清楚了,我在它的鼻子上打了一下。这样轻轻地但又是坚决地打它一下，是要让它明白，它正在做件大蠢事，如果它不听我的话，我就会大发脾气了。于是，它坐了下来，倒在地上，像每次挨骂一样。它好像迷惑不解。接着，戴维赶到了。小男孩被送到了医院，还好，他没有死，但他那双面对杰比睁得大大的恐怖眼睛，我一辈子都忘不了。他以为要完了，他有理由这样想，我真的相信杰比想要他的命。依我看，达杜也很害怕，不过他从不对我说。我父亲话语不多。

杰比受到了很严厉很严厉的处罚，被用铁丝网关了起来，连顶也封住，再也出不来了。我常去看它，跟它说话，把手伸进铁丝网抚摸它，它高兴得不得了，往我身上撒了一泡尿，表示它爱我。我想把这友谊的气味留下来，不愿意洗掉，但妈妈说那不行，我只好乖乖地洗澡，她拼命地搓我。

这个故事告诉我们，养一只豹子是要负很大责任的。它毕竟是一只很强壮的动物，可以把人杀死。不过，我的杰比还是很可爱的。我们相亲相爱，十分融洽。

野生动物就像我家里人一样

要描述非洲，真不容易。非洲与我们这儿（这儿，指巴黎。——译注）千差万别，相去太远了。

人们常说我是蒙格利族的小妹妹。我听见他们这样说很高兴，因为蒙格利就是野生的意思，而我也是野生的孩子。我没法把这事解释清楚。所有我认识的女孩都是家养的，只有我是例外。我为什么是野生的呢，那是因为我生活在非洲，远离城市，野生动物就像我家里人一样。

我渴望有一天回到非洲去，常常渴望着有一天能回去。在那儿生活不是一种寻常的生活。我不明白人们为什么要离开野外。一离开野外，回到城里，烦恼就来了。

父亲告诉我，在博茨瓦纳，乘坐 4×4 型吉普车外出的时候，常遇到大群的萃萃蝇，它们会从窗口钻进车子里。人被这种大舌蝇叮得很痛。它们常常一窝蜂地叮，但从来不碰我。我想这是一个谜……也许它们觉得我属于大自然吧，而我的达杜难道不是吗？或者，这也许是气味，或者是爱好的缘故。生活中，并不是所有的事都能说清楚的。

我会跟动物说话

我会跟动物说话，大家都觉得新鲜。于是，很多人要我讲故事，讲呀讲个没完，还向我提了一大堆问题，可把我累坏了！我实在没有多少东西说……我不想解释我怎样跟它们说话，那没有什么用。如何跟动物说话可是个秘密。要弄清楚这件事，就得有点天赋。每个人都有自己的天赋，比如写字、画画、唱歌，说某一种话，等等。天赋呀，神秘着呢。

我呢，我的天赋就是与动物相亲，当然，也不是跟任何动物都合得来，我只跟非洲的野生动物亲。我用头、用眼睛跟它们说话，用心灵与它们沟通。可以看得出，它们懂得我的意思,它们在回答我。它们做出一些动作,或者是用眼睛看着我,好像它们要说的话都从眼神里说出来。我敢肯定,我可以跟它们说话,尽管我知道这有点儿怪,但是,我就是用这种方式了解它们,有时甚至跟它们交上朋友。

哦,生活就是这样。每个人都有自己的本事,我的本事有点儿特别,我知道这是一笔很大的财富,我从心底里希望,我是唯一拥有这笔财富的人,因为财富嘛,可不要人人有份。

温柔的小狮子——穆法萨

我认得一头小狮子,可爱极了。它也有自己的名字,叫穆法萨。它好温柔好温柔,也很逗。我们俩常在一起玩。有一回,我们一起午睡,它吮吸着我的拇指睡得很香。

第二年我们又见面的时候,它变魔法似地长得好大好大了。它认出我来了,慢慢走近我,跟我玩。它用尾巴触摸我,它力气可大了,尾巴轻轻擦了一下,害得我差点跌倒。

我父母不大相信穆法萨,不想让我跟它待在一起。真可惜,但他们确实不放心。他们不放心,我就不要硬碰了。其实,跟人打交道也是一样的。

动物从来不凶恶,但比较好斗

动物从来不凶恶,只是有时候比较好斗。我差点忘了跟大伙说,不要说"凶恶的动物",而要说"好斗的动物"。但说了也是白说,没有人相信的。那我能做些什么呢? 我不会花一辈子的时间,重复同样的事……

动物好斗,那是在它们要保护自己、保护孩子或者自己的地盘的时候,才会这样。当然它们受了伤,或者脾气不好,也会好斗,或者它们生下来本来就是好斗的。不管怎么说,它们总有自己的道理,不像人,人自己也不知道为什么这么凶。有时候我生起气来,简直像个小巫婆,很多难听的话就从嘴巴里冒出来,停也停不住。

一天,我实在想认识埃尔维,但大人一个个都反对我这样做。我得告诉你们,埃尔维是一只高大强壮的公狒狒,嘴里长着危险的大牙齿,样子确实可怕。大家都想它准会很好斗。它做出什么事也很难料到。我呀,不知为什么,感觉告诉我,我能靠近它。最终,父母只好同意我靠近它了。他们特别叮嘱我,不要用眼睛盯着它,它会把这看成不怀好意,或是挑衅的,会把它激怒。于是,我只看看它的手,然后把我的手靠上去,很轻很轻地靠着。动物就是这样,得互相碰一下,才能相识。熟悉气味也很重要。

埃尔维用鼻子嗅着我,它应该觉得我不是它的敌人。我友好地抚摸了它一下。它很安详。一只狒狒的手,真逗,毛茸茸地好暖,像人的手。

我离开狒狒的时候,妈妈和达杜松了一口气。我呢,能认识埃尔维真高兴。这下我快跟狒狒好上了,但是没有时间,来不及成为朋友。

动物来自好人这一边

我们人类当中有些人很凶恶,凶得一点道理也没有,仅仅是从中取乐。这些人都出自坏蛋堆里。我不知道这种情况在动物当中有没有。如果一头动物从坏蛋堆里来,它是不会和人相亲的,也就没有希望做朋友了。想到这些真是怪怪的。我从来没有遇到这种情况,或者,也许鳄鱼是这样的吧?

就像蛇,大家都以为它们很凶,可我呢,从未被蛇咬过。对了,我曾经被一只猫鼬咬过,所以有些照片上我的鼻子有牙痕。但那不是它的过错。我走近它要抱起它的时候,它很紧张,以为要伤害它,就咬了我的鼻子一口,那只不过是它自卫罢了,我可不能恨它。

我看呀,动物都是来自好人这一边,而不会来自坏蛋堆。

我最喜欢的一张照片

我最喜欢的一张照片,是小时候拍的。照片上,可以看到我的手靠近一头羚羊的嘴巴,靠得很近。羚羊好怕人啊,但那一头羚羊却不怕我。我已经记不起当时的情形了,但我准是在跟它说话,不然的话,它怎么会让我靠近它呢,我可是狰狞的人类,是杀羚羊的那种。

达杜拍下了照片,后来羚羊就走了,因为它觉得不自在,或者它压根儿就没想过要安静下来。面对着自己害怕的人,是很难安静的。

每当我想起这件事情,或者看这张照片的时候,我总觉得有点怪怪的,我居然有跟动物说话的本领。

什么是动物之间的爱呢?我想它们之间的爱就是没有争吵,或者确实不像人类那样争吵。我不明白为什么这中间差别那么大。但是,我又想,那是因为动物有一点什么就满足了,而人类总想还要得到别的东西。

我很爱笑,也喜欢风吹着头发

一天夜里,我遇到了一件难以想象的事,很奇特,我长这么大从未见过:我看见了一颗流星。当时我正跟上帝说话,我不是像做弥撒那样用手跟他说话,而是用嘴巴。我问他,在这世上,我是不是唯一跟野生动物生活在一起的小女孩,如果还有别人像我一样,我不会嫉妒的。我请求他,如果我到天上去,要好好接待我。我还对他说,我很爱他,常想念他……

就这样,他给我派了颗流星来。

我很爱笑,笑得很多很多。我也喜欢风吹着头发,比如开车在丛林里穿行的时候,我就坐在吉普车顶上,让风吹我,如果觉得脖子冷,就不坐了。我还喜欢见到最好的朋友,把她搂在怀里,或者会会情郎,紧紧地拥抱他。

有父母,有情郎,有一个最好的朋友,我就足够了。

同狒孩儿难舍难分

爸爸妈妈说过,很难跟狒狒做好朋友。小时候,在博茨瓦纳,我们在丛林中生活,看到树上到处爬满了狒狒。它们有个拿手好戏,就是在高高的树上做鬼脸,然后跳下来抢我的奶瓶,喝上几口。我好像对这种事十分生气。

四岁的时候,我认识了狒孩儿星迪,它跟我差不多大小,所不同的是它是狒狒罢了。那时,我不分狒娃和人娃,反正我觉得都是我的朋友。我们四处爬树,还换奶瓶喝奶。这样做有点儿恶心,但我还小,就无所谓了。我跟星迪成了朋友,难分难舍。

后来我们离开了很久。一天,我回来后见了星迪。能够再见到它,真高兴!它长大了好多,比我长得更快。父母亲打听是谁家养它的,还问如果我们又在一起玩会不会有危险。他们回答说不会有事的。

我的眼睛没事!星迪一看见我,就扑上来扯我的头发。它虽然还是个小狒狒姑娘,但力气已经很大,把我弄得很痛,难受极了。我不知道它的脑袋里想什么。我是来看它的,它却撕破情面抓我。大人说它见我有一头漂亮的头发嫉妒了。说心里话,我不知道为什么……

我哭得很厉害,我的头发给它大把大把地扯掉了。打从那天起,我就讨厌星迪,哪怕我明知这不是它的错。

跟动物交朋友与跟人交朋友可不一样。动物永远有敌人,这是大自然的规则。要让它们知道,人类是最强大的,否则它们就来欺负我们。莫非星迪想主宰我?可是我们曾经在一起度过了很多美好的时光,它应该辨得出我的气味,记得我们曾经是世上最好的朋友啊。应该相信,动物的记性不会跟人的记性一样差。

【作者简介】

蒂皮·德格雷(1990—   ),法国巴黎人。在非洲的纳米比亚出生,父母是专门拍摄非洲野生动物的摄影师。她从小就知道如何与动物打交道,整日与动物为伴。10岁回到巴黎后,她将自己与非洲各种野生动物生活在一起的动人故事和亲身感受写成了《我的野生动物朋友》一书。

思考与练习

一、蒂皮对于动物怀有怎样的感情？

二、蒂皮用什么方式与动物交流？

三、对于动物对人的攻击蒂皮是怎么看的？

四、蒂皮与很多凶猛的动物有过面对面交往，但是她都没有受到过严重伤害，你觉得是她运气好吗？

五、看了蒂皮的照片以及她的文章，你觉得我们和动物之间应当是一种怎样的关系？

六、请你讲一个自己和小动物的故事，如果能提供照片来说明则更好。

延伸阅读

从鸵鸟背上长出来的小女孩

蒂皮的爸爸妈妈是长年工作在非洲的野生动物摄影师，非常热爱自然。做他们的孩子相当有福气，可以小小年纪就拥有奇特的生活体验。小作者蒂皮写的这本名叫《我的野生动物朋友》的故事，有一半多的篇幅是父母给女儿拍的精彩照片。蒂皮出生在纳米比亚，上学前跟着大人辗转在非洲沙漠里拍摄野生动物，很自然的，她从蹒跚学步到活蹦乱跳，所有的憨态可掬，也成了父母镜头捕捉的对象。或许人类的童年本来就和自然界里的动物有很多息息相通的地方，蒂皮更是具有非同一般的天赋：会用眼睛和野生动物交流；小山一样高大的野象，会小心翼翼地跟在蒂皮后面用脚尖走路，因为它的小妹妹蒂皮当时只有一岁多，正在学步。没错，蒂皮一直亲昵地称呼这头大象为"我的阿布哥哥"。

非洲的一种长着大舌头的"苹苹蝇"，见人就叮，而且叮得很痛，却从来不碰小姑娘蒂皮。为此，蒂皮自己的解释是："这是一个谜……也许它们觉得我属于大自然吧。"

有一次，猎豹杰比一口咬到蒂皮的小肩膀上，完全可以把她吞掉的样子。大人们全都大惊失色，因为这头猎豹有过追咬惊恐奔逃的非洲小男孩的污点记录。事后得知完全是一场虚惊：杰比对蒂皮只是轻咬一下，就好像只是小朋友之间互相逗逗一样。连做游戏都这么险象环生，蒂皮却自有她的一套屡试不爽的小经验："动物来自好人这一边"，"遇上野兽，惊慌失措，夺路而逃是万万不行的"，因为"野生动物就像我家里人一样"，"绝不要害怕，害怕多没出息"，"但永远要小心"，因为哪怕经过驯养，"豹子仍然是豹子"。

再没有比封面照片更奇怪的了。一只鸵鸟和一个小女孩,好像从来没有分开过,蒂皮与其说是坐在鸵鸟背上,还不如说是从鸵鸟背上长出来的一样。她怎么可以这么神气活现?原来因为"坐在鸵鸟背上很舒服",尽管它有着锋利得足以对捕猎者开膛破肚的"距"(即指甲),它对蒂皮却十分友好,"老怕把我掀翻,常常不愿动一动身子"。还有,非洲的草原、草原上的风,非洲的蓝天、蓝天下的云。小家伙臭美到达的深度更是出人预料,她居然声称:"我很爱笑,也喜欢风吹头发的感觉。"已很有自我审美意识呢。

想来蒂皮仍然是寂寞而吃了不少苦的。你甚至可以说,蒂皮是因为没有小伙伴玩,才会去和各种野生动物混在一起的。而且,同样是面对野生动物,"拍照片,不会吓着它们,可是猎枪就不同了。"比起那些扣动扳机的无数的手来说,蒂皮父母只是用来按响快门的手,显得多么执著而无力回天!

连小蒂皮的黑人朋友,非洲土著布须人都知道不到万不得已,不会宰杀野生动物,一旦杀之取肉而食的时候,他们会很虔诚地祭拜,感谢它为养活本部落而献出生命。人类的初民时期想必就是这样,那时候杀戮是成本高昂的有意识行为,保护却是无意识的不作为,不像现在完全颠倒过来,杀戮是无意识的,保护却是代价高昂的。

蒂皮现在很平静地在巴黎上小学,是班里受欢迎的爱讲故事的人。老家巴黎的美丽挡不住这个孩子的隐隐愁绪,她有些宿命地认为只有非洲才是她的故乡,因为巴黎的麻雀、鸽子或马看不懂她的眼神。

金庸《天龙八部》里有一位小魔女钟灵,刁钻古怪,住在大西南无量山里的万劫谷,贴身伴着一只行动迅疾如闪电的小貂,小貂长年被主人喂以小蛇,因而貂性剧毒;一旦有人近身,小貂立即咬上去,被咬者立毙,仿佛在昭示人们所有关于自然和少女的禁忌。在最近的一张照片上,十岁的蒂皮回头向我们望过来,眼神里俨然已经有了一缕少女的矜持和独立。她的后腰上伏着一只马达加斯加狐猴,像极了中国的貂——整个人活脱就是一个钟灵的欧洲版。这其中包含的人与自然的和谐关系,也是蒂皮要说的话吧。

——选自《从鸵鸟背上长出来的小女孩》(作者不详)

表达与交流

记叙文写作:叙述与描写

◎ 写作要求

在写人记事时,能够做到叙述清楚明白,富于变化;描写生动形象,善于运用各种描写方法。

写作指导

一、叙述的要求

叙述是一种最古老的表演和娱乐,叙述是一种经验传承的方式,叙述是一种深层的表达渴望。听故事和说故事,仿佛是我们成长进化时的原始本能。但故事终究是别人的事。当我们日渐长大,我们想告诉别人自己的一个完整经验,一段历程。这里面,有自我,有他人,有特定的时间、场景,有一个或一串事件,我们想要完整的表达出来,就必须依靠有效的叙述。

1.引起读者的好奇,激发读者的联想与想象

叙述最粗浅的原型,就是按照时间顺序排列的事件叙述。早餐之后是午餐;星期一之后星期二;出生、长大、死亡,这样写和流水账一样。一个故事最重要的价值,是能牵引读者走出他原本身处的平凡世界,进入作者或叙述者建构的想象境域,跟着故事里的人物,忽悲忽喜,随着故事的推展,心绪高低起伏。《我的野生动物朋友》出自一个 10 岁的小女孩,她与动物的眼神交流、友好抚摸虽然不是什么跌宕起伏的故事情节,却能打动人心,引发人们思考,人们如何与自然和谐相处。

2.线索要清楚

若用叙述呈现一段生命历程,它最基本的要求,便是在某一段生命时间里,找到一个主题,再从琐碎平凡生活里,找到可以与主题相关的有价值的生活,再捕捉到这种有价值的生活中的种种细节,讲述你的那段经历,以及在这个历程中,你的感受和改变。以本单元中的《故乡的桂花雨》为例,我们来分析作者如何以桂花为线索,将童年与桂花有关的往事串联起来,勾起对家乡、对亲人的无尽思念。

※中秋节到了,想起故乡。

※想到老家庭园里的桂花树,让我回忆起父亲教我认识各种花木。

※童年摇桂花的乐趣。

※读中学时到杭州满觉陇远足,吃桂花羹,摇桂花。

※我捧一大袋桂花回家送给母亲,可是母亲常说杭州的桂花再香,还是比不得家乡旧宅院子里的金桂。

在我们看来很不起眼的桂花,却让作者魂牵梦萦。这是为什么呢?因为作者挑选出与桂花有关的人和事勾起的是对和乐家庭生活的美好回忆,是对故乡的深沉的爱。基于这样的情感,文章中所呈现的每一个单一的场景、对话,有了超越破碎记忆的可能性,它们彼此牵扯引动,完整地表达作者在生活历程中独有的感受和体会。

3.艺术的安排时间序列

当我们书写一个经验、一段历程时,有时,是直接让自己回到那个特定的时间,再顺着时间往下走。这样的文章可以有这样的开头:

◇　小学三年级的时候,我们班转来一个奇怪的女生。

◇　和她分手的那个夏天,来了好多个台风。

以上的开头,都是作者准备带领读者,直接回到他想叙说的那个时段的语气。文章将直接回到时间轴上的某一段,再顺着往下走。

但有时我们的记忆和情感,是被某个现实世界的画面、味道、声音、身影、事件勾引出来的。我们由一个眼前事物的触发,走回过去,经过梦一般的回想,再返归现在。现实事件像卖火柴女孩手中点燃的火柴,带我们进入一个已经逝去的回忆,火柴熄灭,我们又回归现实。这样的叙述模式,在时间序列的安排上,多半都是由现在走回过去,再由过去回归现在。回忆,像被一个文字的镜框框住了,这也是一种有效的,使叙述不失焦的做法。

二、描写的要求

1. 描写要具体

事物千差万别,所以描写必须具体,这样才能形象鲜明,生动可感,感人至深。以我们熟悉的《白雪公主》的开头为例:

从前,有一对国王和王后,他们渴望一个孩子。后来,王后果真怀孕,生下了一个可爱的女婴,国王为她取名:白雪公主。

但另一个说故事的人这么说:

从前,有一对国王和王后,爱情美满,唯一的遗憾是没有孩子。在一个大雪纷飞的冬日午后,坐在窗边刺绣的王后对着窗外祈祷:神啊! 请赐给我一个女儿吧! 肤白如白雪,发如乌木,还有樱桃般的红唇。一年后,王后的祈祷果真应验了,她生下一个玉雪可爱的女婴,跟她祈祷的一模一样。国王高兴极了,为女婴取名为白雪公主。

这两个故事是用同一个时序架构的,第二个故事显然比较吸引人。差别在哪里呢? 一个故事除了要合于因果逻辑,让读者知道事情发生的背景和人物的处境,还需要具体的描写。

具体的描写提供想象的线索和跨越时空的桥梁,让读者更容易进入人物的生存场景。第二个故事显然在细节的刻画上用力较多,让我们比较容易进入那个国王和王后的期待和欣喜,并能想象白雪公主的容貌。

2. 方法要多样

描写的方法多种多样。描写对象主要是人物、环境、场面和细节。具体而言,人物描写包括肖像描写、语言描写、动作描写和心理描写,环境描写包括自然环境描写和社会环境描写。从表现手法看,有正面描写和侧面描写、白描和细描、静态描写和动态描写等。我们应该根据文章内容的需要,采用不同的描写方法,以达到使文章形象生动的目的。

3.语言要生动

要使描写的语言生动,首先要注意选用恰当的词语,特别是动词、形容词;其次要采用必要的修辞方法,如比喻、排比等,增强文采。

◎ 例文展示

新 娘

吴念真

蜜月旅行的最后一个夜晚,妻对即将到来的家庭生活似乎有些担忧,毕竟除了我之外;此后她必须和我的母亲、弟妹们一起过日子;而家人对她来说终究不像我这样早已自然且熟悉地相处着。

经过一番安抚之后,她似乎宽心了些,最后她抬起头问:"我该怎么叫妈妈?"

"我们都叫'妈',不过你可以依你熟悉的称呼叫。"

"傻蛋,我当然跟着你叫,"她捶了我一拳说,"不过,我可得先练习练习。"

于是从进浴室开始到入睡前,她便一直轻呼着"妈!""妈!"……脸上闪耀着欣喜且满足的光彩。

归程中游览车在高速公路上抛了锚,拖延了三四个小时,回到台北已过了晚饭时刻。我提议在外头随便吃些,但她坚持不肯。

"'妈'一定会等我们,"她很肯定地说着又喃喃念道,"妈,妈……"一边朝我笑了笑。

进了门,果然如妻所料,妈和弟妹都围桌而静坐候我们吃饭,那时是晚上十点。

妈拉着妻的手,让出自己的位子,而要我坐在几年来一直空着的先父的椅子上,好一会儿妈才含着眼泪低声说:"此后,这个家就交给你俩了……"

妻和妈彼此微笑相拥,盈盈的泪光在温暖的灯辉下闪烁着。

"我会好好顾着家……"妻轻轻地点头,突然叫了声:"娘……"

那晚,妻在我怀中轻轻饮泣,好久之后才说:"对不起……我只是忘情……"

"我只是突然间觉得,四个人的爱一下子都把我的心填满了,你,妈妈,我爹,还有……我娘……"她闭着眼睛任泪水流着,在我耳边低声说:"啊,傻蛋你不懂啦……"

我懂。

妻五岁时便失去了母亲,二十三年来她是两个妹妹的好母亲,但就没有机会再叫一声娘。她曾告诉过我:"……那时母亲已经昏迷不醒了。父亲抱着我靠近病床时:'叫娘,乖,叫娘……'我依稀记得,我好大声好大声地叫了,娘——"

◎ 简评

这篇文章以"我"的第一人称叙述视角,讲述新婚妻子初见家人的感人故事。整个故事以怎样"叫妈妈"为线索,将妻子见婆婆之前的担忧、妻子与家人见面以及妻子在自己母亲临终前喊妈妈的生活片段串联起来,呈现出浓浓的亲情。文章综合运用语言、动作、神态描写,使得整个作品相当的生动、感人。

◎ 写作练习

一、写作片段

1.请从描写的角度修改下面这篇"干瘪文"(可从环境描写、动作描写、人物描写等入手)。

放学后,我看到这样一幅画面:一个男人骑着破旧的自行车行驶在慢车道上,自行车的后座上,坐着他的妻子和孩子。男人看上去骑得很吃力,但是他似乎并不感到累,有时扭过头教孩子数数,有时笑一下,看上去很幸福。

2.根据你对《归园田居》的理解,按照诗歌的内容,进行一段自然环境描写。要求200字左右。

二、写作整篇作文

从下面的题目中任选一题作文,注意体现记叙文写作对叙述和描写的要求。

1.以"想_____"为题,将题目补全,写一篇记叙文。

2.学习《故乡的桂花雨》的写法,写一个我与桂花有关的故事,题目自拟。

3.学习《我的野生动物朋友》的描写方法,写我与动物有关的故事,题目自拟。

笔谈:自助旅游

◎ 情境演练

假期快要到了,很多同学都想出去旅游,可是由于不少同学的口语表达不是太好,很害怕与人进行口语交谈。但是各种旅游广告真的很吸引人,大家都想趁年轻出去看看外面的世界,于是大家开始讨论适合于聋人的自助旅游方式。

◎ 实例借鉴

同学甲:我很想在假期出去玩,可是我害怕和人讲话。

同学乙:你可以去旅行社看看,有没有自己喜欢去的地方。旅行社会帮助你安排好所有的活动。

同学甲:可是和健全人在一起,我还是听不懂他们的话。

同学乙:这你不用担心。你可以去旅行社,请他们给你一些旅游点的线路资料,然后请他们为你预定车票、旅店等。然后你可以和自己的好朋友一起出去玩。

同学甲:这倒是一个好办法。

同学丙:(听到甲、乙的对话也加入进来)还可以从网上预订,这样更加适合我们聋人。

同学甲:网上预订可信吗?

同学丙:你可以进入淘宝网,选择信誉好的网店。看看有没有你喜欢去的地方?

同学甲:我有旺旺账号。用旺旺和客服聊天,我就不那么害怕了。

同学丙:其实,我们随身带个小本子,到火车站、汽车站买票也很方便的。把自己想去的地方、出发时间写在纸上,卖票的服务员都会帮助我们的。别害怕。

同学乙:通过网上预订门票,也很方便。我想在暑假去北京,你们去吗?

同学甲:好啊。

同学丙:我也想去。我们三个人可以一起制定一个去北京的自助旅游计划。

同学乙:我上网去看看有关北京自助游的各种攻略。

同学甲:我去图书馆看看有关北京的各种介绍。

同学丙:我们三个人一起合作,肯定会有一次快乐的旅行。

◎ 简评

此次笔谈对如何进行自助旅行进行了讨论。交流的双方能畅所欲言,能围绕主题进行交谈,提问有针对性,回答的时候能紧扣问题。笔谈内容条理清晰,语句通顺。

◎ 拓展练习

根据上面甲、乙、丙三位同学的谈话,请你设想一下,假如你要准备去北京自助旅游,你会和哪些部门、哪些人进行笔谈。请你根据自己的设想,分小组进行笔谈。

媒介素养综合实践活动

走近人类的好朋友——动物

◎ 场景案例

12岁的法国女孩蒂皮所选择的惊险生活,完全在我们的"城市定式"想象之外。她与世界是这么相处的:骑在柔软温暖的鸵鸟背上飞跑,让小狮子穆法萨吮吸着手指午睡,赤身在河边以象鼻的喷水洗浴。当她逐渐长大,开始周游世界时,也许有一天,她会来到藏北高原。

《藏羚羊跪拜》的结尾,老猎人埋了权子枪,从此不知下落,你能想象一下,他之后的生活会是怎样的?假如热爱动物的蒂皮来到西藏,偶然间遇到老猎人,她会和老猎人讨论什么？他们两人在一起,会发生怎样的故事？请你发挥联想与想象,设计一个故事。

策划筹备

在设计故事情节时,可以分小组讨论下面的这些问题:

一、老猎人埋下权子枪以后的生活会是怎样的呢？

二、老猎人与蒂皮相遇时会讨论什么问题？

三、蒂皮在藏北高原上会经历哪些故事？

活动应用

一、每个同学创作一个自己设计的故事。

二、每个同学为自己写的故事至少配一幅插画,插画最好能手绘原创,也可用电脑绘画。

三、分小组交流展示故事和作品,选出组内优秀作品进行全班交流。

四、将本次作品编辑成册,在班级内进行交流展示。

第 四单元　责任与诚信

单元导语

　　责任与诚信是一块闪闪发光的金字招牌，无论你身处何处，就职何岗位，只要你坚守责任与诚信，就将站在成功的起点上，会赢得做人的尊严。翻开这个单元，就像走进了一个纯洁而美丽的世界，里面的一个个美德故事，引人入胜的情节，真挚感人的语言，将为大家展现生活中的真、善、美。

　　本单元的选文《成语故事二则》讲了中国古代曾子杀猪和崔枢还珠的故事；《2010年感动中国十大人物（选一）》介绍了信义兄弟——孙水林、孙东林的相关事迹；《人心的法则》作者那单纯而倔强的生活信条以及做人的准则震撼人心，让人不由得审视自己；《一张床垫》中"蓝森林"家具店则是消费者心中诚信的象征；《威尼斯商人》讲述了好心的商人安东尼奥为了朋友的婚事，向刻薄的夏洛克借钱，却因一场意外，安东尼奥未能如期归还债款，幸亏机智的鲍西娅鼎力相救，他才化险为夷的故事。通过本单元的学习，我们要进一步懂得，诚信是做人的基本准则，我们要实事求是，言必信，行必果。

　　在本单元，我们将安排广告词和解说词的写作训练，提高同学们的应用文写作能力；安排了"诚实守信"的笔谈训练，使同学们能围绕主题进行交谈，表达自己的看法；同时还安排了"寻找心灵纯净的折光——诚信"这一综合实践活动，让我们在活动中认识诚信的重要性。让"诚信"的种子在我们的心灵上发芽开花，熠熠生辉，让它照亮我们的人生之路，指引我们前进的方向。

阅读与欣赏

16 成语故事二则

课文导读

许人一物，千金不移；一言既出，驷马难追。

曾子是孔子的学生，孔子经常教育他的学生要"言必信，行必果"。就是说，讲话一定要算数，要说到做到；办事一定要果断，不能犹豫不决。曾子把老师的教诲牢记在心。本课第一个故事"曾子杀猪"讲了曾子为了教育孩子从小养成良好的诚信习惯，为了妻子的一句话，付出了一头猪的代价的故事。

本课第二个故事的主人公是崔枢。崔枢是唐朝进士，当他还是一个穷书生时，结交了一位商人，他信守承诺，不为商人宝珠所动，在商人死后将他连同宝珠一起埋葬。他的事迹感动了无数的后人，崔枢的美名因此流传至今。

（一）曾子杀猪①

曾子之妻之市②，其子随之而泣。其母曰："女还③，顾反，为女杀彘④。"

妻适市反⑤，曾子欲捕彘杀之⑥，妻止之曰："特与婴儿戏耳⑦。"

曾子曰："婴儿非与戏⑧耳。婴儿非有知也，待父母而学者也，听父母之教。今子欺之⑨，是教子欺也。母欺子，子而⑩不信其母，非所以成教⑪也。"

遂烹彘⑫也。

---

① 选自《韩非子》，中华书局《诸子集成》1954 年版。

② 市：集市。

③ 女还：你回去吧。女，同"汝"，人称代词，你。

④ 顾反为女杀彘：等我回来为你杀猪。顾反：我从街上回来。反，通"返"，返回。彘：读"zhì"，意为猪。

⑤ 妻适市反：妻子刚从集市回来。适：恰巧。

⑥ 之：代词，指猪。

⑦ 特与婴儿戏耳：只不过与小孩子开个玩笑罢了。特……耳：不过……罢了。特，不过，只是。耳，同"尔"，罢了。

⑧ 非与戏：不可同……开玩笑。

⑨ 今子欺之：现在你欺骗他。子：你，对对方的称呼。

⑩ 而：则，就。

⑪ 成教：教育有效果。

⑫ 逐烹彘也：于是就杀猪煮肉吃。

【译文】

曾参的夫人到集市上去,他的儿子哭着闹着也要跟着去。他的母亲对他说:"你先回家待着,待会儿我回来杀猪给你吃。"她刚从集市上回来,曾参就要捉小猪去杀。她劝止说:"我只不过是跟孩子开玩笑罢了。"曾参说:"可不能和小孩子开玩笑啊!小孩子没有思考和判断能力,要向父母亲学习,听从父母亲给予的正确的教导。现在你欺骗他,这就是教孩子骗人啊!母亲欺骗儿子,儿子就不再相信自己的母亲了,这不是正确教育孩子的方法啊。"于是把猪杀了,煮了吃了。

(二)崔枢还珠①

崔枢应进士,客居汴半岁,与海贾②同止。其人得疾,既笃,谓崔曰:"荷君见顾,不以外夷③见忽。今疾势不起,番④人重土殡,脱⑤歾(mò),君能终始之否?"崔许之。曰:"某有一珠,价万缗⑥,得之能蹈火赴水,实至宝也,敢以奉君。"崔受之,曰:"吾一进士,巡⑦州邑以自给,奈何忽畜异宝?"伺无人,置于枢中,瘗⑧于阡陌。

后一年,崔游丐⑨亳州,闻番人有自南来寻故夫,并勘珠所在,陈于公府,且言珠

---

①　选自《唐语林·德行》,中华书局2007年版。
②　海贾(gǔ):到海上经商的人。
③　外夷:指外国人或非汉人的少数民族。
④　番:指外国和西北、西南一带的少数民族。
⑤　脱:如果。
⑥　缗(mín):一千文铜钱串在一起为一缗。万缗,万贯钱。
⑦　巡:来往。
⑧　瘗(yì):埋葬。
⑨　游丐:在外谋生。

必崔秀才所有也。乃于亳来追捕，崔曰："傥①窀穸②不为盗所发，珠必无他。"遂剖棺得其珠。

【译文】

　　有个叫崔枢的人去汴梁考进士，同一海上经商的人住在一起达半年之久，两人成了好朋友。后来，这位商人得了重病，他对崔枢说："承蒙你照顾，没有把我当外人看待。我的病看来是治不好了，我们家重土葬，如果我死了，你能如以前照顾我那样，好好地为我料理后事吗？"崔枢答应了他的请求。商人又说："我有一颗宝珠，价值万贯，得到它能蹈火赴水，确实是极珍贵的宝珠，愿奉送给你。"崔枢接受了。他说："我一旦考上进士，所需自有官府供给，怎么能够私藏异宝呢？"商人死后，崔枢在土葬他时就偷偷地把宝珠也一同放入棺材，葬进坟墓中去了。

　　一年后，崔枢到亳州四处谋生，听说那个商人的妻子从南方千里迢迢地来寻找亡夫，并追查宝珠下落。商人的妻子将崔枢告到官府，说宝珠一定是崔秀才得到了。官府派人逮捕了崔枢。崔枢说："如果墓没有被盗的话，宝珠一定还在棺材里。"于是，官府派人挖墓开棺，果然宝珠还在棺材里。

思考与练习

　　一、对照注释熟读二则故事，理解故事的意思，在此基础上，用自己的话来翻译课文。

　　二、不论做人还是经商都应该讲究诚信。请结合"曾子杀猪"的故事，说说你是怎样理解孔子"人无信不立"这句话的？

　　三、诚实守信是中华民族的传统美德，可以说它早已融入我们民族的血液中，在古代有关诚信的故事有很多，你能说出一些反映诚信的故事、成语或格言吗？

---

① 傥：假如。
② 窀穸（zhūn xī）：墓穴。

延伸阅读

千金一诺

秦末有个叫季布的人,一向说话算数,信誉非常高,许多人都同他建立起了浓厚的友情。当时甚至流传着这样的谚语:"得黄金百斤,不如得季布一诺。"(这就是成语"一诺千金"的由来)后来,他得罪了汉高祖刘邦,被悬赏捉拿。结果他的旧日的朋友不仅不被重金所惑,而且冒着灭九族的危险来保护他,使他免遭祸殃。

一个人诚实有信,自然得道多助,能获得大家的尊重和友谊。反过来,如果贪图一时的安逸或小便宜,而失信于朋友,表面上是得到了"实惠"。但为了这点实惠他毁了自己的声誉,而声誉相比于物质是重要得多的。所以,失信于朋友,无异于丢了西瓜捡芝麻,是得不偿失的。

——原文出自《史记·季布栾布列传》(本文为翻译后的白话文)

17 2010 年感动中国十大人物（选一）

信义兄弟——孙水林 孙东林①

◎ 课文导读

人无信而不立。古人信奉："君子一言既出，驷马难追。"而今天我们信奉："诚信无价！"信义兄弟——孙水林、孙东林"新年不欠旧年账，今生不欠来生债"。20 年来他们不曾欠过工人一分钱，不论家里出了多大的事，他们都不曾违背过诺言。他们的举动无疑给很多人上了一堂意义非凡的人品课。

孙东林

在阅读本文之前，我们可以先观看中央电视台 2010 年感动中国十大人物信义兄弟——孙水林 孙东林的相关视频，了解他们的事迹，学习他们的诚信品格，在此基础上，重点学习颁奖词的创作。

人物事迹：

孙水林，男，1960 年生。湖北省武汉市黄陂区泡桐镇人，建筑商。

孙东林，男，湖北省武汉市黄陂区泡桐镇人，孙水林弟弟。

2010 年 2 月 9 日，腊月廿六，在北京做建筑工程的孙水林回到天津，原定与暂住在天津的家人和弟弟孙东林聚一天再回武汉，但他查看天气预报了解到，此后几天，天津至武汉沿线的高速公路，部分地区可能因雨雪封路。他决定赶在封路前，赶回武汉，给先期回武汉的民工发放工钱。春节前发放工钱，是他对民工的承诺。

当晚，孙水林提取 26 万元现金，带着妻子和三个儿女出发了。次日凌晨，他驾车驶至南兰高速开封县陇海铁路桥段时，由于路面结冰，发生重大车祸，20 多辆车连环追尾，孙水林一家五口全部遇难。

弟弟孙东林为了完成哥哥的遗愿，在大年三十前一天，来不及安慰年迈的父母，将工钱送到了农民工的手中。因为哥哥离世后，账单多已不在，孙东林让民工们凭

---

① 选自中央电视台《感动中国》栏目，http://search.cctv.com/playVideo.php? qtext＝感动中国 2010&detailsid＝fa19c4785423439e1e8776bec2fee694&aid＝C23855&title＝2010 年度感动中国颁奖盛典％202-2。

着良心领工钱,大家说多少钱,就给多少钱。钱不够,孙东林就贴上了自己的 6.6 万元和母亲的 1 万元。就这样,在新年来临之前,60 多名民工都如愿领到工钱,孙东林如释重负。"新年不欠旧年账,今生不欠来生债"。孙水林、孙东林兄弟 20 年来坚守承诺,被人们赞为"信义兄弟"。2010 年 9 月,孙水林、孙东林兄弟入选"中国好人榜"。

颁奖词:

言忠信,行笃敬,古老相传的信条,演绎出现代传奇。

他们为尊严承诺,为良心奔波,大地上演一场悲情接力。雪夜里的好兄弟,只剩下孤独一个。雪落无声,但情义打在地上铿锵有力。

让所有人知道,什么是良心。虽然事情不大,但都感动了你我。说到很容易,做起来很难。

这是一面镜子,这面镜子值得我们每个人照,值得我们整个社会照,值得我们把自己的心掏出来照。

——推选委员喻国明说:"他们如期还薪原本是普通的,因为生死接力,才显得具有特别的意义。通过这件事情引起的巨大的社会反响,也许应该让我们看到,更多的令人痛心的缺失。"

思考与练习

一、颁奖词是在某一主题的颁奖典礼上,对获奖对象的事迹所作的一种陈述评价性的礼仪文稿。通过这种宣读颁奖词的方式,让大众了解获奖对象的事迹以及所体现的一种超乎寻常的人格精神,从而取得一种教育的效果。因此,它必须借助于优美的语言文字对获奖对象进行准确的陈述与评价。

颁奖词的创作要求有三：一是内容简明扼要，构思匠心独运；二是叙述描写精要，抒情议论精当；三是句式参差错落，修辞精妙典雅。

阅读以下颁奖词，体会颁奖词的创作要求。想一想，以下颁奖词运用了哪些表达方式？语言有什么特点？

当命运的绳索无情地缚住双臂，当别人的目光叹息生命的悲哀，她依然固执地为梦想插上翅膀，用双脚在琴键上写下：相信自己。那变幻的旋律，正是她努力飞翔的轨迹。（邰丽华）

危险裹挟生命呼啸而来，母性的天平容不得刹那摇摆。她挺身而出，接住生命，托住了"幼吾幼以及人之幼"的传统美德。她并不比我们高大，但那一刻，已经让我们仰望。（吴菊萍）

穿越一个世纪，见证沧桑百年，刻画历史巨变，一个生命竟如此厚重。他在字里行间燃烧的激情，点亮多少人灵魂的灯塔；他在人生中真诚地行走，叩响多少人心灵的大门。他贯穿于文字和生命中的热情、忧患、良知，将在文学史册中永远闪耀着璀璨的光辉。（巴金）

萧萧冷风，寒彻易水，但冷却不了一颗炽热的心。一壶浊酒，饮尽万世沧桑；一句诺言，看轻凡尘肉身。一声珍重，一句走好，他踏上名动天下的死亡之旅。你用血的红艳诠释着诚信，他用风的凄冷见证着忠心。（荆轲）

二、央视一套节目"感动中国 2005 年度人物"评选活动中，37 年坚守诺言的陈健名列榜首。请你结合陈健的事迹，写一段颁奖词。（提示：注意文采和感情，不超过 60 个字）

1969 年 8 月 15 日，来北大荒插队的上海知青金训华和陈健，同时跳入洪水中，奋不顾身地抢救国家财产——150 根电线杆。当营救他们的船开来时，金训华用力将陈健推到船上，自己却被洪水卷走了，永远失去了宝贵的生命。陈健默默许下诺言，要永远留在北大荒，为金训华守墓。他为一个私人之间的诺言，坚守了 37 个春秋。在这些年中，他面对妻子离婚、父亲病逝、自己生病等意想不到的苦难和所有知青大返城后的孤独，陈健仍将自己的诺言当成钉天星，永远闪烁在自己的心上和北大荒的空中。

三、下面是同学们收集到的两则材料：

材料一：地震发生时，谭千秋老师本来有逃生的机会，但他却在危急时刻，张开双臂，趴在桌上，用自己的血肉之躯保护了身下的四个学生。

材料二：地震发生后，小学三年级的郎铮被救援人员从废墟中救出时，虽然满脸是血，却微笑着艰难地举起还能动弹的右手，向武警官兵们敬了一个标准的队礼。

假定 2008 年"感动中国"年度人物评选活动要面向社会征集颁奖词，请你参阅下面的示例，在两则材料中任选一个写一段颁奖词应征。（提示：注意文采和感情，

不超过 60 个字)

〔示例〕

材料:2007 年 11 月 30 日,28 岁的军官孟祥斌为救一名轻生女青年,从 10 米高的桥上跳下;他用尽最后一丝力气将女青年托出水面,自己却沉入了水中。

颁奖词:他用一次辉煌的陨落,挽回了另一个生命。别去问值还是不值,生命的价值从来不是用交换体现的。他在冰冷的河水中睡去,给我们一个温暖的启示。

延伸阅读

一

在依稀微茫中,总有一些事情会让你有一种泪流满面的感觉。

2009 年,是长江大学那几个下水救人的大学生英雄群体;2010 年伊始,是孙水林兄弟。

孙水林,黄陂区的一个建筑商。为了抢在大雪封路之前给已经回武汉的农民工发工钱,孙水林连夜从天津驾车回家,一家五口不幸在车祸中遇难。为替哥哥完成遗愿,弟弟孙东林在大年三十前一天,将 33.6 万元工钱发到 60 多名民工手上。(2 月 22 日《楚天都市报》)

当弟弟孙东林在得知哥哥出事之后不是着急去料理后事,而是在找到哥哥遗体之后驱车 15 个小时赶回老家,抢在除夕之前将几十万的工钱发给老家一起出来打工的农民工,我们只感到一种从古时候就一直存在于中国民间的叫作大义、叫作一诺千金的朴素道德情怀。

而这种情怀,在我们看多了拖欠农民工工资、甚至将讨薪农民工打伤刺死这样的事情不断发生之后,我们知道,它的存世数量已经不多,有些像是近乎已经在野外绝迹的华南虎。

我们像是在看一本充满了侠义精神的江湖小说。只不过江湖是虚幻的,而孙水林、孙东林兄弟俩的故事却是真实的。江湖未免虚幻,但是孙东林赶在年三十前把工资发给农民工的做法却有国情基础、乡情基础。也许这些辛苦劳累了一年的农民工全家人就在等着这些工钱过年,也许他们听说了老板全家出车祸的事情,在悲伤同情之余,也在担心还能不能拿到自己的工钱,毕竟人死事大,人死账消这样的事情在民间就一直存在。

当孙东林代替哥哥从腊月廿九的早上 7 点到晚上 8 点半,把工资一一结清,当孙东林说"现在我可以站在我家楼上,向所有的人说,我们兄弟俩不欠别人一分钱"的时候,我们可以理解他为何泪流满面,我们也不得不对这种中国古代传下来、近乎失传的大义和一诺千金的情怀感到深深的敬佩和感动。

对比许多农民工欠薪新闻，我们在敬佩之余，也禁不住会唏嘘不已。我们在不断地呼吁以制度建设来保证不得拖欠农民工工资，可是当拖欠农民工工资的事情还是不断地冲击我们耳膜的时候，我们也越发怀念那种似乎已经消失的个人情怀。

本是一种应有的道德，却变成了一种需要提倡的精神。2010年感动中国人物评选，我们似乎不应该忘记了孙水林兄弟。

——选自张军瑜《孙水林兄弟足以感动中国》

二

突如其来的惨剧袭击一个纯朴、善良的家庭，还不及抚平心中的伤痛，却兑现那20年坚守的承诺。"新年不欠旧年账，今生不欠来生债"，剧中兄弟那震撼人心的话语萦绕耳畔，油然而生一种敬意，眼睛不知不觉湿润了，是什么拨动了心弦？回想起媒体报道的众多农民工工薪追讨无门的新闻，我想，在物欲横流的今天，孙氏兄弟的义举无疑是对追名逐利的你我道德的一种唤醒，他们用良心在你我的心中书写了这堂堂正正的"信义"，也阐释了什么才是诚信，什么才是良知，什么是我们应坚守和尊敬的品德。省话剧团艺术地再现了这则关于诚信的故事，让我们对生命有了全新的认识，这是一次精神与灵魂的澄明和洗礼。

逝者已矣，生者何堪？这或许有些惨烈，但我坚信：信义兄弟，必将温暖中国！

——选自网友评论（作者不详）

18 人心的法则[①]

舒 婷

课文导读

本诗写于 1976 年,舒婷在动乱年代,挑着沉重的担子在路上艰难地走,她的心中生长着不屈与痛恨,她写下了《人心的法则》。在这首小诗中作者表达了必须抗争,才能活得更有意义的道理。

在诗中,作者用"鲜花"与"靴底""车轮"形成了鲜明的对比,将坚毅的"沉默"塑造成一个面容严肃而倔强的男子,以一种忠诚的沉默对抗"海浪"和"雪崩"的摧残,这样单纯而倔强的生活信条以及做人的准则的确能够震撼人心,让人不由得审视自己。虽然本诗写作的年代比较特殊,但拿到我们这个时代,仍然能让我们猛醒,记住:"最勇敢的诚实,莫过于活着,并且开口!"

　　为一朵花而死去
　　是值得的
　　冷漠的车轮
　　粗暴的靴底
　　使春天的彩虹
　　在所有眸子里黯然失色
　　既不能阻挡
　　又无处诉说
　　那么,为抗议而死去
　　是值得的

　　为一句话而沉默
　　是值得的
　　远胜于大潮

---

① 选自舒婷:《一种演奏风格:舒婷自选诗集》,作家出版社 2009 年版。

雪崩似地跌落
这句话
被嘴唇紧紧封锁
汲取一生全部诚实与勇气
这句话,不能说
那么,为不背叛而沉默
是值得的

为一个诺言而信守终身?
为一次奉献而忍受寂寞?
是的,生命不应当随意挥霍
但人心,有各自的法则
假如能够
让我们死去千次百次吧
我们的沉默化为石头
像矿苗
在时间的急逝中指示存在
但是,记住
最强烈的抗议
最勇敢的诚实
莫过于——
活着,并且开口

1976.1.13

【作者简介】

　　舒婷原名龚佩瑜,1952 年出生,祖籍福建泉州。当代女诗人,朦胧诗派的代表作家之一。《致橡树》是朦胧诗潮的代表作之一,与北岛、顾城齐名,但事实上,她的诗歌更接近上一代载道意味较浓的传统诗人,反抗性淡漠了许多。1964 年就读于厦门一中,1969 年至闽西山区插队,1972 年返回厦门,当过工人、统计员、染纱工、焊锡工等等。1979 年开始发表诗歌作品。1980 年到福建省文联工作,从事专业写作。著有诗集《双桅船》《会唱歌的鸢尾花》《始祖鸟》,散文集《心烟》《秋天的情绪》《硬骨凌霄》《露珠里的"诗想"》《舒婷文集》(3 卷)《真水无香》等。

　　舒婷擅长于自我情感律动的内省,在捕捉复杂细致的情感体验方面特别表现出女性独有的敏感。情感的复杂、丰富性常常通过假设、让步等特殊句式表现得曲折尽致。舒婷又能在一些常常被人们漠视的常规现象中发现尖锐深刻的诗化哲理(《神女峰》《惠安女子》),并把这种发现写得既富有思辨力量,又楚楚动人。

思　考　与　练　习

一、熟读本诗并背诵。

二、画出文中让你感触比较深刻的语句,想一想,这些句子包含了怎样的人生哲理?

三、读完本诗,写一篇读后感,谈谈你对"人心的法则"这一话题的理解。

延　伸　阅　读

神女峰

舒　婷

在向你挥舞的各色花帕中
是谁的手突然收回
紧紧捂住自己的眼睛
当人们四散离去,谁
还站在船尾
衣裙漫飞,如翻涌不息的云
江涛
高一声
低一声
美丽的梦留下美丽的忧伤
人间天上,代代相传
但是,心
真能变成石头吗
沿着江岸
金光菊和女贞子的洪流
正煽动着新的背叛
与其在悬崖上展览千年
不如在爱人肩头痛哭一晚

19 一张床垫[①]

星 竹

美国人汤姆搬新家时，准备换一张新的床垫。买床垫的那天，不幸发生车祸，之后成了植物人，谁料这一躺就是七年。七年之后，家具店终于把汤姆订购的床垫送到了汤姆的家。这件事在全美引起了强烈的震动。床垫厂商与家具店的信誉让人深受感动，他们没有宣扬，默默坚持了七年，整个过程平凡而又让人流泪。人们说，汤姆的苏醒与这张床垫肯定有关，是家具店七年来对汤姆的深切召唤，让上天不肯放走汤姆，正是这种真诚的力量，才使事情有了如此圆满的结局。而"蓝森林"家具店也从此成为消费者心中诚信的象征。

美国人汤姆搬家时，准备换一张新的床垫。汤姆去了一家名为"蓝森林"的家具店买床垫。汤姆买的床垫出自美国最知名的家具厂"美像厂"。床垫的质量与价格都是美国一流的，在社会上很有声誉。

汤姆买床垫的那天，按规定先向家具店交付了 200 美元的订金。交完钱后，便高高兴兴地回家了。谁也没有想到的是，汤姆那天出了大事。他在回家的路上遇到了不幸：路边的一辆煤气车突然发生爆炸，汤姆的车子被炸翻了。他被送到医院时，已经人事不省。几天后，他仍然没有脱离危险。

而这时已经到了家具店给汤姆送床垫的日子。当家具店把床垫送到汤姆的家里时，开门的人却是一副不知所措的样子。他说他从来没有订过什么床垫。对送床垫一事，他感到莫名其妙。送货人对照订单上的地址，发现一点没有错，就是这个小区，就是这个门牌。但房子的主人坚持说送错了，说他对于此事一无所知，还说这里根本没有一个叫汤姆的人。

事情让人百思不得其解。送货员只好将床垫拉回了店里。他想，如果是什么地方出了差错，那个叫汤姆的人一定会回来找的，他毕竟已经交付了 200 美元的订金。

殊不知，这时的汤姆已经被医院诊断为植物人。他的家人也不知道汤姆已经预订了一张床垫。"蓝森林"家具店是一家严守合同，为顾客着想的老店，他们不但没

[①] 选自《当代职校生》2005 年第 4 期。

有因为这张床垫无人来取而感到捡了个便宜，反而陷入了困境。他们在店门口张贴了广告，又在当地的报纸上发布了消息，寻找汤姆，并希望知情者能提供有关汤姆的线索，好让他将床垫领走。

汤姆的处境使他的家人根本没有时间看什么报纸。他的邻居们更没想到，遭遇了不幸的汤姆，在这之前还订购了一张床垫，事实上，这已经成了一桩悬案。然而家具店和生产床垫的厂家都坚持一定要等汤姆来领床垫，这是关乎信誉和诚实的问题，做生意怎么能不讲诚信呢？多年来，无论是商家还是厂家，都一直信守着自己的经营承诺——急顾客之急，想顾客所想。但事实是，汤姆却不能来领床垫了，一切如石沉大海。

汤姆订购的床垫放在家具店里一年了，依然没有人来认领。汤姆的床垫在店里放置两年了……还是那个老样子。又过了两年，厂家已经不再生产这种床垫了，汤姆还是没有来。这期间商店和厂家为这张床垫又交换过几次意见。双方商定还是留下这张床垫。虽然事实上也许不可能有人来认领这张床垫，但道义上，他们仍然选择了信守诺言，因为他们是美国知名的厂家和商店。

就这样，这张没有人来认领的床垫被店家挪来挪去，虽然很占地方，却没有人说什么，也没有人对这种看似愚蠢的做法提出任何异议。信守诺言和诚信有时确实会呈现出愚和拙的一面。

这期间，家具店换过两次老板。接任时，前任都要领着接任者走到这张奇特的床垫前，说明几年前发生的事情。接任者也像他们的前任一样，信守诺言。每隔一段时间，他们就会照样拿出一支粗笔，把床垫上那几个已经模糊了的大字再描上一遍："订购人，汤姆。"他们不仅耐心地等待汤姆，而且把这件事情作为信守合同的一种义务让自己履行。"蓝森林"家具店的做法，笨拙得让人感动！

谁也没有想到，七年之后，奇迹发生了——植物人汤姆苏醒了。汤姆的苏醒是作为医学界的一个奇迹被媒体争相报道的。电视，报纸上都登出了有关汤姆起死回生的消息。这时的汤姆已经不记得从前的事了，毕竟已经过去了七年。但离他最近的一件事他还是想起来了，那就是七年前，他是在订购床垫回来的路上出了事的。家具店老板得知定消息后十分惊讶，急忙派人去医院找汤姆。原来，七年前汤姆所订货单上的地址写错了，把一区写成了七区。一区和七区相差了五里路，怪不得床垫永远送不到汤姆家里。

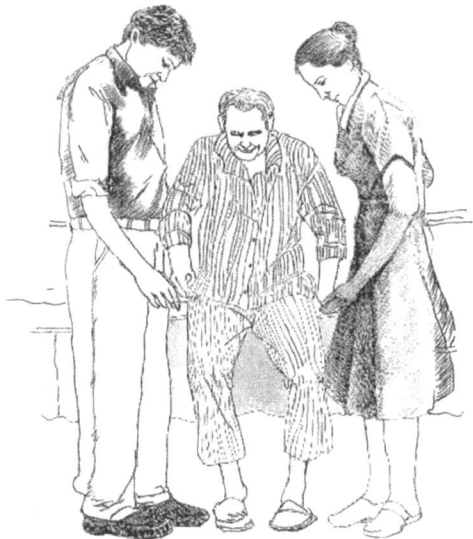

七年之后,家具店终于把汤姆订购的床垫送到了汤姆的家。店家是作为汤姆康复回家后的一个礼物,将床垫送去的。这件事在全美引起了强烈的震动。床垫厂商和家具店的信誉让人十分感动,他们默默地支持了七年。整个过程平凡得让人流泪。汤姆回家的那天,许多市民跑到街上,他们一定要抬一抬,摸一摸这张神奇的床垫。人们说,汤姆的苏醒肯定与这张床垫有关。他们不但认为汤姆的苏醒是一个奇迹,同时也认为,家具店七年来对汤姆的深情召唤功不可没,是上苍不肯放走汤姆,一定要让他睡一睡这张床垫。就连美国当时的总统里根,看了报道,也激动地跑到一家新闻中心大加赞扬,他肯定地说:"真诚,一定会感动上帝!"

【作者简介】

星竹,男,原名郭建华,当代作家,1954年生于北京。著有短篇小说集《癫花村的变迁》《游戏》,散文、报告文学集《觉悟》《京东硬汉》。在全国有影响的文学杂志《人民文学》《中国作家》《读者》《十月》《大家》等上百家文学期刊发表中短篇小说70多篇,同时发表了大量的散文、杂文等作品。不少作品被国内重要期刊转载、连载、评论。有些作品被译为英、法、日、越等多国文字,在海外出版发行。《人性一种》《土沟沟演义》《三奶奶》《大山之恋》等作品获国家、省市级文学奖。现为中国作家协会会员,北京作家协会理事,北京作家协会合同作家。

思考与练习

一、给文章续写一个结尾:汤姆拿到这张床垫之后,心里会怎么想? 如果要你替汤姆写一封信给蓝森林家具店,你会怎么写?

二、不论做人还是经商都应该讲究诚信。这两个故事给了你怎样的人生启迪?请结合生活中遇到的事例具体谈一谈。

延伸阅读

小男孩珊迪的故事

佚　名

18世纪英国的一位有钱的绅士,一天深夜他走在回家的路上,被一个蓬头垢面、衣衫褴褛的小男孩儿拦住了。"先生,请您买一包火柴吧。"小男孩儿说道。"我不买。"绅士回答说。说着绅士躲开男孩儿继续走。"先生,请您买一包吧,我今天还什么东西也没有吃呢!"小男孩儿追上来说。绅士看到躲不开男孩儿,便说:"可是我没有零钱呀。""先生,你先拿上火柴,我去给你换零钱。"说完男孩儿拿着绅士给的一个英镑快步跑走了,绅士等了很久,男孩儿仍然没有回来,绅士无奈地回家了。

第二天,绅士正在自己的办公室工作,仆人说来了一个男孩儿要求面见绅士。于是男孩儿被叫了进来,这个男孩儿比卖火柴的男孩儿矮了一些,穿得更破烂。

"先生,对不起了,我的哥哥珊迪让我给您把零钱送来了。"

"你的哥哥珊迪呢?"绅士道。

"珊迪在换完零钱回来找你的路上被马车撞成重伤了,在家躺着呢。"绅士深深地被小男孩儿的诚信所感动:"走! 我们去看珊迪!"

去了珊迪的家一看,家里只有两个男孩的继母在照顾受重伤的男孩儿珊迪。一见绅士,珊迪连忙说:"对不起,我没有给您按时把零钱送回去,失信了!"

绅士却被珊迪的诚信深深打动了。当他了解到两个男孩儿的亲父母都双亡时,毅然决定把他们生活所需要的一切都承担起来。

20 威尼斯商人（节选）①

[英]莎士比亚

🔵 课文导读

以金钱为主题，以阴谋为线索，以法庭辩论为高潮，结果又在轻松喜庆的气氛中落幕，这就是《威尼斯商人》，一个如此著名，又如此峰回路转的故事。好心的商人安东尼奥为了朋友的婚事，向刻薄的夏洛克借钱。因一场意外，安东尼奥未能如期归还债款，便要遭受割肉之罚，幸亏机智的鲍西娅鼎力相救，他才化险为夷。

课文节选了《威尼斯商人》的高潮部分，所有的戏剧冲突都最后集中在这场戏里。故事充满悬念，十分紧张，丝丝入扣，令人欲罢不能。莎士比亚的语言诙谐、优美，富有感染力，富有音乐美；行文娴熟，紧张中含有轻松，轻松中暗藏杀机。阅读时，建议大家在了解戏剧情节的基础上，把握戏剧冲突，感受富于个性化又生动优美的语言。

威尼斯。法庭

[公爵、众绅士、安东尼奥、巴萨尼奥、葛莱西安诺、萨拉里诺、萨莱尼奥及余人等同上。]

公　爵　　安东尼奥有没有来？

安东尼奥　有，殿下。

公　爵　　我很为你不快乐；你是来跟一个心如铁石的对手当庭对质②，一个不懂得怜悯、没有一丝慈悲③心的不近人情④的恶汉。

安东尼奥　听说殿下曾经用尽力量劝他不要过为已甚，可是他一味固执，不肯略作让步。既然没有合法的手段可以使我脱离他的怨毒的掌握，我只有用默忍迎受他的愤怒，安心等待着他的残暴的处置。

公　爵　　来人，传那犹太人到庭。

---

① 选自《莎士比亚全集》里的《威尼斯商人》第四幕第一场。《莎士比亚全集》，人民文学出版社 1994 年版。

② 对质：诉讼关系人在法庭上面对面互相质问，也泛指和问题有关联的各方当面对证。

③ 慈悲：慈善和怜悯。

④ 不近人情：不合乎人之常情。多指性情、言行怪僻，不合情理。

萨拉里诺	他在门口等着；他来了，殿下。

［夏洛克上。］

公　爵　　大家让开些，让他站在我的面前。夏洛克，人家都以为——我也是这样想——你不过故意装出这一副凶恶的姿态，到了最后关头，就会显出你的仁慈恻隐来，比你现在这种表面上的残酷更加出人意料；现在你虽然坚持着照约处罚，一定要从这个不幸的商人身上割下一磅肉来，到了那时候，你不但愿意放弃这一种处罚，而且因为受到良心上的感动，说不定还会豁免他一部分的欠款。你看他最近接连遭逢的巨大损失，足以使无论怎样富有的商人倾家荡产^①，即使铁石一样的心肠，从来不知道人类同情的野蛮人，也不能不对他的境遇发生怜悯^②。犹太人，我们都在等候你一句温和的回答。

夏洛克　　我的意思已经向殿下告禀过了；我也已经指着我们的圣安息日起誓，一定要照约执行处罚；要是殿下不准许我的请求，那就是蔑视宪章，我要到京城里去上告，要求撤销贵邦的特权。您要是问我为什么不愿接受三千块钱，宁愿拿一块腐烂的臭肉，那我可没有什么理由可以回答您，我只能说我欢喜这样，这是不是一个回答？要是我的屋子里有了耗子，我高兴出一万块钱叫人把它们赶掉，谁管得了我？这不是回答了您吗？有的人不爱看张开嘴的猪，有的人瞧见一头猫就要发脾气，还有人听见人家吹风笛的声音，就忍不住要小便；因为一个人的感情完全受着喜恶的支配，谁也做不了自己的主。现在我就这样回答您：为什么有人受不住一头张开嘴的猪，有人受不住一只有益无害的猫，还有人受不住咿咿唔唔的风笛的声音，这些都是毫无充分的理由的，只是因为天生的癖性^③，使他们一受到刺激，就会情不自禁地现出丑相来；所以我不能举什么理由，也不愿举什么理由，除了因为我对于安东尼奥抱着久积的仇恨和深刻的反感，所以才会向他进行这一场对于我自己并没有好处的诉讼。现在您不是已经得到我的回答了吗？

巴萨尼奥　　你这冷酷无情的家伙，这样的回答可不能作为你的残忍的辩解。

夏洛克　　我的回答本来不是为了讨你的欢喜。

巴萨尼奥　　难道人们对于他们所不喜欢的东西，都一定要置之死地吗？

夏洛克　　哪一个人会恨他所不愿意杀死的东西？

巴萨尼奥　　初次的冒犯，不应该就引为仇恨。

夏洛克　　什么！你愿意给毒蛇咬两次吗？

---

① 倾家荡产：把全部家产丧失净尽。
② 怜悯（mǐn）：对遭遇不幸的人表示同情。
③ 癖（pǐ）性：个人特有的癖好和习性。

安东尼奥	请你想一想，你现在跟这个犹太人讲理，就像站在海滩上，叫那大海的怒涛减低它的奔腾的威力，责问豺狼为什么害母羊为了失去它的羔羊而哀啼，或是叫那山上的松柏，在受到天风吹拂的时候，不要摇头摆脑，发出簌簌的声音。要是你能够叫这个犹太人的心变软——世上还有什么东西比它更硬呢？——那么还有什么难事不可以做到？所以我请你不用再跟他商量什么条件，也不用替我想什么办法，让我爽爽快快受到判决，满足这犹太人的心愿吧。
巴萨尼奥	借了你三千块钱，现在拿六千块钱还你好不好？
夏洛克	即使这六千块钱中间的每一块钱都可以分作六份，每一份都可以变成一块钱，我也不要它们；我只要照约处罚。
公　爵	你这样一点没有慈悲之心，将来怎么能够希望人家对你慈悲呢？
夏洛克	我又不干错事，怕什么刑罚？你们买了许多奴隶，把他们当作驴狗骡马一样看待，叫他们做种种卑贱的工作，因为他们是你们出钱买来的。我可不可以对你们说，让他们自由，叫他们跟你们的子女结婚？为什么他们要在重担之下流着血汗？让他们的床铺得跟你们的床同样柔软，让他们的舌头也尝尝你们所吃的东西吧，你们会回答说："这些奴隶是我们所有的。"所以我也可以回答你们：我向他要求的这一磅肉，是我出了很大的代价买来的；它是属于我的，我一定要把它拿到手里。您要是拒绝了我，那么你们的法律去见鬼吧！威尼斯城的法令等于一纸空文。我现在等候着判决，请快些回答我，我可不可以拿到这一磅肉？
公　爵	我已经差人去请培拉里奥，一位有学问的博士，来替我们审判这件案子；要是他今天不来，我可以有权宣布延期判决。
萨拉里诺	殿下，外面有一个使者刚从帕度亚来，带着这位博士的书信，等候着殿下的召唤。
公　爵	把信拿来给我；叫那使者进来。
巴萨尼奥	高兴起来吧，安东尼奥！喂，老兄，不要灰心！这犹太人可以把我的肉、我的血、我的骨头、我的一切都拿去，可是我决不让你为了我的缘故流一滴血。
安东尼奥	我是羊群里一头不中用的病羊，死是我的应分；最软弱的果子最先落到地上，让我也就这样结束了我的一生吧。巴萨尼奥，我只要你活下去，将来替我写一篇墓志铭，那你就是做了再好不过的事。
	［尼莉莎扮律师书记上。］
公　爵	你是从帕度亚培拉里奥那里来的吗？
尼莉莎	是，殿下。培拉里奥叫我向殿下致意。（呈上一信）
巴萨尼奥	你这样使劲儿磨着刀干吗？

夏洛克	从那破产的家伙身上割下那磅肉来。
葛莱西安诺	狠心的犹太人,你不是在鞋口上磨刀,你这把刀是放在你的心口上磨;无论哪种铁器,就连刽子手的钢刀,都赶不上你这刻毒的心肠一半的锋利。难道什么恳求都不能打动你吗?
夏洛克	不能,无论你说得多么婉转动听,都没有用。
葛莱西安诺	万恶不赦①的狗,看你死后不下地狱!让你这种东西活在世上,真是公道不生眼睛。你简直使我的信仰发生摇动,相信起毕达哥拉斯所说畜生的灵魂可以转生人体的议论来了;你的前生一定是一头豺狼,因为吃了人给人捉住吊死,它那凶恶的灵魂就从绞架上逃了出来,钻进了你那老娘的腌臜的胎里,因为你的性情正像豺狼一样残暴贪婪。
夏洛克	除非你能够把我这一张契约上的印章骂掉,否则像你这样拉开了喉咙直嚷,不过白白伤了你的肺,何苦来呢?好兄弟,我劝你还是让你的脑子休息一下吧,免得它损坏了,将来无法收拾。我在这儿要求法律的裁判。
公　爵	培拉里奥在这封信上介绍一位年轻有学问的博士出席我们的法庭。他在什么地方?
尼莉莎	他就在这儿附近等着您的答复,不知道殿下准不准许他进来?
公　爵	非常欢迎。来,你们去三四个人,恭恭敬敬领他到这儿来。现在让我们把培拉里奥的来信当庭宣读。
书　记	(读)"尊翰到时,鄙人抱疾方剧;适有一青年博士鲍尔萨泽君自罗马来此,致其慰问,因与详讨犹太人与安东尼奥一案,遍稽群籍②,折中是非③,遂恳其为鄙人庖代,以应殿下之召。凡鄙人对此案所具意见,此君已深悉无遗;其学问才识,虽穷极赞辞,亦不足道其万一,务希勿以其年少而忽之,盖如此少年老成之士,实鄙人生平所仅见也。倘蒙延纳,必能不辱使命。敬祈钧裁④。"
公　爵	你们已经听到了博学的培拉里奥的来信。这儿来的大概就是那位博士了。
	[鲍西娅扮律师上。]
公　爵	把您的手给我。足下是从培拉里奥老前辈那儿来的吗?
鲍西娅	正是,殿下。
公　爵	欢迎欢迎;请上坐。您有没有明了今天我们在这儿审理的这件案子的

---

① 万恶不赦(shè):极端恶毒、罪恶多端而不容赦免。

② 遍稽(jī)群籍:查遍所有的书籍。稽:查考。

③ 折中是非:判定谁是谁非。折中,指对争执不决的双方进行判断、裁决。

④ 钧裁:恭请做出决定。

两方面的争点?

鲍西娅   我对于这件案子的详细情形已经完全知道了。这儿哪一个是那商人,哪一个是犹太人?

公 爵   安东尼奥,夏洛克,你们两人都上来。

鲍西娅   你的名字就叫夏洛克吗?

夏洛克   夏洛克是我的名字。

鲍西娅   你这场官司打得倒也奇怪,可是按照威尼斯的法律,你的控诉是可以成立的。(向安东尼奥)你的生死现在操在他的手里,是不是?

安东尼奥   他是这样说的。

鲍西娅   你承认这借约吗?

安东尼奥   我承认。

鲍西娅   那么犹太人应该慈悲一点。

夏洛克   为什么我应该慈悲一点?把您的理由告诉我。

鲍西娅   慈悲不是出于勉强,它是像甘霖一样从天上降下尘世;它不但给幸福于受施的人,也同样给幸福于施与的人;它有超乎一切的无上威力,比皇冠更足以显出一个帝王的高贵:御杖不过象征着俗世的威权,使人民对于君上的尊严凛然生畏;慈悲的力量却高出于权力之上,它深藏在帝王的内心,是一种属于上帝的德行,执法的人倘能把慈悲调剂着公道,人间的权力就和上帝的神力没有差别。所以,犹太人,虽然你所要求的是公道,可是请你想一想,要是真的按照公道执行起赏罚来,谁也没有死后得救的希望;我们既然祈祷着上帝的慈悲,就应该按照祈祷的指点,自己做一些慈悲的事。我说了这一番话,为的是希望你能够从你的法律的立场上作几分让步;可是如果你坚持着原来的要求,那么威尼斯的法庭是执法无私的,只好把那商人宣判定罪了。

夏洛克   我自己做的事,我自己当!我只要求法律允许我照约执行处罚。

鲍西娅   他是不是无力偿还这笔借款?

巴萨尼奥   不,我愿意替他当庭还清;照原数加倍也可以;要是这样他还不满足,那么我愿意签署契约,还他十倍的数目,拿我的手、我的头、我的心做抵押;要是这样还不能使他满足,那就是存心害人,不顾天理了。请堂上运用权力,把法律稍为变通一下,犯一次小小的错误,干一件大大的功德,别让这个残忍的恶魔逞他杀人的兽欲。

鲍西娅   那可不行,在威尼斯谁也没有权力变更既成的法律;要是开了这一个恶例,以后谁都可以借口有例可援,什么坏事情都可以干了。这是不行的。

夏洛克   一个但尼尔来做法官了!真的是但尼尔再世!聪明的青年法官啊,我真佩服你!

鲍西娅	请你让我瞧一瞧那借约。
夏洛克	在这儿,可尊敬的博士;请看吧。
鲍西娅	夏洛克,他们愿意出三倍的钱还你呢。
夏洛克	不行,不行,我已经对天发过誓啦,难道我可以让我的灵魂背上毁誓的罪名吗?不,把整个儿的威尼斯给我,我都不能答应。
鲍西娅	好,那么就应该照约处罚;根据法律,这犹太人有权要求从这商人的胸口割下一磅肉来。还是慈悲一点,把三倍原数的钱拿去,让我撕了这张约吧。
夏洛克	等他按照约中所载条款受罚以后,再撕不迟。您瞧上去像是一个很好的法官;您懂得法律,您讲的话也很有道理,不愧是法律界的中流砥柱①,所以现在我就用法律的名义,请您立刻进行宣判,凭着我的灵魂起誓,谁也不能用他的口舌改变我的决心。我现在只等着执行原约。
安东尼奥	我也诚心请求堂上从速宣判。
鲍西娅	好,那么就是这样:你必须准备让他的刀子刺进你的胸膛。
夏洛克	啊,尊严的法官!好一位优秀的青年!
鲍西娅	因为这约上所订定的惩罚,对于法律条文的涵义并无抵触。
夏洛克	很对很对!啊,聪明正直的法官!想不到你瞧上去这样年轻,见识却这么老练!
鲍西娅	所以你应该把你的胸膛袒露出来。
夏洛克	对了,"他的胸部",约上是这么说的;——不是吗,尊严的法官?——"靠近心口的所在",约上写得明明白白的。
鲍西娅	不错,称肉的天平有没有预备好?
夏洛克	我已经带来了。
鲍西娅	夏洛克,去请一位外科医生来替他堵住伤口,费用归你负担,免得他流血而死。
夏洛克	约上有这样的规定吗?
鲍西娅	约上并没有这样的规定;可是那又有什么相干呢?肯做一件好事总是好的。
夏洛克	我找不到;约上没有这一条。
鲍西娅	商人,你还有什么话说吗?
安东尼奥	我没有多少话要说;我已经准备好了。把你的手给我,巴萨尼奥,再会吧!不要因为我为了你的缘故遭到这种结局而悲伤,因为命运对我已经特别照顾了:她往往让一个不幸的人在家产荡尽以后继续活下去,

_____

　① 中流砥(dǐ)柱:比喻坚强的、能起支柱作用的人或集体,就像立在黄河激流中的砥柱山(在三门峡)一样。

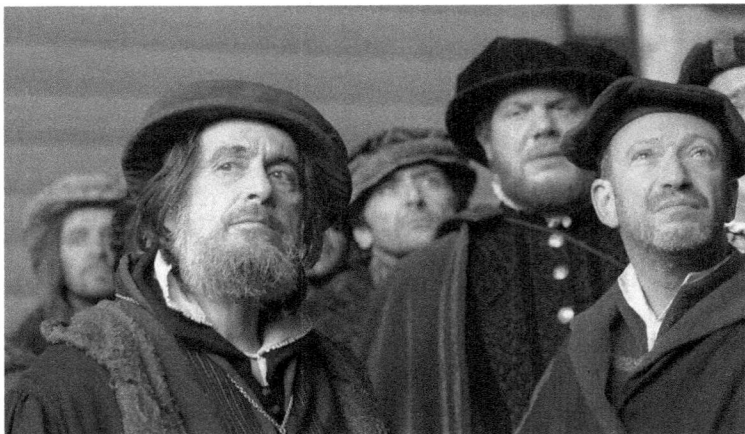

　　用他凹陷的眼睛和满是皱纹的额角去挨受贫困的暮年;这一种拖延时日的刑罚,她已经把我豁免了。替我向尊夫人致意,告诉她安东尼奥的结局;对她说我怎样爱你,又怎样从容就死;等到你把这一段故事讲完以后,再请她判断一句,巴萨尼奥是不是曾经有过一个真心爱他的朋友。不要因为你将要失去一个朋友而懊恨,替你还债的人是死而无怨的;只要那犹太人的刀刺得深一点,我就可以在一刹那的时间把那笔债完全还清。

巴萨尼奥　　安东尼奥,我爱我的妻子,就像我自己的生命一样;可是我的生命、我的妻子以及整个的世界,在我的眼中都不比你的生命更为贵重;我愿意丧失一切,把它们献给这恶魔做牺牲,来救出你的生命。

鲍西娅　　尊夫人要是就在这儿听见您说这样话,恐怕不见得会感谢您吧。

葛莱西安诺　　我有一个妻子,我可以发誓我是爱她的;可是我希望她马上归天,好去求告上帝改变这恶狗一样的犹太人的心。

尼莉莎　　幸亏尊驾在她的背后说这样的话,否则府上一定要吵得鸡犬不宁了。

夏洛克　　这些便是相信基督教的丈夫!我有一个女儿,我宁愿她嫁给强盗的子孙,不愿她嫁给一个基督徒,别再浪费光阴了;请快些儿宣判吧。

鲍西娅　　那商人身上的一磅肉是你的;法庭判给你,法律许可你。

夏洛克　　公平正直的法官!

鲍西娅　　你必须从他的胸前割下这磅肉来;法律许可你,法庭判给你。

夏洛克　　博学多才的法官!判得好!来,预备!

鲍西娅　　且慢,还有别的话哩。这约上并没有允许你取他的一滴血,只是写明着"一磅肉";所以你可以照约拿一磅肉去,可是在割肉的时候,要是流下一滴基督徒的血,你的土地财产,按照威尼斯的法律,就要全部充公。

葛莱西安诺　　啊,公平正直的法官!听着,犹太人;啊,博学多才的法官!

夏洛克	法律上是这样说吗？
鲍西娅	你自己可以去查查明白。既然你要求公道，我就给你公道，而且比你所要求的更地道。
葛莱西安诺	啊，博学多才的法官！听着，犹太人；好一个博学多才的法官！
夏洛克	那么我愿意接受还款；照约上的数目三倍还我，放了那基督徒。
巴萨尼奥	钱在这儿。
鲍西娅	别忙！这犹太人必须得到绝对的公道。别忙！他除了照约处罚以外，不能接受其他的赔偿。
葛莱西安诺	啊，犹太人！一个公平正直的法官，一个博学多才的法官！
鲍西娅	所以你准备着动手割肉吧。不准流一滴血，也不准割得超过或是不足一磅的重量；要是你割下来的肉，比一磅略微轻一点或是重一点，即使相差只有一丝一毫，或者仅仅一根汗毛之微，就要把你抵命，你的财产全部充公。
葛莱西安诺	一个再世的但尼尔，一个但尼尔，犹太人！现在你可掉在我的手里了，你这异教徒！
鲍西娅	那犹太人为什么还不动手？
夏洛克	把我的本钱还我，放我去吧。
巴萨尼奥	钱我已经预备好在这儿，你拿去吧。
鲍西娅	他已经当庭拒绝过了；我们现在只能给他公道，让他履行原约。
葛莱西安诺	好一个但尼尔，一个再世的但尼尔！谢谢你，犹太人，你教会我说这句话。
夏洛克	难道我单单拿回我的本钱都不成吗？
鲍西娅	犹太人，除了冒着你自己生命的危险割下那一磅肉以外，你不能拿一个钱。
夏洛克	好，那么魔鬼保佑他去享用吧！我不打这场官司了。
鲍西娅	等一等，犹太人，法律上还有一点牵涉你。威尼斯的法律规定：凡是一个异邦人企图用直接或间接手段，谋害任何公民，查明确有实据者，他的财产的半数应当归受害的一方所有，其余的半数没入公库，犯罪者的生命悉听公爵处置，他人不得过问。你现在刚巧陷入这一条法网，因为根据事实的发展，已经足以证明你确有运用直接间接手段，危害被告生命的企图，所以你已经遭逢着我刚才所说起的那种危险了。快快跪下来，请公爵开恩吧。
葛莱西安诺	求公爵开恩，让你自己去寻死吧；可是你的财产现在充了公，一根绳子也买不起啦，所以还是要让公家破费把你吊死。
公　爵	让你瞧瞧我们基督徒的精神，你虽然没有向我开口，我自动饶恕了你的死罪。你的财产一半划归安东尼奥，还有一半没入公库；要是你能

够诚心悔过,也许还可以减处你一笔较轻的罚款。

鲍西娅　这是说没入公库的一部分,不是说划归安东尼奥的一部分。

夏洛克　不,把我的生命连着财产一起拿了去吧,我不要你们的宽恕。你们拿掉了支撑房子的柱子,就是拆了我的房子;你们夺去了我的养家活命的根本,就是活活要了我的命。

【作者简介】

　　"文学巨匠"莎士比亚,公元 1564 年 4 月 23 日出生于英格兰沃里克郡斯特拉福镇,欧洲文艺复兴时期人文主义文学的集大成者,英国伟大的戏剧家及诗人。代表作有四大悲剧《哈姆雷特》《奥赛罗》《李尔王》《麦克白》,四大喜剧《第十二夜》《仲夏夜之梦》《威尼斯商人》《无事生非》(《皆大欢喜》),历史剧《亨利四世》《亨利五世》《理查三世》等。他还写过 154 首十四行诗,2 首长诗。他是"英国戏剧之父",本·琼生称他为"时代的灵魂",马克思称他为"人类最伟大的天才之一"。他在欧洲文学史上占有特殊的地位,被喻为"人类文学奥林匹克山上的宙斯"。虽然莎士比亚只用英文写作,但他却是世界著名作家,他的大部分作品都已被译成多种文字,其剧作也在许多国家上演。莎士比亚于 1616 年 4 月 23 日病逝。

　　莎士比亚作为英国文艺复兴时期最杰出的艺术大师,他的作品几乎是个悲剧的世界:《罗密欧与朱丽叶》千年传唱,流了千年的泪水;《哈姆雷特》一个快乐王子的忧郁又何尝不震撼了一大批人……而《威尼斯商人》却是莎氏喜剧的巅峰,但它也是喜剧中的悲剧,它探求的是金钱这一古老而又永不过时的话题。其主要是一部具有极大社会讽刺性的喜剧。当时西方每户人家必备两本书,一本是《圣经》,还有一本就是《莎士比亚全集》。他们认为一本是宗教信仰的神,还有一本是艺术的神。

思考与练习

　　一、莎士比亚善于设计戏剧冲突,课文节选部分最大的特色是情节扣人心弦,矛盾逐步升级。填写表格,体会作者是怎样设计矛盾冲突的。

情　　节	内　　容	矛盾冲突
开　端		
发　展		
高　潮		
结　局		

　　二、鲍西娅为了维护正义、友谊和爱情,运用了超人的智慧一举击败了夏洛克。说一说鲍西娅是如何运用谋略解决了一大群贵族男子束手无策的问题的? 从中可

以看出她怎样的性格特点。

三、说说下面几句话反映了夏洛克怎样的心理变化过程？从中可以看出夏洛克是一个怎样的人？

1.我也已经指着我们的圣安息日起誓，一定要照约执行处罚。

2.为什么我应该慈悲一点？把您的理由告诉我。

3.一个但尼尔来做法官了！真的是但尼尔再世！聪明的青年法官啊，我真佩服你！

4.博学多才的法官！判得好！来，预备！

5.法律上是这样说的吗？

6.那么我愿意接受还款；照约上的数目三倍还我，把我的本钱还我，放我去吧。

7.不，把我的生命连着财产一起拿了去吧，我不要你们的宽恕。你们拿掉了支撑房子的柱子，就是拆了我的房子；你们夺去了我的养家活命的根本，就是活活要了我的命。

四、《威尼斯商人》是一部诗剧，语言既富于个性化又生动优美，文采斐然。读下面一段文字，说说它使用了什么修辞方法，课文中这样的片段还有没有，试着找出一些句子，反复朗读，细心体会。

"请你想一想，你现在跟这个犹太人讲理，就像站在海滩上，叫那大海的怒涛减低它的奔腾的威力，责问豺狼为什么害得母羊为了失去它的羔羊而哀啼，或是叫那山上的松柏，在受到天风吹拂的时候，不要摇头摆脑，发出簌簌的声音。要是你能够叫这个犹太人的心变软——世上还有什么东西比它更硬呢？——那么还有什么难事不可以做到？"

五、外国文学的人物画廊中，一般被认为有著名的四大"吝啬鬼"，他们是法国戏剧家莫里哀笔下的阿巴贡，法国小说家巴尔扎克笔下的葛朗台，俄国作家果戈理笔下的泼留希金，还有一位是本文中的夏洛克。课外了解这几个人物形象，说说他们吝啬的表现各有什么不一样。

延伸阅读

国外诚信名言

如果要别人诚信，首先自己要诚信。

——莎士比亚

诚实的人从来讨厌虚伪的人，而虚伪的人却常常以诚实的面目出现。

——斯宾诺莎

没有诚信，何来尊严？

——西塞罗

失信就是失败。

———左拉

诚实是人生的命脉,是一切价值的根基。

———德莱

欺人只能一时,而诚信却是长久之策。

———约翰·雷

真话说一半常是弥天大谎。

———富兰克林

真诚是一种心灵的开放。

———拉罗什富科

信用是难得易失的,费十年工夫积累的信用,往往由于一时的言行而失掉。

———池田大作

我宁愿以诚挚获得一百名敌人的攻击,也不愿以伪善获得十个朋友的赞扬。

———裴多菲

表达与交流

应用文写作:广告词与解说词

(一)广告词

写作要求

了解广告词的种类、特点及作用;掌握广告词的写法。

写作指导

广告词是品牌传播中的核心载体之一,在与消费者的沟通中起到非常重要的作用。那么,什么样的广告语才是好的广告语?广告语创作有什么方法?在广告语创作中有哪些禁忌?

一、广告语的要求

1.好的广告语要切合品牌或企业所要传播的定位。

广告语必须符合品牌或企业的定位。在定位的基础上进行创作、提炼,形成一句有效的传播口号,即我们所说的广告语。"怕上火,喝王老吉"这样短短的一句话,把它所要说的"王老吉是预防上火的饮料"说出来了。这就符合王老吉的品牌定位。而此前,王老吉的广告语是"健康家庭,永远相伴",这种过于泛化的广告语是没有效果的,这与其原来的定位过于泛化有关。比如宝洁公司的几个洗发水品牌:海飞丝的广告语"头屑去无踪,秀发更出众""去头屑,让你靠得更近"就将它的定位——把海飞丝洗发水的独特卖点"去头屑"明确地传达出来了;飘柔广告语"亮丽、自然、光泽"与"柔顺头发"的卖点定位一致;潘婷广告语"独含 VB$_5$,滋养你的秀发"与"营养头发"的卖点定位一致。

2.广告语必须有感染力、销售力。

好的广告语能够打动消费者,让人在情感上产生共鸣,从而认同它、接受它,甚至主动传播它。纵观我们所熟悉的广告语,比如"吃了娃哈哈,吃饭就是香""人头马一开,好事自然来",或许你已经好久没有看过或见过它的广告了,但你却依然记得,历历在目,印象深刻。好的广告语是有销售力的。比如,步步高无绳电话诉求的是"方便",广告语是"方便千万家";TCL 无绳电话的广告语以"清晰"作为卖点:"方便谁都做得到,声音清晰更重要"——有效打击了竞争对手。

3.广告语应该易读、易记、易于传播。

好的广告语要简短、无生僻字、易发音、无不良歧义、具有流行语潜质。

广告语卖点太多,语句太长,都不便于记忆和传播。举个例子,某眼镜店广告语:"眼睛是心灵的窗户,为了保护您的心灵,请为您的窗户安上玻璃。"你记得住吗?而以下几句简短的广告语,就一语中的,让你印象深刻:新一代的选择(百事可乐)、想想还是小的好(大众甲壳虫汽车)、想做就做(耐克)、好吃看得见(康师傅)。

4.广告语还需讲究语言文采。

好的广告语,能让你回味良久。如"钻石恒久远,一颗永流传""滴滴香浓,意犹未尽""只溶在口,不溶在手"等,都堪称经典。需要明确的是,广告语不是玩文字游戏。它不是华丽的辞藻的堆积,切勿讲求诗一般的意境。但必须注意,要讲究用词用句,语句保持结构、语法的正确性。

二、广告语创作的角度

广告语创作常见的角度有:

1.产品的独特卖点:"消除细菌,爱心妈妈的选择"(舒肤佳)、"安全与耐用"(VOLVO汽车)、"想想还是小的好"(大众甲壳虫汽车)、"给孩子最安全的乘车空间"(喜力三门车:面向有小孩的小家庭)。

2.消费者认同的社会信条:"好东西要和好朋友分享"(麦氏咖啡)、"成功自有非凡处"(碧桂园)、"要做就做最好"(步步高)、"思想有多远,我们就能走多远!"(红金龙香烟)。

3.竞争角度:"非可乐"(七喜汽水)、"我们是老二"(美国 Avis 出租车公司)。

4.提问或挑衅的口气:"你能说出它的味道吗?"(屈臣氏梦苏打水)、"现在你知道它的味道了吧?"(养生堂清嘴含片)。

5.提醒消费者:"畅饮诸葛酿,认准江口醇"(江口醇诸葛酿酒)、"你该用大功率电池了"(TCL 高能电池)。

6.心理利益:"丹麦蓝罐曲奇,送礼体面过人"(丹麦蓝罐曲奇)、"金利来,男人的世界"(金利来)、"甜蜜如拥抱"(阿尔卑斯牛奶糖)。

7.好的感受:诉求产品所给人带来的感受。比如:"挡不住的感觉"(可口可乐)、"味道好极了"(雀巢咖啡)、"滴滴香浓,意犹未尽"(麦氏咖啡)。

8.消除消费者存在的误解:"科技让你更轻松"(恒基伟业)、"戴博士伦,舒服极了"(博士伦隐形眼镜)。

9.语言文采:出色的语言表达方式也会让人耳目一新。比如:"钻石恒久远,一颗永流传"(美地亚珠宝)、"牛奶香浓,丝般感受"(德芙巧克力)。

10.企业形象/品牌形象:"一呼天下应"(润迅传呼)、"山高人为峰"(红塔集团)、"鹤舞白沙,我心飞翔"(白沙香烟)、"沟通从心开始"(中国移动)。

三、拟写广告词应注意的问题

1.内容具体,指向明确:该做什么,不该做什么;希望人家做什么,不希望人家做什么,必须具体明确表达出来,让人一看就明了,不能含混模糊。如"我是人类亲密的朋友,人类是我信赖的伙伴"。句中的"我"指代不明。

2.语言简洁精练,朴素平易:广告词太长不易记住,即使记住了,也容易忘却。因此要尽可能做到浓缩、短小、精练、通俗化、大众化。如"乘坐公交车"公益广告词:"坐一车,行一路,缘分啊;让一下,帮一把,谢谢啦。"此广告词化用小品中的人物语言,通俗而又好记,幽默而又生动。

3.构思新颖,富有创意。创意是广告的生命,而用艺术的语言作为载体,则是其文化的浓缩和升华。精美的广告词要把话说到人的心坎上,引起共鸣。如有一题:"看《环球时报》,把地球抱回家。"句中"抱"字让人忍俊不禁。只要你拥有了《环球时报》,也就拥有了整个地球。

4.语气亲切温馨,充满人文关怀。优美的广告词要尽可能用"美"和"善"的人格目标进行诱导,唤起人的潜在欲望,或激起人的崇高感,从而使外在的行为要求变成一种内在的自觉意识。告别粗俗野蛮,给予个体生命尊重与敬意,体现人文关怀。如"你的健康是我的牵挂"。这则广告词非常具有亲和力,一下子缩短了人际间的距离,充满浓浓的亲情与温馨。

◉ 例文展示

1.一切皆有可能。——李宁牌系列运动服

——直击现代都市人的核心欲望,激人奋进。其寓意是:有李宁,哪里都是运动场;有李宁,怎么运动都时尚;有李宁,就能满足您的任何运动的欲望。

2.人类失去联想,世界将会怎样?——联想集团

——借联想对人类的积极作用,表达企业的地位和价值。问句的形式引人思

考,触发联想,短句铿锵有力,容易记忆。

3. 不走寻常路——美特斯·邦威广告词

——富有个性挑逗力的广告语,体现当代年轻人充满自信,追求自然,渴望个性独立的时代气息。

4. 看成败,人生豪迈,不过是从头再来。——CCTV公益

——充满豪迈之情,体现不屈之意,突出表达了坚强、乐观、积极进取的精神,具有很强的激励作用。

5. 义务献血:我不认识你,但我谢谢你! ——献血公益

——每一位参加义务献血的人都会被这句广告语感动,朴实无华,道出了一个接受义务献血患者的心声。

◎ 写作练习

1. 根据你的理解,请你用简明的语言说说中国电信图标的创意。结合这一图标,为中国电信写一条广告语。(20个字以内)

2. 请拟一条以"注意交通安全"为内容的公益广告词。要求主题鲜明,感情真挚,构思新颖,语言简明。(20个字以内)

3. 请拟一条以"食品安全"为内容的公益广告词。要求主题鲜明,形象生动,语言简明,字数在10—20个字之间。

4. 请结合拟写广告词的要求、创作的角度,谈一谈,下面这几则广告词写得好吗?为什么?

(1)某理发店招牌:"顶上功夫"。

(2)某下岗工人开的理发店招牌:"从头开始"。

(3)某蚊香广告语:"×××牌蚊香使你的居室默默无蚊"。

(4)某品牌止咳药广告词:"咳不容缓"。

(5)某品牌洗发水广告词:"无屑可击"。

(6)某饭店广告词:"食全食美"。

(二)解说词

◎ 写作要求

了解解说词的种类、特点及作用;掌握解说词的写法。

◎ 写作指导

解说词是对人物、画面、展品或旅游景观进行讲解、说明、介绍的一种应用性文体,采用口头或书面解释的形式,或介绍人物的经历、身份、所做出的贡献(成绩)、社会对他的评价等,或就事物的性质、特征、形状、成因、关系、功用等进行说明。

解说词的使用极为广泛,它在我们的日常生活中处处可见,如产品展销、书画展览、文物陈列、园林景观、影视专题片、人物介绍等都要使用解说词。好的解说词,能够弥补实物或画面给人留下的认知空白,帮助人们更好地认识事物。

解说词作用有二:一是发挥对视觉的补充作用,让观众在观看实物和形象的同时,从听觉上得到形象的描述和解释,从而受到感染和教育;二是发挥对听觉的补充作用,即通过形象化的描述,使听众感知故事里的环境,犹如身临其境,从而达到情感上的共鸣。现代社会,各种政治、经济、文化活动空前繁荣,解说词有了更为广阔的用武之地,像新闻图片、产品展销、书画展览、文物展出、标本说明、影视解说、园林介绍、景点导游等都要运用到这一文体,因而学好这一文体的写作有很大的实用价值。(见《应用写作》2001 年第 8 期《漫话解说词的写作》)

创作解说词,要注意以下几点:

1.要有明确的主题指向和说明重点。

2.要针对被解说对象的缺失信息,进行必要的补充和增加。

3.要强调扣物写话,条理明晰。

4.要配合具体对象采用不同的解说方法。

◎ 例文展示

电视片《壮丽的长江三峡》解说词(节选):

这三个峡各有其特点:瞿塘峡以宏伟雄壮著称;巫峡以其幽深秀丽而闻名;西陵峡则是滩多险峻惊人。三峡胜景丰富多姿,更有许许多多的名胜古迹,流传着奇妙动人的神话故事,令人无限神往。古往今来,多少诗人画家、名士高人慕名而来,为其吟诗作画,描绘和赞美它的千姿万态。游览三峡,饱尝奇光异景,是一种非常美妙的享受。

● **简评**

　　用来介绍风景名胜解说词,最好能引人入胜。上面这一段特色,一是简括。因为是配合画面解说的,用不着太仔细,只要提示一下就行了。二是抓住特点。例如只用三句话,就把三个峡的各自特点概括出来了:一个"宏伟雄壮",一个"幽深秀丽",一个"滩多险峻",既准确又鲜明。三是开拓听者的想象。一些语句诱发听者去联想神女峰的传说,李白、杜甫等诗人的诗词佳句,历代画家描绘三峡的名画……

● **写作练习**

　　1.你的同学或亲友要来你就读的学校参观,请你为他们设计一条参观的路线,并准备一篇介绍本校情况的解说词。

　　2.请为你班方队撰写一段校运动会入场式上经过主席台时的解说词。要求不超过80字。

　　3.下面是一位年轻导游为台湾省某中学生旅行团所作的解说词,表述有不妥之处。请推敲一下,提出三点修改意见。
　　(1)先生们,女士们:欢迎大家第一次来中山陵游览!(2)今天我为大家导游,感到很荣幸。(3)中山陵是孙中山先生长眠之处,(4)也是海峡两岸同胞心中的圣地。(5)苍松翠柏环抱着它。(6)霞光丽日辉映着它,(7)青山绿水依傍着它。(8)去年连战先生曾来这里拜谒,(9)表达了对中山先生的缅怀敬仰之情。(10)现在,让我们怀着崇敬的心情,登上台阶,故地重游,(11)瞻仰中山先生的陵寝,(12)重温先生的教诲吧!
　　修改:
　　①
　　②
　　③

笔谈：诚实守信

情境演练

（一）

星期天，李明乘车到少年宫玩，上车后，他发现自己忘记带钱了，于是他提心吊胆地躲过了售票员，当他下车后，看着远去的车，久久不能平静！

李明这样做值得吗？他得到了什么？失去了什么？（交流讨论，写下自己的看法）

（二）

王磊在打扫教室时，不小心把电脑主机摔坏了，他偷偷地把它放回原处，忐忑不安地回到家。后来在爸爸的教育鼓励下主动承认错误，并花了一千元修好了主机。

你觉得王磊这样做值得吗？（交流讨论，写下自己的看法）

实例借鉴

暑假里，我到奶奶家做客，那里还有我的"死党"，所以我一天到晚"泡"在外面，跟他们疯在一起，玩得不亦乐乎。但玩归玩，老师布置的作业我还是一丝不苟地完成，因为爸爸随时会突击检查。一晃，十天半个月过去了。一天，爸爸打电话来说接我回家了。我可高兴了，久违的老爸老妈，我想念他们了。那一天，爸爸、妈妈准时来接我。刚进家门不久，爸爸例行他的"公事"——查看作业，我真是"受宠若惊"，毫不犹豫地从书包里拿出了早已完成的作文本。爸爸一篇接着一篇地"核查"过去。

爸爸一边浏览一边说："写得挺认真的！"

听了这句话，我在一旁沾沾自喜。

突然，爸爸指着其中一篇写关于诚信读后感的文章，对我发问道："这个故事你是从哪里看来的？"

"是从《播撒诚信的种子》那本书里看来的。"我若无其事地回答。

爸爸温和地问道："文章里写你原来曾偷摘过邻居家的苹果，有没有这回事？"

"这……这……"我支支吾吾，答不上来。我做贼心虚了，因为这件事是我为了写作文而编造的。此刻，我心里像吊了十五只水桶七上八下的，我害怕爸爸会严厉地批评我。心里在不停地埋怨自己，为什么要为了作文而作虚呢？

"我从小到大住的地方，好像还没有一个邻居种过苹果树，你哪来的苹果可偷？"爸爸语重心长地说，"你知道什么是诚信？诚信的第一点就是诚实！你自己写的是诚信，却写了一件不诚信的事！你自己都没做到，怎么可能写得出感悟？说明你还没有了解'诚信'这个词!"

听了爸爸的一席话,不听话的眼泪早已经在眼眶中打转了。随后爸爸要求我把文章重写了一遍,当作给我的教训……

◎ **简评**

一个人的诚信不是表现在他的"丰功伟绩"上,而是表现在他做的每一件小事里。诚信的基础是诚实,首先要做到的就是不撒谎,做实实在在的事。诚信,是无形的,它是一个无价之宝,诚信的种子埋在我们每一个人的心里,就看你怎样去灌溉它,怎样令它茁壮成长。

◎ **拓展练习**

陈美丽,女,1977年生,汉族,江西省德兴市李宅乡宗儒村村民,2007年感动中国的十大人物之一。2007年4月陈美丽的丈夫因救火不幸身亡后,贴出通告帮亡夫还债。陈美丽坚持诚信为本,无论是手持借据的,还是没有借条的,她都一一偿还。她宁愿自己过苦日子,宁愿自己打工赚钱,也要还清亡夫所欠。她那种不仅自己讲诚信,也信任他人的高贵品质,那种"人死债不烂、欠债就要还"的朴素思想,感动了亿万人。

分小组交流讨论,写下自己的看法:

1.她身上有哪些品质是我们平常人所不具有的?

2.你们所知道的还有这样感人的故事吗? 从这些人身上你看到了什么? 明白了什么?

3.现在社会上还存在一些不守诚信的人、企业来欺骗、坑害消费者的行为。请你联系身边的人和事进行笔谈。

媒介素养综合实践活动

寻找心灵纯净的折光——诚信

◎ **场景案例**

1944年冬,盟军完成了对德国的铁壁合围,整个德国笼罩在一片末日的气氛里,经济崩溃,物资奇缺,老百姓的生活陷入困境。对普通平民来说,食物短缺是人命关天的大事。更糟糕的是,由于德国地处欧洲中部,冬季非常寒冷,家里如果没有足够燃料,根本无法熬过漫长的冬天。在这种情况下,各地政府只能允许让老百姓上山砍树。

但是,在国家崩溃前夕的德国人,在自己生命受到威胁时,他们并没有去哄抢,而是先由政府部门的林业人员在林海雪原里拉网式地搜索,找到老弱病残的树木,做上记号,再告诫民众:如果砍伐没有记号的树,将要受到处罚。在有些人看来,这样的规定简直就是个笑话:国家都快要灭亡,谁还来执行处罚?

当时的德国,由于希特勒垂死挣扎,几乎将所有的政府公务人员抽调到前线,到处看不到警察,更看不到法官,整个国家处于无政府状态。令人不可思议的是,直到第二次世界大战结束,德国也没有发生一起居民违章砍伐无记号树木的事,每一个德国人都忠实地执行这个没有任何约束力的规定。

是一种什么样的力量使得德国人在如此糟糕的情况下,仍能表现出一般人无法想象的自律? 答案只有两个字:诚信。诚信是一种习惯,它深入到一个人的骨髓中,融化到一个人的血液里,也正是这两个字,德意志民族在经历了两次毁灭性的世界大战之后又奇迹般地迅速崛起。

策划筹备

诚实是人心灵纯净的折光,既能照亮自己,也能温暖别人。

西方有位哲人说过:"这个世界上只有两样东西能引起人内心的深深震动,一个是我们头顶上灿烂的星空,一个就是我们心中崇高的道德准则——诚信。"说起诚信,我们并不陌生,那朴素的道德光辉,照亮了一代代中国人的成长之路。

一、认识"诚信"的重要。

1.课外搜集至少 10 条以上的中外有关"诚信"的格言。

2.课外搜集整理有关"诚信"的故事,从诚信的好处和不讲诚信的危害两方面进行分类。

二、调查社会上不诚实的行为并做好记录。

附:身边不诚实行为调查表:

调查时间	
调查地点	
调查人员	
事情简介	

三、围绕"诚实守信"主题,在班级内出一次墙报。

活动应用

一、将自己收集到的故事在小组内进行交流,并将故事的大意或题目写在卡纸上。列举出本组内最能体现诚信和不诚信的两个事例,准备在全班同学中进行交流,并简单说出理由。

二、由学习活动小组推荐代表讲述本组选出的两个具有代表性的故事,在对比中理解诚信。

　　三、格言欣赏,体会古人、名人对诚信的认识以及诚信在生活中的重要性。

　　四、全班形成活动倡议,将诚信内化为实际行动。从我做起,从小事做起,从现在做起,并使之与今后的一切言行结合。

　　五、个人或小组合作完成一幅有关诚实守信的书画作品,漫画也可以,要能准确表达主题,并在班级内展示。

第 五单元 科技与未来

单元导语

　　科学精神是一个国家繁荣富强、民族进步兴盛必不可少的精神。知识创新推动了科学技术的迅猛发展,层出不穷的科技新成果日益改变着人们的物质生活和精神生活,不断带给我们震撼,开拓我们的视野。

　　本单元的课文都与科学有关,学习本单元要了解科技发展的进程,进一步开阔我们的科学视野,感悟其中的科学精神。《科学是美丽的》作者用散文的笔调阐述了科学界形形色色的美,指出了科学美的源泉;《走向未知的世界——纳米》作者用朴素的语言向我们展示了一个神奇的纳米世界;《牛郎织女》让我们在品味这个凄美的爱情故事的同时,科学地认识牛郎星和织女星;《我的父亲爱迪生》没有写爱迪生成功的一面,而是通过爱迪生的失败,向我们展现出爱迪生非凡的勇气和百折不挠的精神;《解决纠纷的机器》作者充分发挥想象讲述了一个荒诞的故事,但是其结果却发人深省,引人思索。

　　本单元安排了“展望未来”为主题的笔谈训练,旨在帮助同学们掌握交谈的艺术,学会与他人融洽地沟通和交流。写作教学的内容是应用文——请柬与邀请书。科技改变生活,知识点亮未来。为此,本单元还安排了“新媒体传真情——沟通无极限”的综合实践活动,让我们学会更好地利用新型的沟通媒介渠道传递情感,以更好的风貌迎接未来的挑战。

阅读与欣赏

21 科学是美丽的①

沈致远

课文导读

　　本文在总体结构上,基本遵循"提出论点——阐述理由——得出结论"的思路。内容上从描绘物理学内在美的中国画入手,引用并评价了威廉斯的四首科学诗,展示了科学领域存在的多种形式的美,阐明了科学美的源泉以及其中的乐趣,最后得出结论。

　　作者用科学家、艺术家对科学美的切身感受来感染读者。希望通过对本文的学习,消除大家认为科学"深奥、艰难、枯燥"的偏见,端正对科学的认识,激发对科学研究、科学探索的热情。

　　文章的语言准确严密,生动活泼,学习中要细细体会这一特点。

　　在常人心目中,科学是深奥的、艰难的、枯燥的;提到科学家,眼前就浮现出爱因斯坦的形象——白发怒张、皱纹满面。科学怎么会是美丽的呢?不可思议!

　　事实是:科学不仅是美丽的,而且是旷世②奇美,美不胜收③。常人为什么没有感受到呢?责任在科学家,他们浸沉于科学美中其乐融融,忘记了与大众分享。但也有例外,李政道④近年来频频撰文著书,极力提倡科学美。他还请了著名画家李可染、吴作人、吴冠中等作画描绘物理界的内禀美。这些作品最近结集成书,名为《科学与艺术》⑤,引起了科学界和艺术界的注目。

---

　　① 选自《文汇报》2001年3月27日。

　　② 旷世:当代没有能相比的。

　　③ 美不胜收:美好的东西太多,一时接受不完(看不过来)。胜:尽。

　　④ 李政道:1926年生于上海,江苏苏州人,美籍华裔物理学家,诺贝尔物理学奖获得者,因在宇称不守恒、李模型、相对论性重离子碰撞(RHIC)物理、和非拓扑孤立子场论等领域的贡献闻名。1957年,他31岁时与杨振宁一起,因发现弱作用中宇称不守恒而获得诺贝尔物理学奖。

　　⑤ 《科学与艺术》:是由李政道教授主编,汇集了我国画坛名家吴作人、李可染、黄胄、华君武、吴冠中、张仃、常沙娜、袁运甫等所创作的表达科学主题的艺术杰作,其中也有李政道教授本人的画作。这些艺术杰作,大都是由李政道教授提出创意,由画家精心创作而成。

乍看图中那位载歌载舞的女郎，以为是一位当红的歌星，其实她是旧金山大学的天文物理学家琳达·威廉斯（Lynda Williams）。她从小爱好歌舞，进入大学攻读天文物理学，为宇宙的奇瑰美景所倾倒，决定利用业余时间传播科学美。威廉斯对《纽约时报》记者局莱弗斯（C. Dreifus）说："天文物理是最美丽的。还有什么比宇宙的诞生更美丽？还有什么比黑洞①、多重宇宙和交响共鸣着的宇宙流更美丽？"威廉斯说得好！让我们继续下去：还有什么比原子中"云深不知处"的电子云更具朦胧美？还有什么比生命之源叶绿素②中的"绿色秘密"更具神秘美？还有什么比生命之梯回旋曲折的 DNA 双螺旋更具活力美？还有什么比"纳米"世界中用原子砌成的纤巧结构更具精致美？……

威廉斯为科学美所启迪，开始写科学诗。《纽约时报》于 2000 年 6 月 4 日刊登了她的一组诗，我将其中两首译成中文发表在《诗刊》2000 年 11 月号，下面是一首《碳是女孩之最爱》：

> 黄金确实很宝贵
> 但不会燃起你心中之火
> 也不会使火车长啸飞驰
> 碳是地球上一切生命之源
> 它来自太空的陨石
> 构成一切有机物质
> 在大气层中循环往复
> 钻石　煤炭　石油　总有一天用完
> 能构成一切的将是碳纳米管
> 碳是女孩之最爱

"钻石是女孩之最爱"是美国流行的谚语，威廉斯扩其意而用之，从碳元素的一种特殊结晶形态——钻石，推广到碳的各种形态。女孩爱钻石，无非是爱钻石首饰之光华夺目、价值连城，用以炫耀自己雍容③华贵的外表美。威廉斯以诗意的语言，赞美碳的实用价值及其对生命循环的重要性，表现的是内涵美。较之原谚语这是艺术的升华，意境大为提高。

威廉斯的诗充满着女性所特有的细腻感情，往往在科学美中注入浪漫情怀，例如一首小诗《爱之力》：

> 物理学家发现宇宙有四种力
> 强力　弱力　引力　电磁力

---

① 黑洞：一种特殊的天体，它的体积趋向于零而密度无穷大，由于具有强大的吸引力，物体只要进入离这个点一定距离的范围内，就会被吸收掉，连光线也不例外。黑洞吸进物质时会发射出 X 射线。

② 叶绿素：是一类与光合作用有关的最重要的色素。叶绿素从光中吸收能量，然后将能量用于把二氧化碳转变为碳水化合物。

③ 雍容：形容文雅大方，从容不迫。

但我发现了一种新的力凌驾一切

我谨向你提议

爱的统一理论

爱之力凌驾一切！科学家想到过吗？

吟之不尽，继之以歌舞。威廉斯将自己的科学诗配曲，载歌载舞登台表演。加州理工学院举行的一次天文物理学国际会议上，她在霍金、惠勒、索恩等科学大师面前，演唱了自己作词并按英国著名的甲壳虫乐队《黑鸟之歌》调子谱曲的《黑洞之歌》：

黑洞在死寂的夜空中旋转

转着转着逸出了视线

直到发生碰撞

我们正等待着你的引力波出现

这次会议是庆祝黑洞理论和引力波探测先驱索恩教授六十华诞，威廉斯借流行歌曲《黑鸟之歌》的一字之改，不是很风趣而又切题吗？

威廉斯还专为中学生作科学歌舞表演，她关切地说："十几岁的女孩们为了吸引男孩，不顾一切放弃学业，这很危险，尤其在这高科技时代。"她编了一支歌，题为《物质化女孩》：

男孩们只知吻我拥抱我

我认为他们跟不上时代

如果他们不懂得谈论量子力学

我就从他们身旁走开

她在舞台上手持话筒边唱边跳，背后天幕上灯光映出五十位著名女科学家的肖像。威廉斯说："希望她们从这些杰出女性中得到启发。"

威廉斯的科学歌舞生涯也并非一帆风顺。她曾向"物理学中的女性"会议的组织者要求安排一场科学歌舞表演，却被拒绝，理由是"不合适"。她失望地说："我要呼喊：嗨！女士们！为我们所进行的革命添加一点幽默感。"威廉斯曾在一次有上千人参加的高能物理国际会议上表演，其中有些人不谙①英语，不能领会她表演中的幽默，因而中场离席。幸亏有俄国科学家捧场，上台给威廉斯献花。

她在天文学家集会上的表演则完全是另一番景象，与会者和着威廉斯的歌声一起尽情欢唱，并且跃上座椅翩翩起舞。威廉斯说："作为天文学家，你必

---

①　谙（ān）：熟悉。

须具有幻想和好奇心。"其实何止是天文学家,不具有幻想和好奇心的人根本不可能成为有创意的科学家。有创意的科学家和优秀的艺术家具有相同的气质——反传统,求新求异。

不仅物理学是美丽的,数学也是非常美丽的。早在古希腊和罗马时代,艺术家就发现了人体的曲线美。现代派的雕塑家和画家以他们的作品表现了几何形体的视觉美,在毕加索晚期作品中频频出现的怪异人像——两个鼻子三只眼睛等等,据说其灵感来自数学中超越现实三维空间的抽象高维空间。数学家以迭代方程在复数平面上产生的"分形"图案之奇幻迷离、千变万化,使艺术家也叹为观止①。

科学追求真理,揭示宇宙万物的真相及其变化规律。真正的科学家都懂得:真理是简单的,而且越是深层次的,适用范围越是普遍的,真理就越简单。简单、深刻、普遍三位一体,这就是科学美之源泉。

科学家在追求真理的过程中,锲而不舍②,孜孜以求③。常人往往认为是苦,其实他们虽然辛苦却乐在其中。科学家在顿悟和突破后的快感乃先睹为快——享受前人从未见过的瑰丽美景。

科学是美丽的! 你同意吗?

【作者简介】

沈致远(1929—),江苏溧阳人,初中就读于溧阳同济中学及县立中学,高中就读于上海,1948年5月因参加进步学生运动被开除,1949年在溧阳参加工作。1956年考入浙江大学,1959年被选拔提前毕业,留校任教。1980年由中国科学院派赴美国,在纽约理工大学任访问科学家。1983年起在许多美国著名的大工业公司任高级工程师及研究科学家等职务,从事微波电子学方面的研究开发工作。1984年至1989年曾受聘为桥港工程学院兼职教授。1990年受聘于杜邦公司中心研究院,先后担任研究员、院士等职务。现任资深院士,负责高温超导体应用方面的研究工作。

沈致远在国际专业学术刊物上发表过四十多篇学术论文。主要专业著作有:1979年由国防工业出版社出版的《微波技术》,为国内高等学校有关科系长期用作教材;1993年由美国出版的《高温超导微波电路》是该领域唯一的专著,并为美国哥伦比亚大学及中国清华大学等校选作博士研究生教材。

沈致远在微波技术、微波应用及高温超导应用等领域中有多项发明,现握有10项美国专利。近年来他致力于提倡科学文艺,1998年应邀在《文汇报》副刊《笔会》上开辟了《天趣园》专栏,专门发表他的科学散文及科学随笔。他的科学散文视野宽阔、目光犀利、文思奔放、立论严谨、文笔典雅、题材涵盖广泛。

---

① 叹为观止:赞叹看到的事物好到了极点。叹:赞赏。观止:看到这里就够了。
② 锲而不舍:雕刻一件东西,一直刻下去不放弃。比喻有恒心,有毅力。锲:镂刻。舍:停止。
③ 孜(zī)孜以求:比喻不知疲倦地探求。孜孜:勤勉的样子。求:探求。

思考与练习

一、认真阅读全文,理清思路并回答,全文可以分为几个部分,每个部分的主要内容是什么?

二、试分析下面这段文字的句式特点,并说说在这段文字中作者列举了哪几种科学美的形态,各以什么作例证。

"……还有什么比宇宙的诞生更美丽? 还有什么比黑洞多重宇宙和交响共鸣着的宇宙流更美丽?"威廉斯说得好! 让我们继续下去:还有什么比原子中"云深不知处"的电子云更具朦胧美? 还有什么比生命之源叶绿素中的"绿色秘密"更具神秘美? 还有什么比生命之梯回旋曲折的 DNA 双螺旋更具活力美? 还有什么比"纳米"世界中用原子砌成的纤巧结构更具精致美? ……

三、阅读课文,回答下列问题。

1. 作者为了论证"科学是美丽的"这个观点,陈述了哪些事实?

2. 作者说科学家在追求真理的过程中"虽然辛苦却乐在其中",你同意这一说法吗? 谈谈你的理解。

3. 在威廉斯的眼中,科学家应该具有怎样的品质?

4. 文章最后一段"科学是美丽的! 你同意吗?"谈谈你的看法,并分析作者这样写有何意图?

四、文章引用了美国旧金山大学的女天文物理学家琳达·威廉斯的四首科学诗,分析这四首诗在文中的作用。

延伸阅读

我的信念

[法]玛丽·居里

生活对于任何一个男女都非易事,我们必须有坚忍不拔的精神;最要紧的,还是我们要有信心。我们必须相信,我们对一件事情具有天赋的才能,并且,无论付出任何代价,都要把这件事情完成。当事情结束的时候,你要能够问心无愧地说:"我已经尽我所能了。"

有一年的春天里,我因病被迫在家里休息数周,我注视着我的女儿们所养的蚕结着茧子。这使我极感兴趣,望着这些蚕固执、勤奋地工作着,我感到我和它们非常相似,像它们一样,我总是耐心地集中在一个目标上。我之所以如此,或许是因为有某种力量在鞭策着我——正如蚕被鞭策着去结它的茧子一般。

在近五十年来，我致力于科学的研究，而研究基本上是对真理的探讨。我有许多美好快乐的回忆。少女时期我在巴黎大学，孤独地过着求学的岁月；在那整个时期中，我丈夫和我专心致志地，像在梦幻之中一样，艰辛地在简陋的书房里研究，后来我们就在那儿发现了镭。

我在生活中，永远是追求安静的工作和简单的家庭生活。为了实现这个理想，所以后来我要竭力保持宁静的环境，以免受人事的侵扰和盛名的渲染。

我深信在科学方面，我们是有对事而不对人的兴趣。当皮埃尔·居里和我决定应否在我们的发现上取得经济上的利益时，我们都认为这是违反我们的纯粹研究观念的。因而我们没有申请镭的专利，也就抛弃了一笔财富。我坚信我们是对的。诚然，人类需要寻求现实的人，他们在工作中，获得最大的报酬。但是，人类也需要梦想家——他们对于一件忘我的事业的进展，受了强烈的吸引，使他们没有闲暇，也无热诚去谋求物质上的利益。我的唯一奢望，是在一个自由国家中，以一个自由学者的身份从事研究工作，我从未视这种权益为理所当然的，因为在二十四岁以前，我一直居住在被占领和蹂躏的波兰。我估量过法国自由的代价。

我并非生来就是一个性情温和的人。我很早就知道，许多像我一样敏感的人，甚至受了一言半语的呵斥，便会过分懊恼，他们尽量隐藏自己的敏感。从我丈夫的温和沉静的性格中，我获益匪浅。当他猝然长逝以后，我便学会了逆来顺受。我年纪渐老了，我愈会欣赏生活中的种种琐事，如栽花、植树、建筑，对诵诗和眺望星辰，也有一点兴趣。

我一直沉醉于对世界的优美之中，我所热爱的科学，也不断增加它崭新的远景。我认定科学本身就具有巨大的美。一位从事研究工作的科学家，不仅是一个技术人员，并且还是一个小孩，在大自然的景色中，好像迷醉于神话故事一般。这种魅力，就是使我终生能够在实验室里埋头工作的主要因素。

——选自《外国散文名著欣赏》

22 走向未知的世界——纳米①

解思深

课文导读

　　本文是一篇介绍纳米科学的说明文。作者对纳米科学和纳米技术作了简明准确的介绍,并用多种手法说明了纳米技术给人类未来生活和工作带来的巨大变化,向我们展示了神奇的纳米世界。

　　文章语言平实简明、通俗易懂。综合运用了下定义、举例子、作比较、列数字、打比方等多种说明方法,具体形象而又生动活泼地说明了相关知识,在阅读的时候要仔细体会。

　　阅读本文,不仅要学会从文本中寻找信息点,全面、准确地提取信息并加以概括整理的能力,还要懂得科学研究必须要有严谨求实的态度和脚踏实地的钻研精神,要有大胆想象,勇于创新的精神。

　　纳米科学是研究在千万分之一(10^{-7})米到十亿分之一(10^{-9})米内,原子、分子和其他类型物质的运动和变化的学问。在这一尺度范围内对原子、分子进行操纵和加工被称为纳米技术。在 20 世纪内,人们花了很大的力气把大千世界里各种物质的运动都还原到原子、分子的运动和性质这一层面上。但是,在人们企图将现代的科学技术再推进一步时,却遇到了极大的障碍,这主要是因为人们在认识上存在盲区,或者说人类知识的大厦上存在一个裂缝。在这一裂缝的一边是以原子、分子为主体的微观世界,而在另一边是人类活动的宏观世界。两个世界之间不是一般人所想象的那样直接而简单的联结,而是存在一个过渡区——纳米世界。也就是说,几十个原子、分子或成千个原子、分子"组合"在一起时,表现出既不同于单个原子、分子的性质,也不同于大块物体的性质。有时这种"组合"被称为"超分子"或"人工分子",以区别于正常的原子、分子。这种"超分子"往往具有人们意想不到的性质。但是,当这些"超分子"继续长大或以通常的方式聚集成大块材料时,原有奇特的性质又会失去,真像是一些长不大的孩子。另外,人们还发现在这一崭新的世界里,电子、原

①　选自《新人文读本》,北京大学出版社 2005 年版。

子运动的规律完全不同。譬如说,当我们把大规模集成电路①中元件②的数目继续增加,设想把元件中电极做到几个纳米粗细,几十个纳米长,就可以把芯片的运行速度和内存都提高几万倍。但是,实际上,一方面很难用现在流行的技术来实现;另一方面,即使做成了这样的器件,电子在这样小的元件中运动的规律也不一样了,所有的芯片需要按照新的原理来设计。对这种由数量不多的电子、原子或分子组成的体系中新规律的认识以及如何操纵或组合它们,成为当今纳米科学技术的主要问题之一。

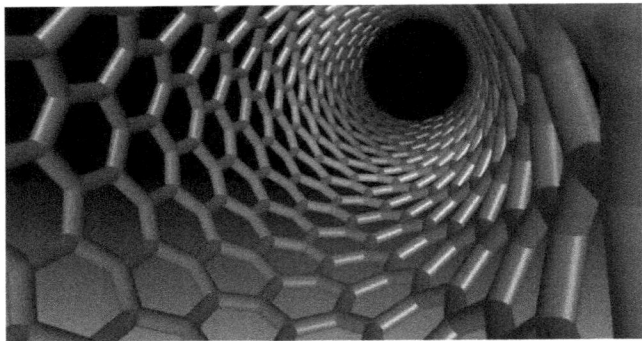

纳米材料是纳米科学技术最基本的组成部分。现在可以用物理、化学及生物学的方法制备出只包含几百个或几千个原子、分子的"颗粒"。这些"颗粒"的尺寸只有几个纳米。如果按照一般的经验,原子与原子之间的距离为0.2纳米左右。可以估计出在尺寸为1纳米的立方体"颗粒"中,"立方颗粒"的每一边上只能排列5个原子,总体可容纳125个原子,但是其中98个原子在表面上。众所周知,表面上的原子只受到来自内部一侧的原子的作用。因此,它们很容易与外界的气体、流体甚至固体的原子发生反应,也就是说十分活泼。实验中发现,如果将金属铜或铝做成几个纳米的颗粒,一遇到空气就会激烈的燃烧,发生爆炸。有人认为用纳米颗粒的粉体做成火箭的固体燃料将会有更大的推力,可以用作新型火箭的固体燃料,也可用作烈性炸药。另外,用纳米金属颗粒粉体作催化剂,可加快化学反应过程,大大地提高化工合成的产率。

如果把金属纳米颗粒粉体制成块状金属材料,它会变得十分结实,强度比一般金属高十几倍,同时又可以像橡胶一样富于弹性。人们幻想在21世纪,总有一天会制造出具有如此神奇性质的纳米钢材和纳米铝材。用这种材料制造汽车、飞机或轮船,会使它们的重量减少到十分之一。可以想象,一辆摩托车的重量会变成只有20—30公斤,一个女中学生会轻易地将它扛上楼去。

人们日常生活中最常用的陶瓷材料具有硬而脆的特点。硬是说它可以做刀具切削金属,脆是说它耐不住冲击,甚至一摔就碎。陶瓷的另一长处是耐高温,在1000℃的高温下也不变形。现在,用纳米陶瓷粉制成的陶瓷已经表现出一定的可塑性,这个问题一旦被彻底解决,会在汽车发动机上大显身手,彻底甩掉发动机的冷却

---

① 集成电路:在同一硅片上制作许多晶体管和电阻,并将它们联成一定的电路,完成一定的功能,这种电路称为集成电路。

② 元件:构成机器、仪表等的一部分,常由若干零件组成,可以在同类装置中调换使用。

水套,使发动机工作在更高的温度下,汽车会跑得更快,飞机会飞得更高。纳米陶瓷粉制作为涂料的添加剂已得到广泛的应用,这些特种涂料涂在塑料或木材上,具有防火、防尘和耐磨的性能。

氧化物纳米颗粒最大的本领是在电场作用下或在光的照射下迅速改变颜色。平常人们戴的变色眼镜含有一种光敏卤化物材料,但是变色的速度慢。用纳米氧化物材料做成的变色镜就不一样了。用它做成士兵防护激光枪的眼镜是再好不过了。还有将纳米氧化物材料做成广告板,在电、光的作用下,会变得更加绚丽多彩。

半导体纳米材料的最大用处是可以发出各种颜色的光,可以做成超小型的激光光源。它还可以吸收太阳光中的光能,把它们直接变成电能。这种技术一旦实现,太阳能汽车、太阳能住宅就会使人们居住的环境更加美丽,空气更加清新。利用特种半导体纳米材料使海水淡化在中东已得到应用;半导体纳米材料做成的各种传感器,可灵敏地检测出温度、湿度和大气成分的变化,这在汽车尾气控制和大气环境保护上已得到应用。

把不容易被人体吸收的药物或食品,如维生素等做成纳米粉或纳米粉的悬浮液极易被吸收。如果把纳米药物做成膏药贴在患处,药物可以通过皮肤直接被吸收,而无须注射,避免了注射的感染。

纳米颗粒还可用于人体的细胞分离或细胞染色,也可以用来携带 DNA 进行 DNA 治疗基因缺陷症。最近,用磁性纳米颗粒成功地分离了动物的癌细胞和正常细胞,特别是在治疗人的骨髓癌的临床实验上获得了成功,前途不可限量。

目前,纳米材料在食品、化妆品、医药、印刷、造纸、电子、通讯、建筑及军事等方面都得到越来越多的应用。

【作者简介】

解思深,男,1942 年 2 月出生,汉族,中共党员,山东青岛人。1965 年毕业于北京大学物理系,1983 年毕业于中科院物理所,获理学博士学位。1965 年至 1978 年在宁夏钢铁厂任技术员;1984 年至 1986 年在美国科罗拉多大学电机工程与计算机科学系任博士后;1986 年至今,历任中国科学院物理研究所副研究员、研究员。2003 年当选为中国科学院数学物理学部院士,2004 年当选为第三世界科学院院士。解思深现任中国科学院物理研究所研究员、博士生导师、国家纳米科学中心主任首席科学家,从 2005 年 5 月起被聘为北京大学信息科学技术学院教授。

思考与练习

一、本文在总体结构上,基本遵循"提出论点——阐述理由——得出结论"的思路,试回答本文的论点是什么? 作者是如何阐述理由得出结论的?

二、请用课文中的话来回答,什么是"纳米科学"? 什么是"超分子"?

三、说出下列语句运用的说明方法及其表达效果。

1.这主要是因为人们在认识上存在盲区,或者说人类知识的大厦上存在一个裂缝。

2.可以估计出在尺寸为1纳米的立方体"颗粒"中,"立方颗粒"的每一边上只能排列5个原子,总体可容纳125个原子,但是其中98个原子在表面上。

3.纳米陶瓷粉制作为涂料的添加剂已得到广泛的应用,这些特种涂料涂在塑料或木材上,具有防火、防尘和耐磨的性能。

四、文章向我们展示了一个神奇的未知世界——纳米。随着科技的发展,纳米必将影响我们每个人的生活、学习、工作,面对新事物你有何看法,请把你的想法说出来与大家分享。

延伸阅读

多媒体
——改变我们生活的"天使"
汤李梁

对多数读者来说,计算机领域新近兴起的多媒体技术恐怕是个很生疏的名词,乍一听说,还会对此现代高科技的结晶产生种种神秘的感觉。其实,她并不神秘,兴许您已经见过她的芳影了。在一些城市的街头,风景点的入口处,开展一种电脑彩照业务,这就是多媒体技术的一项应用。去过北京饭店的同志可能领略过"金窗"饭店信息咨询系统,那也是一项多媒体技术。您用手在计算机屏幕上显示"黄焖鱼翅"菜名之处指一下,这盘菜的录像画面旋即展现在您的眼前,还腾腾地冒热气哩。

那么,究竟什么叫多媒体? 顾名思义,多媒体是相对于单媒体而言的。从计算机处理信息的角度来看,我们把自然界和人类社会原始信息的存在形式——数据、文字、有声的语言、音响、图形、绘画、动画、图像(静态的照片和动态的电影、电视、录像)等,归结为三种最基本的媒体:声、图、文。传统的计算机只能够处理单媒体——"文",即文字、数字,至于图形,给人的感觉:单调、呆板、沉闷、枯燥。它为什么不能处理音频、视频信息呢? 主要原因之一是这两类信息数字化(不同于电视技术的物理模拟)以后,所占空间太大,现有硬件难以支撑。就说图像吧,一图胜千言,一张普通3寸高密软盘可存两册《毛泽东选集》第二卷;若用来存图像,普通计算机屏幕那么大的一张就"涨库"了。多媒体技术就是要解决这些问题,使电脑成为能同时处理三种媒体的集成信息系统。

例如,针对图像信息所占空间多、传输时间长的矛盾,采用复杂的压缩、还原技术。压缩就是利用人眼对细节不敏感的特点，剔除细节信息。用普通电话线传一幅彩照要 12 分钟，压缩后只需 18 秒。

电视能传播声、图、文集成信息，但它不是多媒体系统。通过电视，人们只能被动地接受信息，不能处理这些信息。电脑则不同，人们可通过编程让它完成指定的工作，即实现人机对话，称为交互性。多媒体兼二者之长，交互和集成是其精髓。电视广告再烦人，避之不及的您也只好忍着，而一旦多媒体普及，其交互性能就可能使您完全摆脱广告公司的控制。电视剧情再动人，你只能在一边观看；可在多媒体上，你可以让剧情停留在某一点上，也可让其重演，高兴的话，还可以改变剧情，叫演员依你的意思演出。

如果说，电脑技术与电视技术的融合，使电脑一改刻板的"盲聋哑"形象，变成一位既善解人意又美丽动人的"天使"，那么，当多媒体技术与通信技术结合之后，我们的"天使"将无所不在，无时不在，深刻地改变我们的生活。

据报道，电脑、电视、电话的结合，可以在一根电线上完成。每个家庭只要把一根光缆接到家里，在电视机上装一个叫作 SETTOP 的盒子，就能得到多媒体功能。

美国正在加紧建设"信息高速公路"。有报道说，到 21 世纪初，美国人将不再使用电视机、计算机、传真机、电话机、游戏机、激光唱机、录像机了。一台多媒体信息系统将具备所有这些功能，并通过数百万公里的光缆把家家户户和企业联在一起。

当多媒体普及并实现全国乃至全球联网之后，类似的变化将发生在您生活和工作的每个领域——

学生可以不必到学校上课，电视里有的是比《走遍美国》更令您有身临其境之感的教学节目。并且，学生还可通过电视与老师、同学讨论问题。

每台与各种资料信息库、图书馆联网的多媒体计算机就是一个庞大的、易于检索的声像图书馆。在信息时代，多媒体是人类最得心应手的信息处理工具。

电视会诊有如神医下凡，电视购物、电视会议等为您节省了大量时间，同时缓和了交通压力。一些职员可大大缩短上班行程，只需从早饭桌上走到家中的一台和办公室联网的电脑前就可以了。

"多媒体"一词自 1991 年正式提出以来，以日本、美国为代表的世界多媒体技术发展一日千里，新产品不出 9 个月就被更新换代。我国科技工作者也开始奋起直追，在 863 计划中，以清华大学、中科院等领衔的多媒体项目被列为重中之重。据国内第一份有关多媒体技术及信息的综合性刊物——《多媒体世界》杂志掌握的数字，我国专业的和有关的多媒体公司已有 100 家。但总的来说，我国在多媒体硬件生产方面，与国际水平差距较大。

说到这里，有的同志也许担心：这么高精尖的产品，没有相当的专门知识只怕享用不了。恰恰相反，这位"天使"的特征之一就是：人机界面更为友好。她丢掉了令人隔膜的键盘，以及繁复的"用户指南"。人们通过口述、手摸屏幕等方式，可以方便地告诉计算机任何你想做的事情,只告诉做什么,不必再告诉怎么做,一下即可完成操作。因此不懂计算机的人,甚至不识字的人,也可以操作电脑,每个人都可到高科技世界潇洒走一回。日本已经研制出能与人"对话"的多媒体。你对电视上的人喊一声:"喂!"她反问:"什么事?"接着她就来回答你想知道的事情。

专家估计,再过几年,国内个人多媒体计算机的单价可降许多,多媒体将步入寻常百姓家。当您享用了多媒体带给您的那种种便利,您必定会由衷地感谢这位"天使"。

——《多媒体世界》1994 年第 2 期(转自《人民日报》1994 年 1 月 18 日)

23 牛郎织女①

戴文赛

◎ 课文导读

　　牛郎织女是一个美丽的爱情故事,是我国四大民间爱情传说之一。牛郎织女作为神话中的人物是从牛郎星和织女星的星名衍化而来。传说每年农历七月七日,有百鸟到银河搭鹊桥,牛郎织女在此相会。这是中国传统节日中最具浪漫色彩的一个节日,这一天又被称为中国情人节。

　　本文引用了大量的与牛郎织女有关的神话传说、诗文,依照从现象到本质的顺序介绍了牛郎织女星的有关科学知识。文章科学性与知识性、文学性与趣味性融为一体,让读者在诗情画意之中品味哀婉凄美的爱情故事的同时又进一步地了解科学知识,体会科学小品文的特点。

　　牛郎织女是我国最有名的一个民间传说,是我国人民最熟悉的关于星的故事。这个故事是谁最先说出来的,什么时候开始在民间流传——这两个问题不晓得已经有人考证出来没有。南北朝时期写成的《荆楚岁时记》②里有这么一段:"天河之东,有织女,天帝之子也。年年织杼③劳役,织成云锦天衣。天帝怜其独处,许嫁河西牵牛郎。嫁后遂废织纴④。天帝怒,责令归河东。惟每年七月七日夜,渡河一会。"

　　关于织女,古书里还有几处提到她。《后汉书·天文志》:"织女,天子真女。"《史记》:"织女三星,在天纪东端,天女也。"《焦林大斗记》:"天河之东,有星微微,在氐⑤之下,谓之织女。"天河就是我们在夜里看到的那条横贯天空的光带;我国古人也把它叫作"银汉""星河""天杭""银潢""明河""高寒"等等。现在天文学家叫它"银河"。

---

　　① 选自《大家知识随笔·中国卷》,人民文学出版社 2000 年版。戴文赛(1911—1979),天文学家。他十分重视科学普及工作,撰写过八十多篇科普文章,著有《戴文赛科普创作选集》。

　　② 《荆楚岁时记》:是南朝梁代宗懔撰写的一部记载荆楚岁时习俗的著作,也是保存到现在的我国最早的一部专门记载古代岁时节令、风物故事的专著,保存了一些古代的神话和传说。"荆楚"一词,最早见于《诗经·商颂·殷武》:"挞彼殷武,奋伐荆楚。"本指楚族或楚国,后以楚国的境域约相当于古荆州,故沿用泛称长江中游一带。

　　③ 杼(zhù):织布机的梭子。

　　④ 织纴(rèn):纺织。纴,绕线。

　　⑤ 氐(dī):二十八星宿之一。

织女星在银河的东边,它的西名是 Vega。从前我国人把天空分作二十八宿①和三垣②,现在全世界的天文学家公定把天空分作 88 个"星座"。织女星是天琴星座里最亮的恒星。附近银河里有五个几乎一样亮的恒星排成十字架的形状,那五个星属天鹅座。银河的西边稍微南一点有三个星排得很近,中间那个比较亮一些的星就是牛郎星,也叫牵牛星,我国古称"河鼓""何鼓""黄姑",西名叫 Altair。牛郎是天鹰座里最亮的恒星。它和两旁那两个亮度小一点的星,有时候被人们合起来称为"扁担星"。神话里说旁边那两个星是牛郎和织女所生的孩子。天鹅在银河里漂游,河畔有一位姑娘在织布,对岸有一个牧人带着两个小孩子在放牛。这是多么美丽的一幅图画。

宋代词人秦观也被牛郎织女这个悲里带欢、欢里带悲的故事激动了文思,他把这可歌可泣的故事的意境用长短句很巧妙地表达出来。《鹊桥仙》是词里很美丽的一首:

纤云弄巧,飞星传恨,银汉迢迢暗度。金风玉露一相逢,便胜却人间无数。　　柔情似水,佳期如梦,忍顾鹊桥归路。两情若是久长时,又岂在朝朝暮暮。

从前我国许多人相信牛郎和织女真的在七夕渡河相会一次。那一夜,妇女们都穿针乞巧③,又以瓜果祀④织女星。这个故事也常被用作戏剧的资料,京剧、话剧和各地的地方戏里多半有"牛郎织女"这出戏。

在戏剧里,牛郎是一个农村里放牛的孩子。他不肯帮哥哥种田,不肯帮嫂嫂车水,不肯帮妈妈做家务事。牛郎只是贪玩,只爱作奇怪的幻想。他的最好的朋友就是他所看守的老牛。有一晚,他在梦幻中看到天上的仙境。他便牵着老牛动身到天上去。同时,在天上有一位织女却想要下凡来享受人间的温暖。王母娘娘可怜织女

---

① 二十八宿(xiù):是古代一种恒星群系统,把由天球赤道和黄道一带的若干恒星组成的二十八大星组称为"二十八宿"。用来作为量度日月位置和运动的标志。宿,我国古代天文学家把天上某些星的集合体叫作宿。

② 三垣(yuán):二十八宿以外的星区又被划分为三垣,即紫微垣、太微垣和天市垣。垣,即墙,意思是以墙围起的星区。

③ 乞巧:这是旧时的一种民间风俗。农历七月初七的晚上,父女在院子里陈设瓜果,向织女星祈祷,请求帮助她们提高刺绣缝纫的技巧。

④ 祀(sì):祭祀。

的孤寂,便差遣金童玉女和喜鹊把织女带到天涯海角去和牛郎相会。"金风玉露一相逢",真是"胜却人间无数"。一对爱侣被送上九霄云外度蜜月去了。

牛郎游遍了天上的胜境。日子一久,也便觉得平淡无奇了。织女得继续纺织云锦天衣,不能老陪着他。牛郎越来越感觉无聊,又从金童得知家里的人日夕在盼望他回去,便把回家的意念告诉织女。织女决心和他同到地上去享受那可爱的春天。可惜事机不密,给西王母晓得了。她赶来用玉簪①划成银河一道,把牛郎和织女隔开,只答应每年七夕遣喜鹊结成天桥,使他们渡河相会一次。牛郎回到人间,很高兴地再看到母亲、哥哥、嫂嫂。从此,他不再偷懒,不再做无谓的幻想,天天努力劳动。他觉悟到在现实生活里也可以创造出美丽来。他闻到泥土的香味了,他洞悉②生活的意义了。他唯一的惋惜,就是所爱的织女不能也到地上来和他一起劳动,一起享受人间的温暖。不过每年七夕还可以相会一次,那已经比永别好多了。

有个话剧里有几首歌曲,其中一首是俞鹏所作的《鹊相会》:

> 谁知道天长地久何时了?
> 谁知道离恨年年有多少?
> 度尽了长岁,好难得这七夕良宵;
> 却又是无限悲愁相逢在鹊桥。
> 梦长夜短总是多情恼。
> 见东山晨星已现,天将晓。
> 可奈何,喜鹊频噪,催人分道。
> 只好待明年的七夕快快地来到。

一直到今天,我国还有好些人真的相信牛郎织女两星每年七夕渡河相会一次,许多妇女还在那一夜向织女乞巧。很可惜,科学告诉我们:牛郎织女这个故事并不是真的,它只是一个富有诗意的神话而已。近年来,天文学的进步,使我们对这个恒星,对其他的恒星和银河,都认识得比从前清楚得多。银河并不是一条河,银河里并没有一滴水,也没有桥。它是很多恒星和星云的集合,用大望远镜就可以看出来。牛郎织女两星虽然不是绝对的"恒",但每逢七夕并不能看出它们向对方移动丝毫,当然更谈不到"渡河"。每年七夕,还是一在河之东,一在河之西,彼此都在望河兴叹。科学的进步竟打碎了他们的美梦,这使作者想起曹雪芹替太虚幻境的牌坊所作的对联:

> 厚地高天,堪叹古今情不尽;
> 痴男怨女,可怜风云债难酬。

恒星的"恒"字,只是和行星的"行"字相对而言。实际上天上没有一个星是绝对

---

① 玉簪(zān):用玉做成的簪子。也叫玉搔头。
② 洞悉:很清楚地知道。

的"恒";每个星都在动,动多动少而已。牛郎星每年在天球上移动 0.658 角秒[①];此外,每秒钟还以 26 公里(每小时 93600 公里)的速度离开我们往外跑。所以,牛郎星在空间的速度比地上最快的客机还快几十倍。织女动得慢一点,不过在女子百米比赛里还是可以得冠军。她每年在天球上移动 0.345 角秒,每秒钟以 14 公里的速度离开我们往外跑。

牛郎和织女都比太阳大得多、亮得多。为什么我们看起来只是两小点的光呢?那是因为这两个恒星比太阳远得多。牛郎的光度为太阳的 10.5 倍,直径大 7 成,质量差不多大 7 成。织女的光度等于太阳的 60 倍,直径等于太阳直径的 2.76 倍,质量差不多等于太阳的 3 倍。所以,织女比牛郎大,比牛郎亮,比牛郎重,算来还是牛郎的大姐姐。牛郎离我们的距离为 154 万亿公里,比太阳远 100 万倍;织女离我们的距离为 250 万亿公里,比太阳远 170 万倍。织女不仅比牛郎大好些、亮好些,而且又远好些,所以我们看起来两个星差不多一样亮。光从牛郎星来到我们的眼里,需要 16 年 4 个月;光从织女星来,需要 26 年 5 个月。牛郎织女两星不是在同一方向,两星之间的距离是 16.4 光年。无线电波的速度和光一样,假使牛郎想打一个无线电报给织女,得等 32 年才有收到回电的可能。

恒星在大小、光度、温度、颜色方面相差都很大,质量却差得不很多。本世纪以来,天文学家把许多恒星分门别类,好像生物学家把动植物分门别类那样。

科学家已经证明日光和星光都是从原子能来的。因此,牛郎和织女这两个星也可以说是两个非常大的原子弹。它们把肚子里的原子能变成光线发射出来。人类在欣赏它们的灿烂的光辉的时候,竟幻想出一个哀艳动人的故事来。童话和神仙故事并不需要因物质文明的进步而被消灭。它们可以提高少年人的幻想能力,可以作成年人业余的消遣[②],又可以作为各种艺术的原料。中国的牛郎织女可以和希腊的奥德赛、金羊毛,法国的尼贝伦指环等故事并列。每年七夕,大家不妨继续提出牛郎织女这个故事来谈:一方面欣赏这富有诗意的神话,一方面也可借机会提倡科学,使一般人注意到科学家替我们所发现的许多关于星星的新知识。

【作者简介】

戴文赛(1911—1979),中国天文学家,福建漳州人。21 岁毕业于福州协和大学数理系,29 岁获英国剑桥大学博士学位。1941 年回国,历任中央研究院天文研究所研究员、燕京大学教授、北京大学教授、南京大学教授。1954 年任南京大学数学天文学系副系主任,1962 年任该校天文系系主任。致力于太阳系演化学的研究,晚年在全面评述各家太阳系演化学说的基础上,提出了一个太阳系起源的新星云说。著有《恒星天文学》《天体的演化》《太阳系演化学》(上册),有《戴文赛科普创作选集》。

---

① 角秒:角度单位,角秒就是秒,1 度等于 60 分(角分),1 角分等于 60 秒(角秒)。
② 消遣:用自己感觉愉快的事来度过空闲时间。

20世纪60年代前期,提出了"宇观"这一新概念,并剖析了微观、宏观、宇观三个不同层次间的差别和联系,开创了中国天文学哲学领域中对宇观过程的特征和规律的研究。此外在恒星光谱分析、恒星物理、恒星天文、星系结构等方面也发表了许多论文。为国家培养了大量天文人才,其中许多人已成为中国各天文台站的骨干力量。

思考与练习

一、在本文中作者引用了较多的诗文传说,如《鹊桥仙》,请结合上下文分析它们所起的作用。

二、文章运用了大量的数据来说明问题,请在文中找出并分析体会它所起的作用。

三、"牛郎织女"是我国有名的一个民间传说,你还知道哪些动人的民间传说呢?请在同学中相互交流。

四、片段写作训练

文中有很多有关牛郎星、织女星的天文学知识,请选择主要信息,写一段介绍牛郎织女星的说明性文字。

延伸阅读

梁山伯与祝英台

佚　名

从前有个姓祝的地主,人称祝员外,他的女儿祝英台不仅美丽大方,而且非常的聪明好学。但由于古时候女子不能进学堂读书,祝英台只好日日倚在窗栏上,望着大街上身背书箱来来往往的读书人,心里羡慕极了!难道女子只能在家里绣花吗?为什么我不能去上学?她突然反问自己:对啊!我为什么就不能上学呢?

想到这儿,祝英台赶紧回到房间,鼓起勇气向父母要求:"爹,娘,我要到杭州去读书。我可以穿男人的衣服,扮成男人的样子,一定不让别人认出来,你们就答应我吧!"祝员外夫妇开始不同意,但经不住英台撒娇哀求,只好答应了。

第二天一清早,天刚蒙蒙亮,祝英台就和丫鬟扮成男装,辞别父母,带着书箱,兴高采烈地出发去杭州了。

到了学堂的第一天,祝英台遇见了一个叫梁山伯的男同学,他学问出众,人品十分优秀。她想:这么好的人,要是能天天在一起,一定会学到很多东西,也一定会很开心的。而梁山伯也觉得与她很投缘,有一见如故的感觉。于是,他们常常一起诗呀文呀谈得情投意合,冷呀热呀相互关心体贴,促膝并肩,两小无猜。后来,两人结拜为兄弟,更是时时刻刻,形影不离。

春去秋来,一晃三年过去了,学习期满,该是打点行装、拜别老师、返回家乡的时候了。同窗共烛整三载,祝英台已经深深爱上了她的梁兄,而梁山伯虽不知祝英台是女身,也对她十分倾慕。他俩恋恋不舍地分了手,回到家后,都日夜思念着对方。几个月后,梁山伯前往祝家拜访,结果令他又惊又喜。原来这时,他见到的祝英台,已不再是那个清秀的小书生,而是一位年轻美貌的大姑娘。再见的那一刻,他们都明白了彼此之间的感情,早已是心心相印。

此后,梁山伯请人到祝家去求亲。可祝员外哪会看得上这个穷书生呢,他早已把女儿许配给了有钱人家的马公子。梁山伯顿觉万念俱灰,一病不起,没多久就死去了。

听到梁山伯去世的消息,一直在与父母抗争,反对包办婚姻的祝英台反而突然变得异常镇静。她套上红衣红裙,走进了迎亲的花轿。迎亲的队伍一路敲锣打鼓,好不热闹!路过梁山伯的坟前时,突然间飞沙走石,花轿不得不停了下来。只见祝英台走出轿来,脱去红装,一身素服,缓缓地走到坟前,跪下来放声大哭,霎时间风雨飘摇,雷声大作,"轰"的一声,坟墓裂开了,祝英台似乎又见到了她的梁兄那温柔的面庞,她微笑着纵身跳了进去。接着又是一声巨响,坟墓合上了。这时风消云散,雨过天晴,各种野花在风中轻柔地摇曳,一对美丽的蝴蝶从坟头飞出来,在阳光下自由地翩翩起舞。

24 我的父亲爱迪生[①]

查尔斯·爱迪生

课文导读

爱迪生是举世闻名的美国电学家,被誉为"世界发明大王"。他的一生有一千多项发明创造,为人类的文明和进步做出了巨大的贡献。

本文的作者站在儿子的角度,并没有大肆渲染爱迪生取得成就的一面,而是向我们展示了爱迪生的另一面:面对失败不气馁,重整旗鼓,继续从事研究的百折不挠的精神以及他那无比的勇气、想象力、决心、谦逊和机智。文章选取了一些失败的细节和经历,让读者更能深刻地体会爱迪生的伟大。

文章取材于实际,以小见大,语言朴素平实。让我们通过阅读进一步了解这位伟大的科学家,体会他的忙碌和辉煌,以及辉煌背后的辛酸。

爱迪生在新泽西州曼罗园他的实验室里踱来踱去,一撮[②]乱发覆盖着前额,锐利的蓝眼亮亮的,皱了的衣服尽是污痕和被化学品烧破的洞,全不像一位改革家。他也不充什么派头。有次一位要人来访,问他是否曾获得许多奖章奖状,他答:"唔,有的,家里有两瓶酒,是妈妈奖赏的。""妈妈"是指他的太太,我的母亲。

可是在我们这些和他朝夕相处的人看来,他显得超凡入圣。虽然他对人类的贡献不可估量(他在世时取得了 1093 种发明的专利权),但最使我们念念不忘的,并非那些卓越的贡献,而是他无比的勇气、想象力、决心、谦逊和机智。

一

父亲通常每天工作十八小时以上。他对我们说:"工作有成就,是人生唯一的真正乐趣。"大家都传说他能每天只睡四小时(另外有时假寐片刻),绝非夸张。

他认为:"睡眠有如药物,一次服用太多,头脑就不清醒。你会浪费时间,活力减少,错过机会。"

---

① 选自《新人文读本》,北京大学出版社 2005 年版。
② 撮(cuō):量词。

他的成就无人不知。他三十岁发明留声机，把声音录在唱片上；他发明的电灯泡照亮了全世界。扩音器、复印机、医学用的荧光屏、镍铁①电池和电影，都是他发明的。他也把别人的发明——电话、电报、打字机——改进为实用的商品。

有些人问："他从来没有失败过吗？"当然失败过。他时常碰到失败。他的第一件专利品是电动投票记录器，用以对低级铁矿做磁性的分离。但是后来因为开发了蕴藏量丰富的高级铁矿，这项设计便完全白费了。

但他从不会因恐惧失败而趑趄②不前。在从事一系列艰苦的实验期间，他告诉一位气馁③的同事说："我们并未失败。我们现在已晓得有一千种方法是行不通的，有了这些经验，便较易找到行得通的方法。"

他对于金钱得失的态度也是如此。他认为金钱是一种原料，跟金属一样，我们应该加以运用，而不要积聚。因此他不断地利用他的资金，进行新的计划。有好几次，他濒于破产，但他不肯让经济状况操纵他的行动。

有一次，父亲在观察一部矿石压碎机的效能，他对那部机器的运转情形很不满意，吩咐操作工人说："把速度提高。"

"我不敢，"那工人回答，"再提高速度，机器会坏的。"

父亲转过头去问工头："艾德，这部机器要多少钱？"

"两万五。"

"我们银行存款有没这么多？有的嘛，那么把速度再加快一级。"

操作工人把动力加大了，然后再度警告说："机器响声很大，如果爆炸，我们都会没命了！"

"那没关系，"父亲大声喊道，"尽量开动！"

响声越来越大，大家开始往后退避。突然轰隆一声，碎片四射，矿石压碎机垮了。

"怎么样？"工头问父亲，"从这项经验又学到什么？"

父亲微笑着说："学到，我们可以把制造者所定的动力极限提高百分之四十——只要不超过最大极限就行。现在我可以再造一部机器，增加产量。"

二

我特别记得 1914 年 12 月间一个严寒冬夜。当时父亲曾把过去十年的大部分时间用于试验制造镍钛④电池，未能成功，弄得经济拮据⑤。实验室全靠电影和唱片所

---

① 镍（niè）铁：一种主要由镍和铁组成的合金。镍铁电池，爱迪生发明的一种性能良好的电池，曾被称为"爱迪生电池"。

② 趑趄（zījū）：想前进又不敢前进的样子。

③ 气馁（něi）：失掉勇气。

④ 镍钛（tài）：由镍和钛组成的合金。

⑤ 拮据（jiéjū）：缺少钱，境况窘迫。

获得的利润维持。那个晚上,工厂里忽然传出狂喊声:"失火了!"顷刻之间,包装材料、做唱片用的赛璐珞①、软片和其他可燃物品,呼啦一声,全部着火。附近八个城镇的消防队来灌救,但是火势太猛,水压又低,消防水管好不济事。

我到处找父亲也找不到,十分担心。他有没有出事? 全部财产已经烧光了,他会不会心灰意懒呢? 他已经六十七岁,不能再从头做起了。后来我在工厂院子里看见他正朝我跑来。

"妈在哪里?"他大声喊道,"去把她找来! 叫她把朋友也都找来! 这样的大火,百年难得一见!"

第二天早晨五点半钟,火势刚受到控制的时候,他召集全体职工宣布:"我们要重建。"他派一个人去把附近地区所有的工厂都租下来,又派另一个人去借伊利铁路公司的救险吊车。然后他忽然想起一件小事似的补充一句:"唔,有谁可以从哪里弄些钱吗?"

"人往往可以因祸得福,"他说,"旧厂烧了也好,我们可以在废墟上建起更大更好的厂。"

他的新发明层出不穷,仿佛具有法术,所以有人称他为"曼罗园的巫师"。这个称呼令他啼笑皆非。他总是反驳说:"巫师吗? 胡说八道。我的成就全凭辛苦工作得来的。"也许他会说出他那句常被引述的名言:"天才是百分之一的灵感加上百分之九十九的汗水。"他最看不惯人们懒惰,尤其是心智方面的懒惰。他经常把芮诺兹爵士所说的一句话挂在实验室和工厂显眼的地方:"人总是千方百计,避免真正用心思索。"

父亲从不改变他的价值观念,也从来不自大。在波士顿,第一家使用电灯的戏院开张时,电力发生故障,他马上除掉领带和燕尾服(他讨厌这种服装),毫不犹豫地跑到地下室去帮助设法修理。在巴黎,他把衣服翻领上的红蔷薇形徽章摘掉,免得朋友们"认为我是花花公子"。

三

人们谈到爱迪生的时候,有时说他没受过教育。不错,他只受过六个月的正式学校教育,但是他在母亲教导之下,八九岁就已经读过《罗马帝国衰亡史》之类的典籍。他在大干线铁路上做小贩及报童时,时常整天消磨在底特律图书馆里,那里的藏书"从头到尾"他都读过了。在我们家中,他经常备置许多书籍和杂志,还有五六种日报。

这位一生成就极多的人物,从小就几乎是个十足的聋子。只有最大的响声和喊声,他才听得到。但是他对这个缺陷并不在意。他说:"从十二岁起,我就没听见过鸟叫。但是耳聋对我不但不是障碍,也许反而有益。"他认为耳聋使他提早读书,还

---

①　赛璐珞:一种塑料。该词由英文音译而成。

能够专心,不必和人闲聊,省下许多时间。

有人问父亲,为什么他不发明一种助听器,他总是回答说:"你在过去二十四小时听到的声音,有多少是非听不可的?"然后他又补充说:"一个人如果必须大声喊叫,绝对不会说谎。"

他喜欢音乐。旋律清楚的,他有办法欣赏,用牙齿叼着铅笔,把笔的另一端搭在留声机的匣子上,借以"倾听"。这样他可以领略抑扬顿挫①和节奏之美。在他所有的发明中,留声机使他最得意。

虽然他聋,跟他谈话要大声喊叫,或用笔写出,但是新闻记者还是喜欢访问他,因为他的见解十分精辟。他绝对不承认幸福和满足是值得争取的目标。他说:"如果你能为我指出一个完全满足的人,我就可以断言他必定是个失败者。"

四

他从没退休,也不怕老。在八十高龄,他还开始研究一门以前未曾研究过的学科——植物学,想在当地植物中找出橡胶来源。他和助手们把一万七千种植物加以试验和分类之后,终于研究出从紫菀②科植物抽取大量胶汁的方法。

八十三岁时他还拉母亲去热闹的纽华克机场"看一个真正飞机场的实际情形"。他第一次看到直升机的时候,笑逐颜开③地说:"我一向的想法,就是这个样子。"于是他又开始设计,对于那架不大为世人所知的直升机,提出许多改进的意见。

到了八十四岁,他终因患尿毒症危在旦夕。数十位新闻记者前来探访他的病情,整日守候。医生每小时向他们宣布一次消息:"灯火仍然在照耀着。"到1931年10月18日早晨3点24分,噩耗④终于传来:"灯灭了。"

举行葬礼之日,当局为了向他表示哀悼和敬意,本来预备把全美国的电流切断一分钟,但是考虑到那样做所付代价太大,而且可能产生危险的后果,所以只把一部分灯光熄掉片刻。

进步之轮是片刻不停的。爱迪生泉下有知,一定也同意这样做。

---

① 抑扬顿挫(cuò):(声音)高低起伏和停顿转折。

② 紫菀(wǎn):多年生草本植物,茎直立,叶子椭圆状披针形,边缘的小花呈舌状,蓝紫色,中央的小花两性,呈管状,黄色,瘦果有毛。

③ 笑逐颜开:眉开眼笑。

④ 噩(è)耗:指亲近的人死亡的消息。

【作者简介】

查尔斯·爱迪生(1890—1969),美国政治家,曾参选新泽西州的州长,爱迪生最成功的儿子,是爱迪生的第二任妻子米娜·爱迪生所生,在母亲的培养下成为罗斯福时期美国海军次长。

思考与练习

一、整体感知课文并思考,课文主要选择了爱迪生的哪些事例?

二、爱迪生的一生有一千多项发明创造,但是作者并没有大肆介绍爱迪生成功的例子,而是选择一些失败的细节和经历,试分析作者的用意。

三、试分析下列句子中加点词的含义。

1.爱迪生在新泽西州曼罗园他的实验室里踱来踱去,一撮乱发覆盖着前额,锐利的蓝眼亮亮的,皱了的衣服尽是污痕和被化学品烧破的洞,全不像一位改革家。

2.到 1931 年 10 月 18 日早晨 3 点 24 分,噩耗终于传来:"灯灭了。"

四、你觉得爱迪生是一个怎样的人? 试用自己的话进行概括,并与同学交流。

延伸阅读

煞费苦心发明电池

被全世界称为"发明大王"的爱迪生,在他八十四年的漫长发明研究生涯中,最费苦心的却是电池的发明。也许有人觉得奇怪,但这是事实。

爱迪生在电池的发明上整整费了十年的光阴,耗费三百万美元巨资,而实验的次数高达五万次之多。这番苦心恐怕任何人都无法做到。

爱迪生发明电池之后说:"唱机可以用耳朵听,电灯可以用眼睛看,可是电池的研究,不能用耳朵,也不能用眼睛,只能用头脑,难就难在这里。"

说实在的,就连"发明王"自己也知道要发明性能好、使用方便的电池该有多么困难!

在门罗公园的研究所搬到西·奥伦治后,爱迪生常常和同事们谈到需要性能好的电池的事情。

同事们对他说:"所长,只有让你来发明了,也只有你才有这种能力,别人恐怕没有能力发明这种东西。"

爱迪生有点困惑地说:"如果着手的话,不知何年何月才能完成,我自己也没有把握。不过认为确有必要的这种想法倒是一天比一天强。"

有了电灯,也有了发电机,但总有无法使用这种电器的时候。如果有了可以保存电气的蓄电池，不用说，一定很方便。只要有了蓄电池，哪怕是深山或是再偏僻的地方，也可有电灯照明，还能用于机械，不是很理想吗？

其实，蓄电池很久以前就由法国人勃兰特发明了，只是性能不好，没有什么用处。到1880年，又有法国人福勒苦心发明新的蓄电池，这就是所谓"铅蓄电池"，比其勃兰特的蓄电池可以说优秀多了，所以马上被广泛用作电灯的电源。

只是这种蓄电池有两个缺点：第一，铅本身很重。第二，蓄电量太少。

不用说爱迪生，所有从事电气工作的人也都知道这些缺点。

利用轻的材料而蓄电量又多，这才是理想的蓄电池。

1900年初，爱迪生终于开始着手于蓄电池的研究。

"就像猎人在广大的原始林内找一只小小的金鸟。"这是爱迪生自己谈起当时的心情时所说的一句话。

鸟巢不知在哪里，不管大树、小树，都要一株一株地仔细去看看。

他除了铅，各种金属和药品曾用来研究、实验，可是全都不行，这样花费了三年工夫。之后他又想到铅之外的镍和铁，这时他已经做了三千次以上的实验了。

找到镍和铁的线索后，爱迪生为了做这两种金属的所有形态实验，特别在离西奥伦治五公里的地方建了一座新的化学工厂。

那时候爱迪生的勤奋和旺盛的精力，同事中没有谁人能比。累了不管是什么地方躺下就睡；醒了，不管是白天或黑夜，立即就开始工作。

有一次，爱迪生说："累了，我得去睡一下。"

过了一会儿，有位同事探头看看所长室，发现爱迪生正躺在桌上枕着厚厚的书本睡觉，那本书是瓦特著的化学词典。

同事们开玩笑地说："所长睡的时候，可能还在吸取书中的知识。"

着手研究电池第十年，即1909年，爱迪生终于梦想成真了。

新发明的蓄电池，阳极采用氧化镍，阴极采用氧化铁，浸以碱性苏打溶液，通上电流即可充电。

福勒发明的是"铅蓄电池"，而爱迪生发明的通常叫作"碱蓄电池"，它比前者轻，充电量又多，的确是理想的蓄电池。

——摘自《爱迪生》，世界图书出版公司2010年版，《图解天下名人丛书》编委会编

25 解决纠纷的机器①

〔日〕星新一

课文导读

　　科幻小说主要描写想象的科学或技术对社会或个人的影响的虚构性文学作品。科幻小说是西方近代文学的一种新体裁。本文就是一篇想象奇特的科幻小说。

　　文章以科技发展为话题,运用想象手法,叙写了一个离奇怪诞的故事。在故事中塑造了长于发明研究的被告,圆滑的律师,反科学的检察官,虚伪的审判官等人物形象。作者运用朴实幽默的语言含蓄地提出了自己的观点:科技的发展,首先是人的观念的改变。

　　想象手法的运用是这篇文章最大的特点,象征是科幻作品的另一个显著特点。阅读本文,理解文章的主题,掌握文章人物的形象,体会文章的语言特色。

　　法庭上笼罩一片庄严的气氛。时间一到,有关的人都起立迎接审判官。于是,宣布开庭。

　　被告席上站着一个中年男人,现出极度抑郁不平的神情。他站在那里,身躯微微颤抖,举止显得焦躁而愤懑②。他嘴角抽搐③,目光惊异,不知是为了卷入案件而愤怒,还是生来就是那么一副性格。

　　检察官开始宣读犯罪起诉书。

　　"被告制造了一部骇人听闻④的恐怖装置。倘若对其置若罔闻⑤,势必彻底搞乱社会秩序,引起社会惶恐。为了惩前毖后⑥,必须科以重刑,应当说这是裁判史上空前未有的危险案件……"

　　检察官稍停片刻,接着又一字一眼地认真地说:

---

① 选自星新一:《谁的噩梦》,王远译,新潮社 1981 年版。

② 愤懑(mèn):十分气愤,抑郁不平。

③ 抽搐(chù):由于激动或某种疾病而引起的局部神经或肌肉的痉挛。

④ 骇(hài)人听闻:使人听了非常吃惊(多指社会上发生的坏事情)。

⑤ 置若罔(wǎng)闻:放在一边,像没有听见一样。置:放着。若:像。罔:无,没有。

⑥ 惩前毖(bì)后:把以前的失败或错误作为教训,使以后谨慎,不致重犯。毖:谨慎。

　　"一个市民打来了电话,说有一个人躲在地下室里制造一种离奇怪诞①的机器。为慎重起见,警察前往调查,始查获此案,随后立即逮捕了当事人,并没收了他所制造的机器。它虽说尚未给社会造成灾难,然而无疑是令人恐惧的行为,不能不得出这样的结论。"

　　机器作为物证被搬进了法庭。那机器有大型保险柜那么大,银白色的外壳,上面布满了按钮开关和指示灯。机器上边有一个细长的小孔,好像是用以取送卡片的。整个装置令人感到十分精巧。

　　被告似乎再也按捺②不住内心的激动,怪声怪气地喊叫:"那是我的东西,花了好多钱,用了好多年的心血才制成的啊! 你们随随便便就给夺去,简直是胡作非为!警察跟小偷一个样……"

　　审判官严词制止说:"这里是法庭,不许胡言乱语,被告不得随意扰乱法庭秩序,若是有话想说,要通过律师转告。"

　　辩护律师安慰被告说:"我完全理解你发脾气的心情,但是,大喊大叫可不好办。为你辩护的只有我一个人,这一点希望你能理解。你的案子是一个别的律师感到头痛而推辞的案件。面临此境,我出于同情,才承担了为你辩护的责任。"律师总算说服了喃喃不止的被告,并对审判官说:"根据被告意见,那部机器对社会有益,并无危害,这一点深盼谅解。"

　　这时,被告提醒似的在背后捅了一下律师,辩护律师就又补充说:"……如果人们能够了解这部机器的性能,那么被告一定会得到支持。他提出邀请各界学识渊博、经验丰富的权威人士来法庭进行鉴定。"

　　然而,这时检察官提出了异议。"搞鉴定是不允许的。若是那样做,有关这部恐怖装置的消息就会为世人所周知。我恳请法庭驳回鉴定机器的提议。此外,我要求对本案的裁判,采取非公开的方式进行。非公开虽然不是一件令人满意的事,但也要因案情而异。假如有人发明一种既简单而性能又好的武器,若是向全世界公布这一发明,该也不该? 显然,是不应该的。可以说本案便与这一假设雷同。"

　　审判官说:"检察官的提议合理。从现在起,审判改为非公开进行。"

　　几个旁听的人被法庭工作人员赶了出去,关严了门。被告又声嘶力竭③地吵嚷起来。

　　"秘密审判? 简直是岂有此理! 跟中世纪的黑暗时代有什么不同? 这样的事情难道是当今世界所能允许的吗? 我坚决提出抗议。说实在的,辩护律师先生,您也太软弱无能了,为被告出力,难道不是您的义务吗? 您给想个办法嘛。"

　　"可是,审判官已经这么定了,怎么好违反他的决定。若是乱闹,反倒不利。"辩

---

① 怪诞:奇怪、古怪。
② 捺(nà):抑制。
③ 声嘶力竭:嗓子喊哑,力气用尽。形容拼命叫喊、呼号。

护律师现出为难的神色，用一筹莫展①的口气说。

然而，被告更加怒不可遏②，他扼住③辩护律师的脖子，随后又抓起一把椅子挥舞起来。法庭工作人员好不容易才制止了他，使他安静了些。但他仍大声喊着。

"你们串通一气，加罪于我……这世界上的一切反常了，这里的一帮人全都是疯子……"

法庭工作人员捂住了他的嘴，令他安静。辩护律师此时从皮包里掏出一些材料，递给审判官说："从被告现在的表现已不难看出，他是一个精神失常的人。他竟把审判官、检察官、法庭工作人员以及为他担任辩护律师的我，统统看成是疯子。所以如此，就是因为他的头脑失常。瞧，那是医生开的精神病鉴定书，证明被告是严重的妄想型精神病患者。有鉴及此，深望予以免刑。"

审判官开始宣判。

"因考虑被告患有精神病，因此免予刑事处分，决定将被告强制送往指定的精神病院，直到痊愈④，不得迈入社会。此外，没收解决纠纷的机器，由法院予以销毁。此等恐怖事，一旦传到社会，颇为不利。如此处理，乃司法人员之职责。"

被告又叫嚷起来。

"你们这样强行把我当成疯子，简直是单方面……"这时，辩护律师复又过去安慰他说："哎，你最好还是死了那份心吧，判决已定，服从判决乃社会之常规呀……"

审判就这样结束了。

精神病院里一个中年男人不时地发牢骚。

"实在残酷啊！这个世界反常了。"

同病室的患者过来搭讪⑤着说：

"正因为反常，我们才被关进这里。你干了什么事呀？"

"我发明了一种绝妙的机器，那是一种计算机，能在极短时间内准确无误地进行审判，转眼间就能做出合情合理的判决。这种机器若是一普及，就会大大提高诉讼效率。用很少的税金便可处理案子。什么检察官、审判官、辩护律师之类的人，就全都不需要了。"

---

①　一筹（chóu）莫展：一点计策也施展不出；一点办法也想不出。

②　怒不可遏（è）：气愤得不能控制自己的情绪。遏：控制。

③　扼（è）：用力掐住。

④　痊愈：病好了。

⑤　搭讪（shàn）：在这里是搭话的意思。

同室的患者点头赞同说：

"那没办法呀！若是造出那样的机器，那些搞法律的人都失业了，就得携儿带女，浪迹江湖。所以只能串通一气，把这事暗中掩盖下去。"

"照你这么说，也许就是那么回事。可你是因为什么被关进这个精神病院的呢？"

"嘿，彼此一样啊。我发明了一种诊断治疗机。这种方法能预先诊断出想做坏事的人，然后再做脑手术，使之成为好人。在我准备向社会上公开发表这种诊疗法前，被逮捕审判，关进这里了。如果一个坏人也没有，搞法律的那帮人也就无法谋生①了。"

两个人都终生无望从这里获释。

【作者简介】

星新一（1926—1997），日本现代科幻小说作家，以微型小说著名，作品最大特点是构思巧妙，被尊称为"日本微型小说之父"。代表作有《恶魔天国》《人造美人》《声网》和《恶魔的标靶》，其中《人造美人》被评为世界短篇小说的精品。

星新一的小说不仅具备了构思新颖奇特、情节相对完整、结尾出人意料这三个要素，还冲破微型小说的篇幅短小的限制，"有话则长，无话则短"，大大地增强了微型小说的灵活性和表现力。他把小说的题材也拓宽到人类生活的各个领域，但是他也为自己规定了三个原则：第一、坚决不描写色情和凶杀场面；第二、不追赶时髦，不写时事风俗类的作品；第三、不使用现代派的手法，写作态度严谨。他的作品也经受了时间的考验，读他的作品不会有陈旧感。

思考与练习

一、文章的题目是"解决纠纷的机器"，请你用概括性的语句进行描述，指出这种机器的主要特点。

二、判断下列句子使用了哪种描写方法，有什么作用？

1.法庭上笼罩一片庄严的气氛。

2.他嘴角抽搐，目光惊异，不知是为了卷入案件而愤怒，还是生来就是那么一副性格。

3.辩护律师安慰被告说："我出于同情，才承担了为你辩护的责任。"

三、阅读课文，思考下面问题。

1.被告发明了能促进社会进步的机器，他理应得到奖赏，可是他最终却被送进了精神病院，这是为什么呢？

---

① 谋生：设法寻求维持生活的门路。

2.作为被告的辩护律师,他有没有认真地履行他的职责,为什么?

3.在精神病院里,主人公又遇到了一个处境和他一样的"病友",这说明了什么问题?

四、科技的发展冲击着我们固有的观念,我们该如何面对层出不穷的新兴科技?如何面对未来呢?请谈谈你的感想。

延伸阅读

自动装置带来的烦恼

星新一

清晨,躺在床上的 N 先生醒了过来。他的头刚一离开枕头,装在耳朵上的那个耳环状的微型扩音器就轻轻地响了起来。

"早上好。您已经完全睡够了。请精神饱满地开始今天的生活吧。"

在枕头里面有一种特殊的装置,能够准确无误地测量出睡眠的程度,并通过微型扩音器将此信号转化成声音通知对方。在睡眠不足的时候会及时地提醒对方,并且,在辗转反侧、难以入睡的时候,这种装置会明确地指出,服用哪一种催眠药效果为好。

确实是便利之极。居然能够制造出这种东西来——从前的人们是连想也不敢想呀。

N 先生和夫人一起吃着早饭。就是在吃早饭的时候,微型扩音器仍然在耳边轻轻地响着。

"咖啡不能再多喝了,可以再喝一些牛奶,可以再加一片干酪……"

装在天花板上的电视摄像机密切地注视着饭桌上的情况,根据对方的具体情况计算出最佳饮食量,并将其结果转化成指示声传送出来。

N 先生把这些指示奉为"圣旨"一般,从来不敢违抗。正是因为他始终不渝地坚持"服从命令听指挥",所以身体才保养得这么好,既健美又强壮,既不过瘦也不过胖。体内的营养成分经常保持着一定的平衡状态,并且,内脏的情况也十分良好。确实是便利之极。从前的人们恐怕连想也不敢想吧。

吃完早饭以后,N 先生来到盥洗室刷牙。随后,他把一个小型装置放在嘴里含了五秒钟左右,以便查明口腔内有无细菌,是否有蛀牙,酸碱度如何等等。

"您的口腔内没有任何异常情况。"

微型扩音器轻轻地向 N 先生报告着。刮完胡子,洗好脸之后,N 先生又拿起了另外一个小型装置,放在自己的头上轻轻地来回移动着。这是毛发状态检查器,如果发现有异常情况的话,它立刻就会发出通知。这个装置能够指出应该在什么时候洗头,并且会告诉对方使用哪一种头发保养剂最为合适。借助于这种装置,可以使头发永远保持最佳状态。

N 先生走进了厕所。这里也有着特殊装置,能够对排泄物进行精密的分析,一旦发现有什么异常变化，立刻就会通知对方。它会对消化情况作详细的调查，如果在饮食方面有什么要注意的话，就会告诉对方应当服用什么药物。有时候还会根据具体情况，及时地向对方发出指示：为了慎重起见，应该赶快到医院里去做一次周密的全身检查。

虽然刚开始的时候对这一切感到十分麻烦和别扭，但是现在已经习惯了，反而觉得非常方便，成了不可缺少的生活必需品了。无论什么疾病都能在初期就被发现，绝不会发生什么因为治疗太晚而耽误的事情。有些疾病从人体外表上是看不出任何异常情况来的，而等到病人感到不舒服时，却往往已经是病入膏肓，无可救药了。但是现在再也用不着为这种可怕的病提心吊胆了。并且，用不着服药和浪费过多的医疗费用就可以把疾病消灭在萌芽状态。在使人延长寿命的装置之中，这是一个极其重要的部分。

无论从哪一方面来说，都确确实实是便利之极。居然能够制造出这种东西来——从前的人们是连想也不敢想的吧。

Ｎ先生刚一走出厕所，就有人打来了电话。

"喂，喂……"

Ｎ先生拿起话筒和对方通着话。在电话机旁边连接着一个小型装置，使得通话者的名字和照片都清晰地在银幕上放映了出来。只要对方讲出一句话，这个装置就能对其音色特征进行分析，并且飞快地从资料储存器里选择出与其相吻合的名字及照片来，使接电话者马上就可以一目了然地知道：这是谁打来的电话。假如在第一次打电话的时候说出了自己的名字，那么第二次时只要说"喂，喂"就行了。这既简单又正确，可以节约时间。更重要的是，再也不会发生模仿别人的说话声而进行诈骗的事情了。

电话是一个老朋友打来的，说他即将因公出差去东京，希望能在今天傍晚碰一次头，告别一下。

快要到上班的时候了。Ｎ先生用自动刷衣器把衣服刷得干干净净。接着，领带选择器又根据这一天的气候、对方的服装和心情挑选出了最合适的领带。最后，Ｎ先生开动了遗忘物品检查器。

夫人对将要出门去的Ｎ先生说道："你把这个出了毛病的收据保存器带着，在上班去的路上顺便修理一下吧。"

这个装置可以用显微摄影的方法把收据录制在微缩胶卷上，既不会遗失也不会弄错。并且，各种收据都排列得井井有条，寻找起来极其方便。可以说是万无一失。这种微缩胶卷可以在法庭上作为可靠的证据。

往往有这种情况：在买东西的时候明明付过了钱，但是却忘了拿东西，并且连收据也不慎遗失了。于是，顾客便和营业员争得面红耳赤，不可开交。可是，自从发明了收据保存器以来，这种不愉快的事情便绝迹了。确实是便利之极。这种奇妙的装置从前的人们连想也没有想到过吧。

夫人一边把这个装置交给Ｎ先生，一边说着："还有，昨天拿去修理的那个'关门确认装置'今天下午该修好了,在回来的时候顺便去取一下吧。"

在出门或者临睡之前,只要看一下这个装置,马上就能确定门究竟是否已关好。绝不会发生那种因为忘了关门而让小偷钻进来的倒霉事情。有时候门明明已经关好了,但有的人却不放心,还要从床上爬起来再去检查一下。现在有了这个装置就再也用不着多此一举,可以高枕无忧了。

确实是便利之极。居然能够制造出这种东西来——从前的人们是连想也不敢想的吧。正因为如此,所以只要一发生故障的话,立刻就得送去进行修理。

把N先生送出门以后,夫人拿着万能故障发现器对全家的所有装置逐一进行检查。一旦某个装置开始出现什么反常情况的话,发现器的电铃马上就会响起来,提醒人们注意。并且,如果有什么装置需要送去修理的话,夫人就在第二天快上班的时候交给N先生去办理。这也是她每天所必须做的事情。

N先生抱着出了故障的装置,在上班的路上把它们送进修理部里,请对方进行修理。无论哪一个装置都是极其精密复杂的,因此,外行的人根本就不可能利用休假日待在家里自己动手把它修好。如果胡乱摆弄一气的话,反而会更加糟糕。不管是哪一项修理工作,都必须由专家亲自动手才行。

大多数的装置买回来之后都能保用三年。在保用期间是绝对不会发生任何故障的。事实上也是如此。可是,也有许多装置用了五年之后仍然完好无损。把所有的装置都合计起来的话,每一户人家所使用的装置几乎都要达到一千多种。因此,只要稍微发生一点儿故障,马上就会感到非常不方便。

正是这个原因,差不多平均每天总有一两个装置要发生故障。所以,每天总得拿着什么东西出门去修理,而回来的时候则要去取修好的东西。当然,修理费是免不了要付的。

只有在这个时候,N先生才在自己的心里暗暗地叫着苦:什么便利呀,居然会落到这种地步——从前的人们连想也没有想到吧。

（李有宽 译）

——选自《星新一作品集》

表达与交流

应用文写作:请柬与邀请书

写作要求

掌握请柬与邀请书的写作格式和注意事项,能够写日常生活中常用的请柬与邀请书。

写作指导

请柬、邀请书分别是单位、团体或个人邀请有关单位或人员出席重要会议、典礼或重要活动所用的礼仪信函或信柬。

邀请书与请柬具有一定的相似性，但邀请书的信息量比请柬大，使用范围也比请柬广，而请柬比邀请书庄重、典雅，表达的礼仪、情感色彩更浓一些。

请柬和邀请书的特点：

1.礼仪性：这是出于对个人或单位礼貌和尊敬而发出的正式邀请，以示对对方的尊重，感情的联络。

2.郑重性：文字端庄、得体、工整，以表示对被邀请者的郑重态度。

3.公开性：私密性都不是很强，一般情况下是可以公开的。

4.艺术性：款式和装帧设计都较美观，讲究精致性。

5.明确性：都有明确的发送对象，是特定的单位或者个人。

请柬与邀请书从形式上分为横式写法和竖式写法两种。竖式写法从右边向左边写。请柬一般由标题、称谓、正文、结尾、落款五部分构成。

标题：标题写上"请柬"或"邀请书"的字样，字体稍大，写于正文正上方或封面，要美观、醒目。目前，市面上流行的都是印制好的，封面也直接印上了名称"请柬"或"邀请书"字样，发文者只需填写正文就行。

称谓：写被邀请人的姓名、身份。一定要用敬语，如"尊敬的×××""××先生/女士"。位置在标题下一行顶格处，如是竖写则在标题左侧一行。如邀请的是某个单位、团体则写全称。称谓后面要加冒号。

正文：写明邀请的理由、要求等，交代清楚活动的内容、时间、地点及有关注意事项。

结尾：一般写"此致敬礼""敬请莅临指导"或"敬请光临""请届时出席"等礼貌用语。

落款：在结尾的右下方，注明发出请柬的单位名称或个人姓名。发请柬的如果是单位，要加盖公章；私人请柬可以不用盖章。署名下方注明日期。

要注意的几点内容：

1.内容简洁、明确。请柬与邀请书内容都比较简单，语言简洁，文字精练，但邀请书内容相对较具体些，表达时一定要注意意思明确。时间、地点一定要交代清楚，切不可含糊。

2.要有礼貌。书写时要注意礼貌用语，富有强烈的礼节性，充满热情与敬意，使对方读后能愉悦地接受邀请。切不可用命令的口气。

3.装帧精美，富有艺术性。随着时代的发展，人们对社交礼仪越来越重视，请柬和邀请书的装帧也越来越讲究。因为它们不仅是一种实用文书，也是一种艺术品，不仅要达到它的实际效用也要达到视觉上的美感。在选用时要根据实际需要来甄选。

例文展示

邀请书

××公司负责人：

　　您好！

　　我院定于 2012 年 12 月 29 日（周五）下午 2：00 举办高职院校 2012 年校园招聘会。此次校园招聘会将有计算机应用基础、工艺美术、烹饪、动漫设计与制作、装饰艺术设计等专业，约 200 名具有大中专学历的学生参与招聘、推荐。

　　贵公司收到请柬后，请于 12 月 15 日前填写回执并传真或发电子邮件到我院以便我院统计人数，做好接待安排工作（我院将免费提供招聘摊位）。

　　我院免费统一制作招聘会的宣传资料，有意向的企业可以将宣传资料和招聘条件在 12 月 15 日前发电子邮件给我们。

　　十分感谢贵公司的支持，谢谢！

　　联系电话：88888888　　　传真：99999999　　　邮箱：tjxy@sina.com

　　联系人：张老师　　廖老师

××省职业技术学院（盖章）
2012 年 12 月 10 日

请　柬

尊敬的李××老师：

　　兹定于九月十日晚六点整在行政楼 304 室召开退休教师茶话会，届时敬请光临。

　　此致

敬礼

×××职业学院（盖章）
2012 年 9 月 5 日

写作练习

　　一、××职业学院为庆祝建院 15 周年，准备邀请上级领导、相关部门及部分毕业生参加学院建院 15 周年的庆祝典礼。请你以学院的名义写一份请柬。

　　二、大专装饰艺术 12（1）班为欢庆元旦，准备举行元旦庆典，并邀请学院领导和本班任课教师参加，请你根据请柬的格式要求，设计样式，并自定时间、地点，为装饰艺术 12（1）班写一份请柬。

　　三、同学王丽与章平将于 2013 年 6 月 1 日结婚，请你为他们设计一张结婚请柬，要有请柬封面与内容。婚宴具体日期及婚宴地点自定。

笔谈:展望未来

情境演练

随着科技的不断进步,我们的生活日新月异,生活方式不断改进。科技究竟会如何改变我们的未来生活,我们未来的生活是什么样子的? 展望未来,畅谈自己对未来生活的设想。

实例借鉴

我们的未来生活

同学甲:你有没有设想过十年、二十年、五十年甚至更长时间后,我们的生活是什么样的?

同学乙:有设想过。科技的进步对我们未来生活的影响将是很大的。

同学甲:科技进步对我们未来生活的影响很大,那么你能否举例来说明呢?

同学乙:可以。你听说过用废弃的稻草、秸秆来建房屋吗?

同学甲:我知道用稻草、秸秆可以烧火做饭,可以搭成原始的低矮的稻草屋,可没有听说过它们可以用来建比较正式的房屋,你介绍一下。

同学乙:这是一个来自南京报业网《金陵晚报》的消息,消息说在一个科技创新成果展会上,苏福马股份有限公司向我们展示了一款高密度板材。它是由废弃物稻草、秸秆制作,然后用不含有市面上人见人怕的甲醛的胶水黏合而成,是种环保材料,这种由稻草、秸秆压制的板材受力性能一流,和普通板材并没有两样,能用来建小屋。

同学甲:哇,这么好啊! 那我们就可以远离甲醛、远离钢筋水泥了。

同学乙:那你还听说了吗? 上完厕所后不用冲洗。

同学甲:那怎么可能呢? 上完厕所肯定要用水冲洗的呀!

同学乙:现在科技进步了,有一种厕所叫作生态厕所,用完后不用冲洗。因为它使用了国外的一种微生物技术,它能够除臭,能将大小便转换为水蒸气、二氧化碳以及微量氨气排放到大气中,不会有污染物的排放,也无须冲洗。很节水哦!

同学甲:这真是太好了! 全世界都很缺水,如果能用上生态厕所也能节约很多水呢! 科技的发展对我们未来的生活影响真是太大了。

简评

此次笔谈对未来的生活进行了展望。交流的双方能畅所欲言,提问有针对性,回答的时候能紧扣问题。笔谈内容,条理清晰,语句通顺。

◉ 拓展练习

班会活动课上,班长组织了一次有关理想的探讨活动。围绕着"有没有理想,如何实现自己的理想"展开讨论,请根据这一情境分小组进行笔谈练习。

媒介素养综合实践活动

新媒体传真情——沟通无极限

◉ 场景案例

湖北新闻网武汉10月24日电(许林璐)"新闻中心发来贺电""广播台发来贺电",昨晚凌晨,一条条微博祝福引来武汉商贸职业学院众多学生的关注。原来,本月24号是武汉商贸传媒影视学院辅导员李珊的生日,23号晚12点,在QQ群、微博、微信上学生们炸开了花,纷纷对珊姐送去祝福,短短一上午就有近60多名学生发布了生日祝福的微博。

据了解,李珊今年23岁,在武汉商贸职业学院传媒影视学院担任辅导员已经两年了,被学生们称为"美女辅导员",李珊性格开朗,平时和蔼可亲,十分受同学喜欢。

"珊姐人好又漂亮就像大家的大姐姐一样,大家都非常喜欢珊姐,祝珊姐越来越年轻。"2011级传媒影视学院新闻专业学生陆慧表示。2013级学生刘俊艳说,珊姐很有爱,这么有爱的辅导员生日,必须送去大大的祝福。

据介绍,利用微博、微信等新媒体途径传送祝福的现象已经十分普遍,在信息高速发达的现代,大学生成为新媒体实现目标的载体,也在无形中推动了新媒体向生活中的各个渠道延伸。

该校官方微博运营负责人晏升表示,通过微博、微信等祝福方式不仅可以达到表达自己的祝福意愿,还可以更好地使更多的人了解到接受祝福的本人,也是正能量的体现。"新媒体的发展是毋庸置疑的,怎样利用新的沟通渠道传递情感,势必会成为新的发展趋势。"

◉ 策划筹备

信息化时代的到来,人们的学习方式、思维方式、交往方式、生活方式发生着巨大的变化。从即时聊天工具QQ、MSN到微信、微博、E-mail的使用,人们可以互动频繁,却不用见面。我们可以运用这些更便捷、更科学的方式与家人、朋友、老师分享自己的快乐与烦恼,交流自己的经验与见解。然而,在现实生活中有些同学时常为被别人误解而不开心,为想要表达的意思没有表达清楚而闷闷不乐……这在一定程度上是因为缺乏沟通能力而导致的,那么沟通真的如此重要吗？ 我们如何成为一个懂得沟通的人？ 与人沟通需要哪些技巧、哪些方式呢？

一、收集整理有关沟通的重要性和沟通技巧的资料。

二、收集有关沟通的名人名言、名人轶事。

三、收集同学在沟通交往中出现频率最多的问题,分类整理。

四、调查分析人们最喜欢的沟通方式及使用这些新媒体进行沟通交流时的心得体会。

◉ 活动应用

一、以学习小组为单位,查找相关资料,收集整理,相互交流各自的图片和资料。

二、对收集的资料进行分类整理,制作小报或者PPT进行班级展示。

三、在校园宣传栏举办一个展览,向全校同学宣传沟通的重要性。

四、运用恰当的沟通媒介,使用一定的沟通技巧可以让你赢得更多的友谊,获得更大的成功,尝试用学到的知识和家人、朋友、老师沟通。

第 六单元　笃学与励志

单元导语

人若无志,人生就会失去方向,失去前行的动力。青年人唯有及早立下高远之志,并且坚定不移地为之不懈奋斗,人生才有意义! 因为有志,小溪可以汇成大海;因为有志,枯枝能够盼到春的绿叶;因为有志,人类可以助长山峰的高度。让我们努力学习,构筑我们的梦想,为梦想拼搏吧!

本单元的选文中,《论语十则》是关于学习态度和学习方法的,语言简洁精练,含义深刻,很有启迪意义;《窃读记》描绘了一个极其热爱读书,渴求知识的充满灵性的"我"的形象;《我的五样》通过作者一次虚拟的选择,完成了对生命意义的哲学追问——我为何而生?《我的读书生活》用真切可感的事实为我们展示了那种宽松、自由的读书环境以及学生们酷爱读书的良好风气;《最后一片树叶》歌颂了艺术家之间相濡以沫的友情。

在本单元,我们将训练记叙文写作中抒情和议论相结合的技巧,旨在帮助同学们提高记叙文写作能力;安排了笔谈训练,帮助同学们提高笔谈能力,为顺利走向社会、进入职场做好准备。我们正值青春年少,风华正茂,我们对未来有着美好的憧憬,也对前途有着些许的迷茫……为此,我们在本单元为同学们安排了"我爱我的专业——梦想从这里起航"这一综合实践活动,让我们在活动中加深对自己专业的认识和热爱,为同学们走上社会、参与社会生活打下一定的基础。

阅读与欣赏

26 论语十则①

课文导读

中国是一个有着五千年文明史的礼仪之邦,在它源远流长的历史长河中,出现过无数光耀千古的文化巨人,为我们留下了极其宝贵的文化遗产,《论语》就是其中一部辉煌的巨著,它是中华民族优秀的文化遗产,对我国几千年的政治、思想和文化产生了巨大的影响。即使在今天,它依旧光芒四射,熠熠生辉。

《论语》是记录孔子和他弟子言行的一部书,由孔子的弟子和再传弟子编辑而成,共20篇。《论语》采用语录体的形式,向人们讲述了求知态度、学习方法和修身做人的相关道理。文章浅显通俗,明白晓畅。感情丰富,形式活泼。言简意赅,耐人寻味。本文选取了其中的十则。

子曰:"学②而时③习之,不亦说④乎? 有朋⑤自远方来,不亦乐⑥乎? 人不知而不愠⑦,不亦君子⑧乎?"

---

① 选自刘建龙:《大学语文》,北京交通大学出版社 2011 年版。
② 学:孔子在这里所讲的"学",主要是指学习西周的礼、乐、诗、书等传统文化典籍。
③ 时:按时。
④ 说:通"悦",愉快。音 yuè。
⑤ 朋:是指志同道合的人。
⑥ 乐:与"说"有所区别。旧注说,悦在内心,乐则见于外。
⑦ 愠(yùn):生气,发怒。
⑧ 君子:道德上有修养的人。

曾子^①曰:"吾日三省^②吾身:为人谋而不忠^③乎? 与朋友交而不信^④乎? 传不习^⑤乎?"

子曰:"温故^⑥而知^⑦新,可以为师矣。"

子曰:"学而不思则罔^⑧,思而不学则殆^⑨。"

子曰:"由,诲女^⑩知之乎! 知之为知之,不知为不知,是知^⑪也。"

子曰:"见贤^⑫思齐^⑬焉,见不贤而内自省也。"

子曰:"三人行,必有我师焉;择其善者而从之^⑭,其不善者而改之^⑮。"

曾子曰:"士不可以不弘毅^⑯,任重而道远。仁^⑰以为己任,不亦重乎? 死而后已^⑱,不亦远乎?"

---

①　曾子:曾子,姓曾,名参(shēn),字子舆(公元前505—前436),春秋战国间鲁国南武城人(现在山东费县),是被鲁国灭亡了的鄫国贵族的后代。曾参是孔子的得意门生,以孝子出名。据说《孝经》就是他撰写的。

②　三省(xǐng):多次反省。注:三省有几种解释:一是多次检查。二是从多个方面检查。其实,古代在有动作性的动词前加上数字,表示动作频率高,不必认定为三次。三是泛指多次。多次进行自我检查反省。

③　忠:旧注曰:尽己之谓忠。此处指对人应当尽心竭力。

④　信:旧注曰:信者,诚也。以诚实之谓信。要求人们按照礼的规定相互守信,以调整人们之间的关系。意思是:真诚、诚实。

⑤　传不习:传(动词用做名词),旧注曰:"受之于师谓之传。"老师传授给自己的。习,与"学而时习之"的"习"字一样,指温习、实习、演习等。

⑥　故:旧的(知识)。

⑦　知:理解、领悟。

⑧　罔:迷惑而无所得。

⑨　殆:精神疲倦而无所得。

⑩　女(rǔ):通"汝",人称代词,你。

⑪　知(zhì):通"智",本字指"是知(智 zhì)也",意思是聪明,智慧。

⑫　贤:德才兼备的人。

⑬　齐:看齐。

⑭　之:指代善者。

⑮　之:指代不善者。

⑯　弘毅:胸怀宽广,意志坚强;刚强,勇毅。

⑰　仁:指推己及人,仁爱待人。

⑱　已:结束。

子曰:"岁寒,然后知松柏之后凋也。"

子贡问曰:"有一言①而可以终身行②之者乎?"子曰:"其恕乎③! 己所不欲④,勿施于人。"

【孔子简介】

孔子(公元前551—公元前479),名丘,字仲尼,春秋末期鲁国陬邑(今山东曲阜市东南)人。

孔子是我国古代著名的思想家、教育家、儒家学派创始人。相传有弟子三千,贤弟子七十二人,孔子曾带领弟子周游列国14年。孔子还是一位古文献整理家,曾修《诗》《书》,定《礼》《乐》,序《周易》,作《春秋》。孔子的思想及学说对后世产生了极其深远的影响。

思考与练习

一、填空。

1.孔子名_____,字_____,_____时期鲁国人,是我国古代伟大的_____家,_____家,是_____家学派创始人,被尊称为_____。

2.《论语》是_____家学派经典著作之一,共_____篇。采用_____的形式,向人们讲述了_____、_____和_____的相关道理。

二、根据原文填空。

1.学而时习之,_____? 有朋自远方来,_____?

2.《论语》中你认为能保持君子风格的一句_____。

3.谈"学"与"思"辩证关系的句子_____。

4.孔子认为认识事物的正确态度是_____,_____。

5.论述新旧知识关系的句子是:_____,_____。

三、解释加点的字词。

时习	( )	不亦说乎	( )
不愠	( )	吾日三省吾身	( )
不信	( )	传不习	( )
温故	( )	罔	( )

---

① 一言:一个字。

② 行:奉行。

③ 其恕乎:其:大概,也许。恕:用自己的心来推想别人的心,指儒家的推己及人,仁爱待人。

④ 欲:喜欢,想。想要(做的事)。

殆　　（　　　　）　　　诲女　　　　　　　　（　　　　　　）

是知　（　　　　）　　　弘毅　　　　　　　　（　　　　　　）

四、翻译句子。

1.人不知而不愠,不亦君子乎?

2.温故而知新,可以为师矣。

3.见贤思齐焉,见不贤而内自省也。

4.三人行,必有我师焉。

5.岁寒,然后知松柏之后凋也。

五、按要求从本文找出例句。

1.学习方法:

2.学习态度:

3.品德修养:

延伸阅读

鱼我所欲也

孟　子

鱼,我所欲也,熊掌,亦我所欲也;二者不可得兼,舍鱼而取熊掌者也。生,亦我所欲也,义,亦我所欲也;二者不可得兼,舍生而取义者也。生亦我所欲,所欲有甚于生者,故不为苟得也;死亦我所恶,所恶有甚于死者,故患有所不辟也。如使人之所欲莫甚于生,则凡可以得生者,何不用也?使人之所恶莫甚于死者,则凡可以辟患者,何不为也?由是则生而有不用也,由是则可以辟患而有不为也。是故所欲有甚于生者,所恶有甚于死者。非独贤者有是心也,人皆有之,贤者能勿丧耳。

一箪食,一豆羹,得之则生,弗得则死。呼尔而与之,行道之人弗受;蹴尔而与之,乞人不屑也。

万钟则不辨礼义而受之,万钟于我何加焉!为宫室之美,妻妾之奉,所识穷乏者得我与?乡为身死而不受,今为宫室之美为之;乡为身死而不受,今为所识穷乏者而为之;是亦不可以已乎?此之谓失其本心。

27 窃读记①

林海音

课文导读

　　课文以"窃读"为线索,以"我"放学后急匆匆地赶到书店,到晚上依依不舍离开的时间顺序和藏身于众多顾客、借雨天读书两个场景的插入,作者通过细致入微的动作描写和自语式的独白描绘心境,细腻生动地描绘了"我"在"窃读"时的独特感受与百般滋味,将一个极其热爱读书,渴求知识的充满灵性的"我"表现得淋漓尽致。

　　在学习中,我们要抓住课文的主要内容,体会作者"窃读"的复杂"滋味",感悟作者对读书的热爱,对知识的渴望,从而激发自己对学习的积极性。

　　转过街角,看见三阳春的冲天招牌,闻见炒菜的香味,听见锅勺敲打的声音,我松了一口气,放慢了脚步。下课从学校急急赶到这里,身上已经汗涔涔的,总算到达目的地——目的地可不是三阳春,而是紧邻它的一家书店。

　　我趁着漫步给脑子一个思索的机会:"昨天读到什么地方了?那女孩不知以后嫁给谁?那本书放在哪里?左角第三排,不错。"走到三阳春的门口,便可以看见书店里仍像往日样地挤满了顾客,我可以安心了。但是我又担忧那本书会不会卖光了,因为一连几天都看见有人买,昨天好像只剩下一两本了。

　　我跨进书店门,暗喜没人注意。我踮起脚尖,使矮小的身体挨蹭过别的顾客和书柜的夹缝,从大人的腋下钻过去,哟,把头发弄乱了,没关系,我到底挤到里边来了。在一片花绿封面的排列队里,我的眼睛过于急忙地寻找,反而看不到那本书的所在。从头来,再数一遍,啊!它在这里,原来不是在昨天那位置了。

　　我庆幸它居然没有被卖出去,仍四平八稳地躺在书架上,专候我的光临。我多么高兴,又多么渴望地伸手去拿,但和我的同时抵达的,还有一双巨掌,十个手指大大地分开来,压住了那本书的整个:"你到底买不买?"

　　声音不算小,惊动了其他顾客,他们全部回过头来,面向着我。我像一个被捉到

---

　　① 选自《中国当代散文名家名篇赏读》,上海教育出版社 2001 年版。

的小偷，羞惭而尴尬①，涨红了脸。我抬起头，难堪地望着他——那书店的老板，他威风凛凛地俯视着我。店是他的，他有全部的理由用这种声气对待我。我用几乎要哭出来的声音，悲愤地反抗了一句："看看都不行吗？"其实我的声音是多么软弱无力！

在众目睽睽②下，我几乎是狼狈地跨出了店门，脚跟后面紧跟着的是老板的冷笑："不是一回了！"不是一回了？那口气对我还算是宽容的，仿佛我是一个不可以再原谅的惯贼。但我是偷窃了什么吗？我不过是一个无力购买而又渴望读到那本书的穷学生！

曾经有一天，我偶然走过书店的窗前，窗前刚好摆了几本慕名很久而无缘一读的名著，欲望推动着我，不由得走进书店，想打听一下它的价钱。也许是我太矮小了，不引人注意，竟没有人过来招呼，我就随便翻开一本摆在长桌上的书，慢慢读下去，读了一会儿仍没有人理会，而书中的故事已使我全神贯注，舍不得放下了。直到好大工夫，才过来一位店员，我赶忙合起书来递给他看，煞有其事似的问他价钱，我明知道，任何便宜价钱对于我都是枉然的，我绝没有多余的钱去买。

但是自此以后，我得了一条不费一文钱读书的门径。下课后急忙赶到这条"文化街"，这里书店林立，使我有更多的机会。

一页，两页，我如饥饿的瘦狼，贪婪地吞读下去，我很快乐，也很惧怕，这种窃读的滋味！有时一本书我要分别到几家书店去读完，比如当我觉得当时的环境已不适宜我再在这家书店站下去的话，我便要知趣地放下书，若无其事地走出去，然后再走入另一家。

我希望到顾客正多着的书店，就是因为那样可以把矮小的我挤进去，而不致被人注意。偶然进来看书的人虽然很多，但是像我这样常常光顾而从不买一本的，实在没有。因此我要把自己隐藏起来，真是像个小偷似的。有时我贴在一个大人的身边，仿佛我是与他同来的小妹妹或者女儿。

最令人开心的是下雨天，感谢雨水的灌溉，越是倾盆大雨我越高兴，因为那时我便有充足的理由在书店待下去。好像躲雨人偶然避雨到人家的屋檐下，你总不好意思赶走吧？我有时还要装着皱着眉头不时望着街心，好像说："这雨，害得我回不去了。"其实，我的心里是怎样高兴地喊着："再大些！再大些！"

但我也不是读书能够废寝忘食的人，当三阳春正上座，飘来一阵阵炒菜香时，我也饿得饥肠辘辘③，那时我也不免要做个白日梦：如果袋中有钱该多么好？到三阳春吃碗热热的排骨大面，回来这里已经有人给摆上一张弹簧沙发，坐上去舒舒服服地接着看。我的腿真够酸了，交替着用一条腿支持另一条，有时忘形地撅着屁股依赖在书柜旁，以求暂时的休息。明明知道回家还有一段路程要走，可是求知的欲望这

---

① 尴尬（gān gà）：处于两难境地无法摆脱。
② 众目睽睽（kuí）：许多人睁着眼睛看着。指在广大群众注视之下。
③ 饥肠辘辘（lù）：肚子饿得咕咕直响。形容十分饥饿。

么迫切,使我舍不得放弃任何可捉住的窃读机会。

为了解决肚子的饥饿,我又想出了一个好办法:临时买上两个铜板(两个铜板或许有)的花生米放在制服口袋里,当智慧之田丰收,而胃袋求救的时候,我便从口袋里掏出花生米来救急。要注意的是花生皮必须留在口袋里,回到家把口袋翻过来,细碎的花生皮便像雪花样地飞落下来。

但在这次屈辱之后,我的小心灵确受了创伤,我的因贫苦而引起的自卑感再次地犯发,而且产生了对人类的仇恨。有一次刚好读到一首真像为我写照的小诗时,更增加了我的悲愤。那小诗是一个外国女诗人的手笔,我曾抄录下来,贴在床前,伤心地一遍遍读着。小诗说:

> 我看见一个眼睛充满热烈希望的小孩,
> 在书摊上翻开一本书来,
> 读时好似想一口气念完。
> 摆书摊的人看见这样,
> 我看见他很快地向小孩招呼:
> "你从来没有买过书,
> 所以请你不要在这里看书。"
> 小孩慢慢地踱着叹口气,
> 他真希望自己从来没有认过字母,
> 他就不会看这老东西的书了。
> 穷人有好多苦痛,
> 富的永远没有尝过。
> 我不久又看见一个小孩,
> 他脸上老是有菜色,
> 那天至少是没有吃过东西——
> 他对酒店的冻肉用眼睛去享受。
> 我想着这个小孩情形必定更苦,
> 这么饿着,想着,这样一个便士也没有。
> 对着烹得精美的好肉空望,
> 他免不了希望他生来没有学会吃东西。

我不再去书店,许多次我经过文化街都狠心咬牙地走过去。但一次,两次,我下意识地走向那熟悉的街,终于有一天,求知的欲望迫使我再度停下来,我仍愿一试,因为一本新书的出版广告,我从报上知道好多天了。

我再施惯技,又把自己藏在书店的一角。当我翻开第一页时,心中不禁轻轻呼道:"啊!终于和你相见!"这是一本畅销书,那么厚厚的一册,拿在手里,看在眼里,多够分量!受了前次的教训,我更小心地不敢贪婪,多串几家书店更妥当些,免得再遭遇到前次的难堪。

　　每次从书店出来，我都像喝醉了酒似的，脑子被书中的人物所扰，跟跟跄跄，走路失去控制的能力。"明天早些来，可以全部看完了。"我告诉自己。想到明天仍可以占有书店的一角时，被快乐激动的忘形之躯，便险些撞到树干上去。

　　可是第二天走过几家书店都看不见那本书时，像在手中正看得起劲的书被人抢去一样，我暗暗焦急，并且诅咒地想：皆因没有钱，我不能占有读书的全部快乐，世上有钱的人这样多，他们把书买光了。

　　我惨淡无神地提着书包，抱着绝望的心情走进最末一家书店。昨天在这里看书时，已经剩下最后一册了，可不是，看见书架上那本书的位置换了另外的书，心整个沉下了。

　　正在这时，一个耳朵架着铅笔的店员走过来了，看那样子是来招呼我的（我多么怕受人招待），我慌忙把眼睛送上了书架，装作没看见。但是一本书触着我的胳膊，轻轻地送到我的面前："请看吧，我多留了一天没有卖。"

　　啊，我接过书害羞得不知应当如何对他表示我的感激，他却若无其事地走开了。被冲动的情感，使我的眼光久久不能集中在书本上。

　　当书店的日光灯忽地亮了起来，我才觉出站在这里读了两个钟点了。我合上最后一页——咽了一口唾沫，好像所有的智慧都被我吞食下去了。然后抬头找寻那耳朵上架着铅笔的人，好交还他这本书。在远远的柜台旁，他向我轻轻地点点头，表示他已经知道我看完了，我默默地把书放回书架上。

　　我低着头走出去，黑色多皱的布裙被风吹开来，像一把支不开的破伞，可是我浑身都松快了。摸摸口袋里是一包忘记吃的花生米，我拿一粒花生米送进嘴里，忽然想起有一次国文先生鼓励我们用功的话：

　　"记住，你是吃饭长大，也是读书长大的！"

　　但是今天我发现这句话还不够用，它应当这么说：

　　"记住，你是吃饭长大，读书长大，也是在爱里长大的！"

【作者简介】

林海音(1918—2001),原名林含英,小名英子,生于日本大阪,原籍台湾苗栗县头份镇,作家。父母曾在日本经商,出生后不久回到台湾,但旋即又举家迁往北平居住,就读北京城南厂甸小学、春明女子中学、北京新闻专科学校。担任《世界日报》实习记者,与笔名何凡的作家夏承楹结婚,后来主持《联合报》副刊10年。以小说《城南旧事》(1960)闻名。

思考与练习

一、课文中的"窃读"指什么?

二、找一找,写出三个描写人物"惧怕"的四字词。

_____ _____ _____

三、作者在文中记叙了几次"窃读"的不同遭遇,请简要概括出来。

四、作者说:"被冲动的情感,使我的目光久久不能集中在书本上。"为什么"我"的情感会如此的冲动?

五、请以语言描写或动作描写为例,说说紧邻三阳春的书店老板与最末一家书店的店员有何不同。

延伸阅读

谢谢老师

苏叔阳

人生有许多事要学;人生有许多事要做。一生教你学做事的人便是老师。

人生有许多难做的事,而最难的事是做人。在这世上首先教你做人的人,便是老师。

人生有许多许多的东西令你珍重。而当你双鬓堆雪,归于宁静,你才会知道,这珍重之中的珍重,乃是真诚。在这世上,唯有老师,唯有老师呵,教你真诚。

老师的职业,容不得虚假;老师的职业,排斥奸佞。诲人之心长在,哗众之意皆无。一切伪善、丑恶、买空卖空,损人肥己的言行,与老师的道德相悖,为老师的称号所不容。

也许,你的一生,超越过许多坎坷、踏上过无数道台阶,终于步入辉煌,攀上了顶峰。请你面对清风明月,扪心自省,你可记得,每一道沟坎,每一步阶梯,有几位老师搀扶你前行,用肩膀托你到高处去领受人世的风景?

在每一个成功者的道路上,谁也数不清有多少老师的身躯,做了铺路的石子,让你踏着他们去开辟前程。小心地抬起你的脚吧，不要碾碎了他们的心灵。

或许，你感喟一生的平庸，叹息命运的不公平；为什么荣耀的花环总套在别人的头上，只将寂寞、清冷、悲苦甚至不幸赏给自己的姓名。也请你静夜长思吧，有多少老师为你付出了同样的辛劳，甚至给你远超过给别人的呵护，为你些微的成功而高兴得热泪涔涔，就算你失败、跌倒，周围都是嘲讽的目光，也总有一双眼睛，充满怜爱地凝望着你，那就是老师的眼睛。不管你是灿烂还是黯淡，你都是老师心中的星辰。请你振作吧，别伤了老师的心！

把老师比做母亲，把老师比做人梯，比做燃烧自己照亮别人的红烛，比做努力吐出最后一口丝线的春蚕，都不过分。这世上倘没了老师，人类将永远陷入混沌。老师是擎天的柱，润泽大地的春雨，让人类绵延不绝的大军。假如人世上有一种专门吃苦而造福别人的职业，那便是老师，没有任何人比他们更神圣。

不管是华发满头，还是青春年少，让我们手牵起手，躬下身，向所有的老师谦恭地祝福，含泪说一声："谢谢啦，谢谢你们，老师！"

28 我的五样①

毕淑敏

课文导读

　　毕淑敏的散文文质兼美,情理兼顾,这篇文章也不例外。文中毕淑敏通过一次虚拟的选择,面对"空气、水、阳光、鲜花、笔"这五样心中热爱的东西只能留下一种时,她留下了笔,完成了对生命意义的哲学追问——我为何而生? 她的回答是为了写作。从中"我"经历的"选"和"弃"的痛苦与艰难,不仅给读者美文的享受,而且还给读者情理的震撼。因为她是作家,离开了笔,就没有了灵魂,没有了思考,没有了批判,就没有了生存的意义。

　　人生是一个永恒的话题,也是每个人必须面对的课题。人生的内涵很广,我们不能拥有世上的一切,那么,在有限的珍藏中,我们追求什么,选择什么,舍弃什么,是一个值得思考的问题。通过这篇课文的学习,希望对你有所启发。

　　老师出了题目——写下"你生命中最宝贵的五样东西",我拿着笔,面对一张白纸,周围一下静寂无声。万物好似压缩成超市货架上的物品,平铺直叙摆在那里,等待你的手挑选。货筐是那样小而致密,世上的林林总总,只有五样可以塞入。

　　也许是当过医生的缘故,在片刻的斟酌之后,我本能地挥笔写下:空气、水、太阳……

　　这当然是不错的。你不可能设想在一个没有空气和水的星球上,滋长出如此斑斓多彩的生命。

　　但我很快发现自己陷入了困境——如果继续按照医学的逻辑推下去,马上就该写下心脏和气管,它们对于生命之汞也是绝不可缺的零件。结果呢,我的小筐子立马就装满了,五项指标支出一净。想想那答案的雏形②将是:我生命中最宝贵的东西——空气、水、阳光、气管、心脏……哈! 充满了严谨的科学意味,飘着药品的味道。

　　可这样写下去,毛病大啦。测验的功能,是辅导我们分辨出什么是自己生命中最重要的因子,以致当我们面临人生的选择和丧失时,会比较镇定从容,妥帖③地排

---

① 选自《毕淑敏散文精品丛书》,中国青年出版社 2006 年版。本课文作者简介参见第一单元第 1 课。
② 雏(chú)形:初具规模、尚未定型的形式。
③ 妥帖:稳当;合适。

出轻重缓急，而我的答案，抽象粗放大而化之，缺乏甄别①和实用性。

于是我决定在水、空气、阳光三种生命要素之后，写下对我个人更为独特和生死攸②关的症结。第四样，我写下了——鲜花。真有些不好意思啊。挂着露滴的鲜花，是那样娇弱纤巧，我似乎和庄严的题目开了一个玩笑。但我真是如此地挚爱它们，觉得它们不可或缺。绚烂的有刺的鲜花，象征着生活的美好和短暂的艰难，我愿有一束美丽的玫瑰，陪伴我到天涯。写下鲜花之后，仅剩一样挑选的余地了，刹那间，无数声音充斥耳鼓，申述着自己的不可替代性，想在最后一分钟，挤进我的小筐。

我偷着觑③了一眼同学们的答案，不禁有些惶然。有的人写的是"父母"。我顿时感到自己的不孝，是啊，对于我的生命来说，父母难道不是极为宝贵的因素吗？且不说没有他们哪来的我，就是一想到他们可能先我而去，等待我们的是生离死别，永无相见，心就极快地冰冷成坨。有的人写的是"孩子"。一看之下，我忐忑不安，甚至觉得自己负罪在身。那个幼小的生命，与我血脉相承，我怎能在关键的时刻，将他遗漏？有的人写的是"爱人"。我便更惭愧了。说真的，在刚才的抉择过程中，几乎将他忘了。或许因为潜意识里，认为在未曾识得他之前，我的生命就已经存在许久。我们也曾有约，无论谁先走，剩下的那人都要一如既往地好好活着。既然当初不是同月同日生，将来也难得同月同日死，彼此已商定不是生命的必需，排名在外，也有几分理由吧？

正不知将手中的孤球，抛向何出，老师一句话救了我。她说，这生命中最宝贵的东西，不必从逻辑上思索推敲是否成立，只需是你情感上的真爱即可。凝神再想。略一顿挫之后，拟写"电脑"。因为基本上已不用笔写作，电脑便成了我密不可分的工作伴侣。落笔之际我发觉，电脑在此处，并不只是单纯的工具，当是一种象征，代表我挚爱的劳动和神圣的职责。很快联想到电脑所受制约较多，比如停电或是病毒入侵，都会让我无所依傍。唯有朴素的笔，虽原始简陋，却可朝夕相伴风雨兼程。于是，洁白的纸上，留下了我生命中最宝贵的五样东西——水、阳光、空气、鲜花和笔（未按笔画为序，排名不分先后）。

同学们嘻嘻笑着，彼此交换答案。一看之后，却都不作声了。我吃惊地发现，

---

① 甄（zhēn）别：鉴别，区别，强调认真、慎重的鉴别。

② 生死攸（yōu）关：关系到生和死。指生死存亡的关键。出自《龙虎风云记》："这是千百名难友生死攸关的大事体啊！"

③ 觑（qù）：看，偷看，窥探。

每个人留在纸上的物件，万千气象，绝不雷同，有些简直让人瞠目结舌。比如某男士的"足球"，某女士的"巧克力"，在我就大不以为然。但老师再三揭示，不要以自己的观点去衡量他人，于是不露声色。接下来，老师说，好吧，每个人在你写下的五样当中，划去相对不那么重要的一样，只剩下四样。权衡之后，我在五样中的"鲜花"一栏旁边，打了个小小的"×"字，表示在无奈的选择当中，将最先放弃清丽绝伦的花朵。

老师走过来看到了，说，不能只是在一旁做个小记号，放弃就意味着彻底的割舍，你必得要用笔把它全部删除。依法办了，将笔尖重重刺下。当鲜花被墨笔腰斩的那一刻，顿觉四周惨失颜色，犹如本世纪初叶的黑白默片，我拢拢头发咬咬牙，对自己说，与剩下的四样相比，带有奢侈和浪漫情调的鲜花，在重要性上毕竟逊了一筹，舍就舍了吧。虽然花香不再，所幸生命大致完整。请将剩下的四样当中，再划去一样，剩下三样。老师的声音很平和，却带有一种不容商榷的断然压力。

我面对自己的纸，犯了难。阳光、水、空气和笔……删掉哪一样是好？思忖片刻，我提笔把"水"划去了。从医学知识上讲，没有了空气，人只能苟延残喘①几分钟，没有了水，在若干小时尚可坚持。两害相权取其轻吧。也许女人真是水做的骨肉，"水"一被勾销，立觉喉咙苦涩，舌头肿痛，心也随之焦枯成灰，人好似成了金字塔里风干的长老。我已经约略猜到了老师的程序，便有隐隐的痛楚弥漫开来。不断丧失的恐惧，化作乌云大兵压境。痛苦的抉择似一条苦难的巷道，弯弯曲曲伸向远方。

果然，老师说，继续划去一样，只剩两样。这时教室内变得很寂静，好似荒凉的墓冢。每个人都在冥思苦想举棋不定，我已顾不得探查他人的答案，面对着自己人生的白纸，愁肠百结。笔、阳光、空气……何去何从？闭起眼睛一跺脚，我把"空气"划去了。刹那间好像有一双阴冷的鹰爪，丝丝入扣地扼住我的咽喉，顿觉手指发麻眼冒金星，心擂如鼓气息摒室……我曾在海拔五千多米的冰山上攀缘绝壁，被缺氧的滋味吓破了胆。隔绝了空气，生命便飘然而逝，成为一种哲学意义上的讨论。

好了，现在再划去一样，只剩下最后一样。老师的音调很温和，但执着坚定充满决绝。对已是万般无奈之中的我们，此语不啻惊雷。教室内已经有轻轻的哭泣声。人啊，面临丧失，多么软弱苦楚。即使只是一种模拟，已使人肝肠寸断。笔和阳光。它们在纸上势不两立地注视着我，陷我于深深的两难。留下阳光吧——心灵深处在反复呼唤。妩媚温暖明亮洁净，天地一派光明。玫瑰花会重新开放，空气和水将濡养而出②，百禽鸣唱，欢歌笑语。曾经失去的一切，都会在不知不觉中悄然归来。纵

---

① 苟(gǒu)延残喘：苟：暂且，勉强。延：延续。残喘：临死前的喘息。勉强延续临死前的喘息。比喻暂时勉强维持生存。

② 濡(rú)养而出：受滋养而出现。

使除了阳光什么也没有,也可以在沙滩上直直地晒太阳哇。想到这里,心的每一个犄角,都金光灿灿起来。只是,我在哪里? 在干什么? 我扬起头来问天。我看到自己孤独的身影,在海边寂寞地拉长缩短,百无聊赖,看日出日落,听潮涨潮消。那生命的存在,于我还有怎样的意义?

自问至此,水落石出。我慢而稳定地拿起笔,将纸上的"太阳"划掉了。偌大一张纸,在反复勾勒的斑驳墨迹中,只残存下来一个字——"笔"。这种充满痛苦和抉择的测验,像一个渐渐缩窄的闸孔,将激越的水流聚成最后的能量,冲刷着我们纷繁的取向。当那通道变得一夫当关,万夫莫开之时,生命的重中之重,就简洁而挺拔地凸现了。感谢这一过程,让我清晰地得知什么是我生命中的真爱——就是我手中的这支笔啊。它噗噗跳动着,击打着我的掌心,犹如我的另一颗心脏,推动我的四肢百骸。

我安静下来,突然发现周围此时也很安静。人们在清醒地选择之后,明白了自己意志的支点,便像婴儿一般,单纯而明朗了。我细心收起自己的那张白纸,一如收起一张既定的船票。知道了航向和终点,剩下的就是帆起桨落战胜风暴的努力了。

思考与练习

一、阅读课文,看看文中的"我"是如何在"留"与"弃"中抉择的。哪一处抉择最能打动你,引起你的共鸣?

二、你认为作者谈论了哪些问题? 谈论的中心是什么?

三、"刹那间好像有一双阴冷的鹰爪,紧紧地扼住我的咽喉……"一句,形象地刻画了"我"抉择时的挣扎和痛苦。请再找出一些类似的句子体会"我"的内心情感。

四、你生命中最宝贵的五样东西是什么? 请你像作者那样做出抉择,并说明理由。

延伸阅读

失去四肢的泳者

毕淑敏

一位外国女孩,给我讲了这样一个故事——

举行残疾人运动会,报名的时候,来了一个失却了双腿的人,说他要参加游泳比赛。登记小姐很小心地问他在水里将怎样游,失却双腿的人说他会用双手游泳。

又来了一个失却了双臂的人,也要报名参加游泳比赛,小姐问他将如何游,失却双臂的人说他会用双腿游泳。

　　小姐刚给他们登记完了，来了一个既没有双腿也没有双臂，也就是说，整个失却了四肢的人，也要报名参加游泳比赛。小姐竭力镇静自己，小声问他将怎样游泳，那人笑嘻嘻地答道："我将用耳朵游泳。"

　　他失却四肢的躯体好似圆滚滚的梭。由于长久的努力，他的耳朵大而强健，能十分灵活地扑动向前。下水试游，他如同一枚鱼雷出膛，速度比常人还快。于是，知道底细的人们暗暗传说，一个伟大的世界纪录即将诞生。

　　正式比赛那一天，人山人海。当失却四肢的人出现在跳台的时候，简直山呼海啸。发令枪响了，运动员嘭嘭入水。一道道白箭推进，浪花逬溅，竟令人一时看不清英雄的所在。比赛的结果出来了，冠军是失却双腿的人。季军是……

　　英雄呢？没有人看到英雄在哪里，起码是在终点线的附近，找不着英雄独特的身姿。真奇怪，大家分明看到失却四肢的游泳者，跳进水里了啊！

　　于是更多的人开始寻找，终于在起点附近摸到了英雄。他沉入水底，已经淹死了。在他的头上，戴着一顶鲜艳的游泳帽，遮住了耳朵。那是根据泳场规则，在比赛前由一位美丽的姑娘给他戴上的。

　　我曾把这个故事讲给旁人听。听完之后的反应，形形色色。

　　有人说，那是一个阴谋。可能是哪个想夺冠军的人出的损招——扼杀了别人才能保住自己。

　　有人说，那个来送泳帽的人，如果不是一个漂亮的女孩子就好了。泳者就不会神魂颠倒。就算全世界的人都忘记了他的耳朵的功能，他也会保持清醒，拒绝戴那顶美丽杀人的帽子。

　　有人说，既然没了手和脚，就该守本分，游什么泳呢？要知道水火无情，孤注一掷的时候，风险随时会将你吞没。

　　有人说，为什么要有这么混账的规则，游泳帽有什么作用？各行各业都有这种教条的规矩，不知害了多少人才，重重陋习何时才会终结？

　　我把这些议论告诉女孩。她说，干吗都是负面？这是一个笑话啊，虽然有一点深沉。

　　当我们完整的时候，奋斗比较容易。当我们没有手的时候，我们可以用脚奋斗。当我们没有脚的时候，我们可以用手奋斗。当我们手和脚都没有的时候，我们可以用耳朵奋斗。

　　但是，即使在这时，我们依然有失败甚至完全毁灭的可能。很多英雄，在战胜了常人难以想象的艰难困苦之后，并没有得到最后的成功。

　　凶手正是自己的耳朵——你的最值得骄傲的本领！

29 我的读书生活①

［俄］雅科夫列夫

课文导读

　　这是一篇回忆性散文,作者雅科夫列夫记叙了他中学时代的读书生活。文章用真切可感的事实为我们展示了那种宽松、自由的读书环境以及学生们酷爱读书的良好风气,热情洋溢地赞颂了自己所遇到的那些注重启发诱导,教学风格各有千秋的老师,对老师的感激之情溢于言表。

　　兴趣是产生注意的基础,是求知的动力。通过本文的学习,希望能激发同学们的学习兴趣,提高大家的学习动力,培养同学们自觉阅读的习惯,在广泛阅读的基础上找到自己的兴趣点,为今后提高打下扎实的基础。

　　在中学的九年中,我一直酷爱学习。到今天我还觉得非常奇怪,不知为什么那时我爱好的课程竟然是历史、地理和文学,而不是更符合我未来专业知识的数学、物理和化学。在我的成绩表上前三门功课总是惹人注目地打五分,而后三门功课基本上是四分。我曾一度当过学生文史杂志的编辑和话剧组的成员。然而我却一向对技术最感兴趣:起初我醉心于无线电小组的作业,后来是航空模型,尔后又是滑翔机②。

　　值得注意的是教师的循循善诱③,使我们每个人在中学时代就已经有了某些爱好,这几乎预先决定了我们这些学生将来的职业。

　　科斯佳·乌利费松、尤拉·普罗塔索夫、阿布拉姆·希尔曼以及其他一些同学,当时分别参加了各种技术小组,后来他们几乎都成了工程师和科学家。话剧组的尼古拉·恰普雷金和阿拉托利成为演员。学校帮助我们这些未来的工程师、演员和科学家们发展了自己的天赋。

　　我们的学校给学生学习图画提供了良好的条件,图画是我最喜爱的课程之一。妈妈曾千方百计鼓励我的这个爱好,赠给我图画本、颜料和铅笔。会绘画对我后来

---

　　① 节选自《从中学生到飞机设计师》,叶学琼等译,知识出版社 1984 版。

　　② 滑翔机:没有动力装置,构造简单而轻便的飞行器,有翅膀,用于飞行训练和航空体育运动。一般用飞机、汽车或弹性绳索等来牵引它上升,然后借上升气流在空中滑翔。

　　③ 循(xún)循善诱:指善于引导别人进行学习。

的工作很有帮助。因为一个工程师在构思某种机器的时候,他应该能够设想出他的创作的所有细节,并且能够用铅笔把它在纸上画出来。

我依然记得从一年级到毕业一直教我们的老师安德烈·库兹米奇·戈卢布科夫,他是一位个子不高,戴着一副眼镜,上了点年纪的人,作风严谨①而又从容不迫。他只有一条腿,靠拄着拐杖走路,走起来缓慢而又小心。我们都很尊敬安德烈·库兹米奇,甚至有点怕他,虽然他从未提高嗓门讲过话。他叫学生到黑板前算例题:

"你这是怎么啦,小兄弟,没有好好准备功课吧?这可不好。先生,你真让我发愁。哎,这可如何是好?"

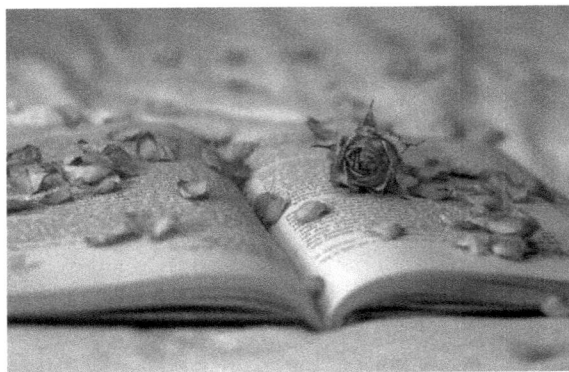

于是他掏出小笔记本,在上面做了个秘密记号。他有个习惯,不马上打分。到学期末,他才解释他珍藏的小本子上的秘密记号,然后标出最后的分数填到学生的成绩簿上。他要求很严,让我们这些学生养成一种根深蒂固的习惯:数学式的条理性,笔记书写正确,解习题时计算丝毫无误的学风。这在后来对我们多么有用啊!

地理老师维克托·奥克塔维安诺维奇·布拉热耶维奇给我们上的第一堂课是这样开始的:

"我来给大家读一篇杰克·伦敦的短篇小说《马普伊的房子》,作为我们的见面礼吧。这是一篇描写深色皮肤土著人②的痛苦命运和白人殖民者专横残忍的故事。"

全班屏息静听老师饶有风趣的讲述。他读了整整一堂课的时间,一直到课间休息之后上第二堂课时才讲完。

从此我们便急不可待地等他上地理课。

教历史课的是卓娅·尼古拉耶夫娜,遗憾的是我忘记了她的姓。她也善于一下子就吸引住我们的注意力。她上课时把古代工具的模型带到教室,有箭头、石斧、原始人用的家具什物,后来又带来亚述国的庙宇和雅典女神庙的模型。我们很喜欢听她讲法老王(古埃及国王的称号)和金字塔以及古希腊和古罗马的故事。我们兴致勃勃地画金字塔的图,制作希腊石棺材模型,画过历史题材的图画,甚至出过历史杂志……

① 严谨:形容态度严肃谨慎,不胡乱说话。

② 土著人:土著人既不种地也不放牧是一个少有的从不驯化土地的民族,五万年来他们只满足于大自然所赋予他们的一切。何谓"土著人",目前国际上尚无定论。一般认为,土著人系指在外来的种族到来之前,那些祖祖辈辈繁衍生息在一个国家或地区的人民。他们由于外来者的入侵及文化"同化",沦为很不利的境地,如美洲的印第安人、大洋洲的毛利人和靠近北极圈的因纽特人等。据联合国有关机构估计,在全世界五大洲70多个国家中,生活着5000多个土著人团体,共有3亿名土著居民。

描述童年时代,我不能不提到书籍。

我最爱读和最让我入迷的书是惊险童话作品。我非常喜欢《无头骑士》《皮袜子》和《最后一个莫希干人》。从书中我知道了蒙蒂戈莫大鹰爪;知道了什么是维格瓦斯,什么是太平烟斗,怎样吸和在什么场合下吸它;知道了第一批到达美洲的西班牙殖民者对土著印第安人是何等残忍,他们又怎样残酷地灭绝这块富饶土地上的土著居民。我得知新大陆之所以叫亚美利加,是以西班牙航海家亚美利哥·维斯普奇的名字而得名的,而不是为了纪念最先发现美洲的克里斯托佛·哥伦布。

我十一岁的时候,读完了儒勒·凡尔纳的全部作品。在他的小说中,现实跟幻想和冒险交织在一起,更加激起我对技术的浓厚兴趣。

法国作家路易·布森纳尔和路易·雅克里奥的惊险小说特别使我入迷。读到小说描写的自然、人物和他们的风俗习惯时,随着迅速展开的情节,我仿佛身临其境,生活在小说的主人公之中了。

我也读过许多历史书。一些历史事件,一些杰出的统帅和活动家——彼得大帝、苏沃洛夫、库图佐夫唤起了我热爱俄罗斯的感情和民族自豪感。

后来,我读了几本《名人传》丛书(革命前也有这类丛书):我们伟大的先辈、俄国科学的奠基人米哈伊尔·瓦西里耶维奇·罗蒙诺索夫传,无线电发明家波波夫传以及门捷列夫传。

书能激发人们对新事物和未知事物的极为强烈的兴趣,它教给人们憧憬和幻想。它还唤起人们去行动:要知道,受人尊敬的英雄都是敢作敢为、顽强劳动、不顾险阻才走向预定目标的。

我们中学有一所很好的图书馆,藏书都是精选的,由位女教师管理。她的全部业余时间都献给了这项工作。她很会揣摩每个学生的志趣和爱好,培养我们读书的兴趣。

我有时在准备功课的时候,又看起别的书来。到睡觉的时候,也没有勇气把书放下。为此招来多少麻烦啊!妈妈走进来,呼的一声把书合上,喝道:"上床睡觉!"这样,我只好施点诡计,先假装睡觉,等大家都躺下入睡以后,我再悄悄起来,光着脚跑去打开灯,一直看到清晨三四点钟。要是母亲看见了,哎呀,那可就倒霉啦!

酷爱读书的风气使相当枯燥无味的中学生活变得丰富多彩。

【作者简介】

亚历山大·谢尔盖耶维奇·雅科夫列夫(1906—1989),1946 年任苏联工程兵技术上将,飞机设计师。雅科夫列夫实验设计局的创始人,苏联科学院院士(1976),两次获得社会主义劳动英雄称号,得过八枚列宁勋章。他从二十岁开始设计飞机,五十七年来共研制了七十五个型号,其中有体育运动机、教练机、伞兵滑翔机、直升机、旅客机、歼击轰炸机、第一架喷气式歼击机、第一架全天候截击机、第一架超音速轰炸机、第一架垂直起落飞机、还有类似美国 U—2 那样的高空侦察机。

思考与练习

一、通读全文,说说作者最喜欢读的书是哪几类?

二、文中用"枯燥无味"和"丰富多彩"来形容中学生活,你觉得矛盾吗? 为什么?

三、请你指出下列各句描写的是哪一位老师,说说运用的描写方法。

1.他是一位个子不高,戴着一副眼镜,上了点年纪的人,作风严谨而又从容不迫。

2."我来给大家读一篇杰克·伦敦的短篇小说《马普伊的房子》,作为我们的见面礼吧。这是一篇描写深色皮肤土著人的痛苦命运和白人殖民者专横残忍的故事。"

3.我们很喜欢听她讲法老王(古埃及国王的称号)和金字塔以及古希腊和古罗马的故事。

4."你这是怎么啦,小兄弟,没有好好准备功课吧? 这可不好。先生,你真让我发愁。唉,这可如何是好?"

四、你喜欢读什么样的书? 说说你喜欢读这类书的理由。

延伸阅读

把不能埋葬起来

佚 名

唐娜是美国密歇根小学的资深教师,再过两年便要退休了。这时她志愿参加了一个旨在借着一些表达的方式来鼓励学生对自己有信心,进而爱惜自己生命的活动。唐娜的工作是借着参与训练进而将这些理念实现。

她教的第一堂课就是让学生填写自己认为"做不到"的事情。

所有的学生都十分认真地填写。有的写道:"我无法将足球踢过第二条底线""我不会做三位数以上的除法""我没办法让麦克喜欢我";有的写道:"我没法做十次的仰卧起坐""我发球无法超过前边的球网""我不能只吃一块饼干就停止"等。而此时,唐娜也正认真地写着诸如"我无法让约翰的母亲来参加母子会""我无法不用体罚好好管教亚伦"的句子。

等大部分学生都填满了整张纸,甚至有人开始写下页时,唐娜告诉学生将纸对折交到前面来。学生依次到教师的桌子前,把纸张投入一个空的鞋盒内。把所有学生的纸张收齐之后,唐娜把自己的也投进去。她把盒子盖上,塞到腋下,带头走出教室,沿着走廊走,学生也跟着老师走了出去。走到一半,整个行列停了下来。唐娜进入守卫室，找寻铁铲、铁锹，带领大家到运动场最远的角落边，大家开始挖了起来。

原来，他们打算埋葬"我不能"。整个挖掘过程历时十分钟，因为每个孩子都要轮流挖，直到洞有三尺深的时候，他们将盒子放好，用泥土把盒子完全埋葬。

三十多个十几岁的小孩，围绕着这刚挖好的"墓地"，每个人"力不能胜"的事情，都深深地埋藏在了三尺深的泥土下。

此时唐娜开口了："小朋友，现在手牵手，低头默哀。"学生牵手绕墓地围成了一个圆圈，低下头来等待。唐娜念出一段悼词：

"各位朋友，今天很荣幸能邀请各位来参加'我不能'先生的葬礼。他在世的时候，渗入我们的生命，甚至比任何人影响我们还深。他的名字，我们几乎天天挂在嘴边，出现在各种场合：如学校、市政府、议会甚至白宫。

"现在，希望'我不能'先生能平静安息，并为他立下墓碑，刻上墓志铭。死者已矣，来者可追，希望您的兄弟姐妹'我可以''我愿意'能继承您的事业。虽然他们不如您有名，有影响力，但如果您地下有知，请帮助他们，让他们对世界更有影响力。

"但愿'我不能'先生安息，也希望他的死能鼓励更多的人站起来，向前迈进。阿门！"然后她带领学生回到教室，大家一起吃饼干、爆米花，庆祝自己解开了"我不能"的心结。

唐娜用纸剪成墓碑形，上面写着"我不能"，中间加上"安息吧！"再把日期填上。唐娜把这个纸墓碑挂在她的教室里。以后每当有学生无意说出"我不能……"这句话的时候，唐娜只要指着这个象征死亡的标志，孩子们便会想起"我不能"已经死了，进而想出积极的解决方法。

后来，唐娜所带的这个班的31名学生在事业上都取得了非常大的成功，有的还成为政治、经济领域的领军人物。

30 最后一片树叶①

[美]欧·亨利

课文导读

　　描写小人物是欧·亨利的短篇小说最引人瞩目的内容,其中包含了深厚的人道主义精神。《最后一片树叶》是欧·亨利较有代表性的作品,小说为我们讲述了一个感人的故事。年轻画家琼西不幸染上肺炎,生命垂危。她固执地认为窗外凋零的藤叶就是她生命的昭示,当最后一片叶子凋落时,就是她生命终结的时刻。老画家贝尔曼冒雨画出终生追求的杰作——最后一片叶子,唤起了琼西对生命的渴望。琼西获救了,而贝尔曼却因淋雨感染肺炎,最终不治身亡。《最后一片树叶》歌颂了艺术家之间相濡以沫的友情,歌颂了人生中那种崇高的舍己救人的伟大品格。

　　在华盛顿广场西边的一个小区里,街道都横七竖八地伸展开去,又分裂成一小条一小条的"胡同"。这些"胡同"稀奇古怪地拐着弯子。一条街有时自己本身就交叉了不止一次。

　　有一回一个画家发现这条街有一种优越性:要是有个收账的跑到这条街上,来催要颜料、纸张和画布的钱,他就会突然发现自己两手空空,原路返回,一文钱的账也没有要到!

　　所以,不久之后不少画家就摸索到这个古色古香的老格林尼治村来,寻求朝北的窗户、18世纪的尖顶山墙、荷兰式的阁楼,以及低廉的房租。然后,他们又从第六街买来一些锡蜡酒杯和一两只火锅,这里便成了"艺术区"。

　　苏和琼西的画室设在一所又宽又矮的三层楼砖房的顶楼上。"琼西"是琼娜的爱称。她俩一个来自缅因州,一个是加利福尼亚州人。她们是在第八街的"台尔蒙尼歌之家"吃份饭时碰到的,她们发现彼此对艺术、生菜色拉和时装的爱好非常一致,便合租了那间画室。

　　那是5月里的事。到了11月,一个冷酷的、肉眼看不见的、医生们叫作"肺炎"的不速之客,在艺术区里悄悄地游荡,用他冰冷的手指头这里碰一下,那里碰一下。在

---

① 选自《欧·亨利短篇小说选》,王仲年译,人民文学出版社1986年版。

广场东头，这个破坏者明目张胆地踏着大步，一下子就击倒了几十个受害者，可是在迷宫一样、狭窄而铺满青苔的"胡同"里，他的步伐就慢了下来。

"肺炎先生"不是一个你们心目中行侠仗义的年老绅士。一个身子单薄、被加利福尼亚州的西风刮得没有血色的弱女子，本来不应该是这个有着红拳头的、呼吸急促的老家伙打击的对象。然而，琼西却遭到了打击：她躺在一张油漆过的铁床上，一动也不动，凝望着小小的荷兰式玻璃窗外对面砖房的空墙。

一天早晨，那个忙碌的医生扬了扬他那毛茸茸的灰白色眉毛，把苏叫到外边的走廊上。

"我看，她的病只有十分之一的恢复希望，"他一面把体温表里的水银柱甩下去，一面说，"这一分希望就是她想要活下去的念头。有些人好像不愿意活下去，喜欢照顾殡仪馆的生意，简直让整个医药界都无能为力。你的朋友断定自己是不会痊愈的了。她是不是有什么心事呢？"

"她——她希望有一天能够去画那不勒斯的海湾。"苏说。

"画画？——真是瞎扯！她脑子里有没有什么值得她想了又想的事——比如说，一个男人？"

"男人？"苏吹口琴似地扯着嗓子说，"男人难道值得——不，医生，没有这样的事。"

"哦，那么就是她病得太衰弱了，"医生说，"我一定尽我的努力用科学所能达到的全部力量去治疗她。可要是我的病人开始算计会有多少辆马车送她出丧，我就得把治疗的效果减掉百分之五十。只要你能想法让她对冬季大衣袖子的时新式样感兴趣而提出一两个问题，那我可以向你保证把医好她的机会从十分之一提高到五分之一。"医生走后，苏走进工作室里，把一条日本餐巾哭得一团湿。然后她手里拿着画板，装作精神抖擞的样子走进琼西的屋子，嘴里吹着爵士音乐的调子。

琼西躺着，脸朝着窗口，被子底下的身体纹丝不动。苏以为她睡着了，赶忙停止吹口哨。

她架好画板，开始给杂志里的故事画一张钢笔插图。年轻的画家为了铺平通向艺术的道路，不得不给杂志里的故事画插图，而这些故事又是年轻的作家为了铺平通向文学的道路而不得不写的。

苏正在给故事主人公，一个爱达荷州牧人的身上，画上一条马匹展览会穿的时髦马裤和一片单眼镜时，忽然听到一个重复了几次的低微的声音。她快步走到床边。

琼西的眼睛睁得很大。她望着窗外，在计数——倒过来数。

"十二。"她数道，歇了一会又说"十一"，然后是"十"和"九"，接着几乎同时数着"八"和"七"。

苏关切地看了看窗外。那儿有什么可数的呢？只见一个空荡阴暗的院子，20英尺以外还有一所砖房的空墙。一棵老极了的常春藤，枯萎的根纠结在一块，枝干攀在砖墙的半腰上。秋天的寒风把藤上的叶子差不多全都吹掉了,几乎只有光秃的枝条还缠附在剥落的砖块上。

"什么呀,亲爱的?"苏问道。

"六,"琼西几乎用耳语低声说道,"它们现在越落越快了。三天前还有差不多一百片。我数得头都疼了。但是现在好数了。又掉了一片。只剩下五片了。"

"五片什么呀,亲爱的。告诉你的苏娣吧。"

"叶子。常春藤上的。等到最后一片叶子掉下来,我也就该去了。这件事我三天前就知道了。难道医生没有告诉你?"

"哼,我从来没听过这种傻话,"苏十分不以为然地说,"那些破常春藤叶子和你的病好不好有什么关系?你以前不是很喜欢这棵树吗?你这个淘气孩子。不要说傻话了。瞧,医生今天早晨还告诉我,说你迅速痊愈的机会是,——让我一字不改地照他的话说吧——他说有九成把握。噢,那简直和我们在纽约坐电车或者走过一座新楼房的把握一样大。喝点汤吧,让苏娣去画她的画,好把它卖给编辑先生,换了钱来给她的病孩子买点红葡萄酒,再给她自己买点猪排解解馋。"

"你不用买酒了,"琼西的眼睛直盯着窗外说道,"又落了一片。不,我不想喝汤。只剩下四片了。我想在天黑以前等着看那最后一片叶子掉下去。然后我也要去了。"

"琼西,亲爱的,"苏俯着身子对她说,"你答应我闭上眼睛,不要瞧窗外,等我画完,行吗?明天我非得交出这些插图。我需要光线,否则我就拉下窗帘了。"

"你不能到那间屋子里去画吗?"琼西冷冷地问道。

"我愿意待在你跟前,"苏说,"再说,我也不想让你老看着那些讨厌的常春藤叶子。"

"你一画完就叫我,"琼西说着,便闭上了眼睛。她脸色苍白,一动不动地躺在床上,就像是座横倒在地上的雕像。"因为我想看那最后一片叶子掉下来,我等得不耐烦了,也想得不耐烦了。我想摆脱一切,飘下去,飘下去,像一片可怜的疲倦了的叶子那样。"

"你睡一会吧,"苏说道,"我得下楼把贝尔门叫上来,给我当那个隐居的老矿工的模特儿。我一会儿就回来的。不要动,等我回来。"

老贝尔门是住在她们这座楼房底层的一个画家。他年过六十,有一把像米开朗琪罗的摩西雕像那样的大胡子,这胡子长在一个像半人半兽的森林之神的头颅上,又鬈曲地飘拂在小鬼似的身躯上。贝尔门是个失败的画家。他操了四十年的画笔,还远没有摸着艺术女神的衣裙。他老是说就要画他的那幅杰作了,可是直到现在他还没有动笔。几年来,他除了偶尔画点商业广告之类的玩意儿,什么也没有画过。他给艺术区里穷得雇不起职业模特儿的年轻画家们当模特儿,挣一点钱。他喝酒毫无节制,还时常提起他要画的那幅杰作。除此以外,他是一个火气十足的小老头子,十分瞧不起别人的温情,却认为自己是专门保护楼上画室里那两个年轻女画家的一只看家狗。

苏在楼下他那间光线黯淡的斗室里找到了嘴里酒气扑鼻的贝尔门。一幅空白的画布绷在一个画架上,摆在屋角里,等待那幅杰作已经 25 年了,可是连一根线条还没等着。苏把琼西的胡思乱想告诉了他,还说她害怕琼西自个儿瘦小柔弱得像一片叶子一样,对这个世界的留恋越来越微弱,恐怕真会离世飘走了。

老贝尔门两只发红的眼睛显然在迎风流泪,他十分轻蔑地嗤笑这种傻呆的胡思乱想。

"什么,"他喊道,"世界上真会有人蠢到因为那些该死的常春藤叶子落掉就想死? 我从来没有听说过这种怪事。不,我才不给你那隐居的矿工糊涂虫当模特儿呢。你干吗让她胡思乱想? 唉,可怜的琼西小姐。"

"她病得很厉害很虚弱,"苏说,"发高烧发得她神经昏乱,满脑子都是古怪想法。好,贝尔门先生,你不愿意给我当模特儿,就拉倒,我看你是个讨厌的老——老啰唆鬼。"

"你简直太婆婆妈妈了!"贝尔门喊道,"谁说我不愿意当模特儿? 走,我和你一块去。我不是讲了半天愿意给你当模特儿吗? 老天爷,琼西小姐这么好的姑娘真不应该躺在这种地方生病。总有一天我要画一幅杰作,我们就可以都搬出去了。一定的!"

他们上楼以后,琼西正睡着觉。苏把窗帘拉下,一直遮住窗台,做手势叫贝尔门到隔壁屋子里去。他们在那里提心吊胆地瞅着窗外那棵常春藤。后来他们默默无言,彼此对望了一会。寒冷的雨夹杂着雪花不停地下着。贝尔门穿着他的旧的蓝衬衣,坐在一把翻过来充当岩石的铁壶上,扮作隐居的矿工。

第二天早晨,苏只睡了一个小时的觉就醒来了,她看见琼西无神的眼睛睁得大大的,注视着拉下的绿窗帘。

"把窗帘拉起来,我要看看。"她低声地命令道。

苏疲倦地照办了。

然而,看呀! 经过了漫长一夜的风吹雨打,在砖墙上还挂着一片藤叶。它是常春藤上最后的一片叶子了。靠近茎部仍然是深绿色,可是锯齿形的叶子边缘已经枯萎发黄,它傲然挂在一根离地二十多英尺的藤枝上。

"这是最后一片叶子,"琼西说道,"我以为它昨晚一定会落掉的。我听见风声的。今天它一定会落掉,我也会死的。"

"哎呀,哎呀,"苏把疲乏的脸庞挨近枕头边上对她说,"你不肯为自己着想,也得为我想想啊。我可怎么办呢?"

可是琼西不回答。当一个灵魂正在准备走上那神秘的、遥远的死亡之途时,她是世界上最寂寞的人了。那些把她和友谊及大地联结起来的关系逐渐消失以后,她那个狂想越来越强烈了。

白天总算过去了,甚至在暮色中她们还能看见那片孤零零的藤叶仍紧紧地依附在靠墙的枝上。后来,夜的来临带来了呼啸的北风,雨点不停地拍打着窗子,雨水从低垂的荷兰式屋檐上流泻下来。

天刚蒙蒙亮,琼西就毫不留情地吩咐拉起窗帘来。

那片藤叶仍然在那里。

琼西躺着对它看了许久。然后她招呼正在煤气炉上给她煮鸡汤的苏。

"我是一个坏女孩子,苏娣,"琼西说,"天意让那片最后的藤叶留在那里,证明我是多么坏了。想死是有罪过的。你现在就给我拿点鸡汤来,再拿点掺葡萄酒的牛奶来,再——不,先给我一面小镜子,再把枕头垫高,我要坐起来看你做饭。"

过了一个钟头,她说道:"苏娣,我希望有一天能去画那不勒斯的海湾。"

下午医生来了,他走的时候,苏找了个借口跑到走廊上。

"有五成希望。"医生一面说,一面把苏细瘦的颤抖的手握在自己的手里,"好好护理,你会成功的。现在我得去看楼下另一个病人。他的名字叫贝尔门——听说也是个画家。也是肺炎。他年纪太大,身体又弱,病势很重。他是治不好的了。今天要把他送到医院里,让他更舒服一点。"

第二天,医生对苏说:"她已经脱离危险,你成功了。现在只剩下营养和护理了。"

下午苏跑到琼西的床前,琼西正躺着,安详地编织着一条毫无用处的深蓝色毛线披肩。

苏用一只胳臂连枕头带人一把抱住了她。

"我有件事要告诉你,小家伙,"她说,"贝尔门先生今天在医院里患肺炎去世了。他只病了两天。头一天早晨,门房发现他在楼下自己那间房里痛得动弹不得。他的鞋子和衣服全都湿透了,冰凉冰凉的。他们搞不清楚在那个凄风苦雨的夜晚,他究竟到哪里去了。后来他们发现了一盏没有熄灭的灯笼,一把挪动过地方的梯子,几支扔得满地的画笔,还有一块调色板,上面涂抹着绿色和黄色的颜料,还有——亲爱的,瞧瞧窗子外面,瞧瞧墙上那最后一片藤叶。难道你没有想过,为什么风刮得那样厉害,它却从来不摇一摇、动一动呢?唉,亲爱的,这片叶子才是贝尔门的杰作——就是在最后一片叶子掉下来的晚上,他把它画在那里的。"

【作者简介】

欧·亨利是作者的笔名,原名为威廉·西德尼·波特(William Sydney Porter)。美国著名批判现实主义作家,世界三大短篇小说大师之一。曾被评论界誉为"曼哈顿桂冠散文作家"和"美国现代短篇小说之父"。他的作品构思新颖,语言诙谐,结局常常出人意料,代表作有小说集《白菜与国王》《四百万》《命运之路》等。其中一些名篇如《爱的牺牲》《警察与赞美诗》《带家具出租的房间》《麦琪的礼物》《最后一片树叶》等使他获得了世界声誉。

思考与练习

一、阅读课文,按小说情节发展的开端、发展、高潮、结局四要素将文章分为四个部分,并概括各部分的大意。

二、你觉得小说最震撼人心的是哪一个情节?为什么?

三、课文对贝尔门先生的描写主要用了哪些方法?你觉得贝尔门先生是一个怎么样的人?

四、小说的结局有怎样的特点?请找一找前面的伏笔。

延伸阅读

鸽

[美]欧·亨利

陶柏蒙锁上公文包的时候,感到口干舌燥。他颤巍巍地伸手入袋,掏取香烟,觉得手在发抖。他站到窗口,俯视窗外中央公园的一片新绿,点燃一支烟,深深地吸了一口,内心的紧张,稍微缓和了一些。他那疲惫的眼睛,惶惑不决地注视着那个公文包,公文包里正装着他的命运,虽然他心里仍然矛盾,但是他到底还是那样决定了。片刻之后,他就将提着那个公文包,悄然离开这间办公室,一去不复回,但是,他真不能相信,个人五十四年来的信誉,即将就此毁于一旦,因此他取出飞机票来,困惑地审视着。

这是一个周末的下午,办公室里静寂无声。陶柏蒙的视线,迟缓地从大写字台移向红皮沙发,然后经过甬道、外室,停驻在魏尔德小姐插瓶放在桌上的一束玫瑰花上,魏尔德小姐将和许多其他的人们一样遭受破产,这束玫瑰花,亦将被弃置于垃圾堆中,这似乎太霸道、太残酷,但是,有什么比自保更重要呢?即使是玫瑰,也长出刺来保护自己!他知道魏尔德小姐在爱恋着他,而且竭尽一个四十岁未婚女性的可能,在深深地爱恋着他,她供职于陶柏蒙信托公司已经十二年了,但是,他却不想放弃自己宁静的独身生活……他陷于沉思之中,不经意地把桌上的日历翻到了下礼拜,忽然间他从沉思中觉醒过来,发觉到刚才这些无意识的举动,他长长地叹了一口气,提起公文包,整整衣冠,悄悄走过玫瑰花旁,出门去了。飞机要六点钟才起飞,正是醉人的春天,公园里的景致,灿丽锦簇;春阳透过丛林,疏落的影子交相辉映。远处，广场上空时有洁白的鸽子翩然起落。虽然到南美去颐养天年是他的毕生大愿，但却不曾想到这个愿望竟会实现得这么快！这完全是医生为他决定的，他回想起医生对他说："一切取决于你自己如何调养，享乐优裕，也许还能多活几年。"

他顺着公园漫步，手指被沉重的公文包勒得有些疼痛，但是心情却并不紧张，他和蔼地对一个巡逻警察古怪地笑笑，甚至想要拦住他，而且告诉他："警察先生，我实在不如我的外表一般值得别人尊敬；我是个拐骗六百家客户的经纪人，我自己也和别人一样，对于我自己的行径感到惊奇，因为我一向诚实；但是，我在世之日已经无多，公文包里的钱财，足够我作最后的享用。"

路过一处玫瑰花丛，他又想起了魏尔德小姐。记得是在两个月以前，她怯怯地交给他一张三千元的支票，"陶柏蒙先生，请你把这笔款子替我投资好吗？"她忸怩地说，"我觉得我早就应该托付给你了，储蓄存款比较起来是最可靠的，而且自1929年以来，我一向对股票证券不大信任。""魏尔德小姐，我很愿为你效劳，"他内心暗暗得意，"但是，你既然不信任证券，为什么又变了主意呢？"她低下头，羞答答地不做声，停了半晌才说："是的，我在这里服务已经很多年了，亲见你为别人赚了许多钱……我相信托付给你是不会有什么不妥的，万一不幸，我也不会有二话的。"

他提提精神，继续向前走去，哥伦布广场已经隐隐在望了。忽然，他看见路边蹲着一个人，那人的年纪，和他自己不相上下，也许比他还稍稍大一点，头上蓬着苍苍白发，衣衫褴褛，补丁斑斑。陶柏蒙放缓脚步，许多野鸽子正围绕着那个人飞舞，争着啄食他手上的花生；在他怀里，还露出花生袋子。从侧面看去，那个人很和蔼，很慈祥。但是满面皱纹斑驳，想是历经风霜使然。他看见陶柏蒙正在看他，就说："可怜的鸽子哟！它们经过了漫长的严冬，自从飘雪以来，它们早就被人们遗忘了，我只要能买得起花生，不论气候多么恶劣，我都必定会来的，因为我不愿意让它们失望。"

陶柏蒙茫然地点点头，他盯着那个孤零零的人出神："那个人这么穷苦，还肯把仅有的钱用来喂鸽子，那些鸽子信赖它们的穷施主……"

这个念头激起他五十四年来清白无瑕的自尊心，使他豁然一惊，他忽然看见那些鸽子变成六百家嗷嗷待哺的客户，其中有几家是孤苦无依的老寡妇，靠亡夫留下的一点薄产，节衣缩食地活着，其中有一只鸽子是魏尔德小姐。而他，就是那蹲在路边喂鸽子的人，至少在今天以前的那些日子里，他就正是这样一个人物。但是，他不但从来不曾衣衫褴褛，而且一向丰衣足食！羞恶之心，不禁油然而生，他回过头来，跑回公司，虽然他的心里还有一个声音在讥嘲他重投樊笼，为人役使，太不聪明，但是他的意念趋于坚定。

此时，那个喂鸽子的人还在公园里；他茫然地环视四周，回过头来，看见一只肥美的鸽子正在他掌中吃得高兴。喂鸽人熟练地把它的脖子一扭，揣进怀里，然后站了起来。"朋友们，很抱歉！"他对四散飞舞的鸽子们温和地说，"你们知道，我也需要果腹呀！"

表达与交流

记叙文写作：抒情与议论

写作要求

记叙与抒情、议论相结合，是写好复杂记叙文的一种极好的方法。学习抒情和议论相结合的写作技巧，能帮助同学们理解表达方式与文体特征的关系；学会处理记叙文中的记叙、议论和抒情等表达方式，提高记叙文的写作水平。

写作指导

议论，就是直接说理，对人物或客观事物进行分析和评论，对问题发表见解、主张，用以说服他人。它是作者对人物、事物深刻认识的真知灼见，是真情实感的自然流露，是和叙述、描写、抒情、说明并列的基本表达方式。

记叙文中的议论形式，主要有三种：

一是先议后叙。这种形式指文章一开头，先就某个人物或事物提出问题，或者发表作者自己的观点和评价，然后引出正文。采取发表议论方法开头的文章，都属于这一形式。先发表议论，可以使文章开篇入题，简洁明快。

二是夹叙夹议。这种形式指文章各段落一边记叙，一边议论，记叙与议论密切结合，贯穿始终。夹叙夹议的文章，议论与记叙相互补充，相得益彰，不仅可以增强文章的条理性，而且能使文章逐层深化，增强文章的说理性。

如《养花》(附后)，全文以第一人称来娓娓叙述养花的乐趣，像对朋友叙谈家常，在表达"我"与花草之间的深厚感情时，也偶尔穿插着议论。"摸着门道，花草养活了，而且三年五载老活着，开花，多么有意思呀！不是乱吹，这就是知识呀！多得些知识绝不是坏事。"抢救花草累得"酸腿疼，热汗直流"，"可是，这多么有意思呀！不劳动，连棵花也养不活，这难道不是真理吗？"这些议论精湛而又深刻，富有教育意义，大大增强了文章色彩，加深了力度。

三是先叙后议。这种形式指文章先集中笔墨，对人物或事物进行详细记叙，然后再发表议论。先叙后议的文章，议论是对记叙对象或内容的进一步阐述，是直接表达作者的评价、感情。因此它会起到"画龙点睛"的作用，揭示、深化文章的主题。

在记叙中抒情，就是作者在记叙人物或事物、描绘景或物的过程中，用饱含感情的语言，把自己内心的情感(或喜或悲，或热爱或厌恶，或赞美或批评)抒发和表达出来。

人是有感情的，有丰富的、各种各样的感情。作文时，需要把感情表露出来。只有把自己的真情实感表现出来,文章才能说明自己对客观事物的真正态度。也只有这样,才能深化主题,增强文章的感染力,进而打动读者,引起读者强烈的感情共鸣。可见,抒情是表达中心的需要,直接为中心思想服务;这种表达方式是写文章时必不可少的。

抒情的方式主要有两种:

(1)间接抒情。这种抒情形式就是借助其他表达方式(如叙述、描写、议论等)抒发感情。

①在叙述中抒情,寓"情"于叙事之中。如《劳动的开端》一文中有这样一段话:"屋檐底下有两张方桌,是窑上开票记账用的。我看天还没亮,爬上桌去躺着,一合眼就睡着了。睡得正熟,我忽然摔了下来,好像落在万丈深渊里,浑身疼痛。原来桌子被人抽掉,矿上的办事人来开磅称煤了。"这段话,作者在叙述事情经过中,就间接抒发了对穷人处处受欺侮的黑暗旧社会的愤恨之情。

②在描写中抒情,寄"情"于描写人物、事物之中。如《松坊溪的冬天》一文中写道:"溪底有好多鹅卵石。那鹅卵石多么好看,有玛瑙红的,有松青的,有带着白色条纹、彩色斑点的,还有蓝宝石般发亮的鹅卵石。"这段话描写的是鹅卵石缤纷的色彩,字里行间抒发了作者喜悦、赞美之情。

③在议论中抒情,边发议论边抒情如《一夜的工作》最后两段:在回来的路上,我不断地想着,并且对自己说:"这就是我们新中国的总理。我看见了他一夜的工作。他是多么劳苦,多么简朴!"

我这样对自己说了几遍,我又想高声对全世界说,好像我的声音全世界都能听见似的:"看啊,这就是我们中华人民共和国的总理。我看见了他一夜的工作。他每个夜晚都是这样工作的。你们看见过这样的总理吗?"

这两段话中,作者借议论("他是多么劳苦,多么简朴!""你们看见过这样的总理吗?")抒发了对周恩来总理无限热爱之情。

(2)直接抒情。这种抒情形式就是作者随着文章情节的发展,事物的变化,感情达到高潮,间接抒情已不能满足表达需要时,便直截了当地把内心强烈的感情抒发、倾吐出来。这又叫作"直抒胸臆"。

作文中,运用抒情这一表达方式要注意如下几点:

(1)直接抒情和间接抒情是相比较而言的,没有纯粹的、绝对的直接抒情。一般地说,在记叙文中直接抒情不应用得太多、太滥,要针对内容特点,做到适当、得体。

(2)抒情要有缘有故。抒情不是凭空来的,总是因为对人、事、景、物产生感情而发,总要有所借助,或借人、借事抒情,或借景、借物抒情,平白无故的抒情是没有的。因此,作文时要紧紧扣住所记叙的事物来抒情,不能盲目地乱"抒"一气。

(3)要抒真情、健康之情,抒情要自然。要抒发的感情必须是发自内心的,不能以为文中多用几个"啊"字,多写几句"我多么喜爱""他真伟大呀"之类的空话,就算表达真实而热烈的感情了。只有对人、事、景、物有深切的感受,强烈的感情,才会写出感情真挚的文章。无感而发，却要生硬地挤情、造情，抒情也定不会自然，文章定会让人厌恶。

◉ 例文展示一

家乡的"挂钟顶"

家乡人都说，"挂钟顶"是燕山余脉数一数二的名山，但是我却从来没有去过。今年暑假，我和姐姐游览了"挂钟顶"，了却了多年的心愿。

从家门出发，走约五百米就到了山脚下。山脚下有一个亭子般的小庙，在庙的中间，坐着一个盛装的古代妇女，她慈眉善目，笑看着眼前的山、树、水……姐姐说："这小庙叫娘娘庙。"噢，我知道"挂钟顶"为什么又叫"娘娘顶"了。

山道像巨龙一样盘曲而上，它九曲十八盘，弯弯曲曲通向高高的山顶。顺着山道，我和姐姐一边爬山，一边欣赏着身边的景致。山上开满了粉红色的杏花，给山景添上了一片喜色。紫微微的鸡柏花也在开放，这一丛，那一簇，争先恐后地散着芳香；微风吹来，它们轻轻摇着花冠，像一个一个的小喇叭，细听，它们好像还吹奏出了美妙的乐曲……

踏着刚刚返青的茸草，我们登上了山顶。在山顶，最惹人注目的就是那棵老古树了。它高高地屹立在山顶，方圆十几里都能看到它。听说，在战争年代这棵树是挂"报信钟"用的。每当敌人来了，就会有人去敲钟，给乡亲们报信，让乡亲们安全转移。"挂钟顶"的名字也来源于此。老古树为革命做出过贡献，今天仍然受到人们的尊敬。

从"挂钟顶"回来，我更爱自己的家乡了。我真想变成一片绿叶，为家乡的这座山增绿；我真想变成一朵花，让家乡的这座山更美。美丽的"挂钟顶"，战争年代你为革命立过功，和平年代你又为百姓生活增添了美。

我深深地爱着你，不寻常的"挂钟顶"！

◉ 简评

短文中，作者在饱览了"挂钟顶"美丽景色，了解到家乡光辉的革命历史之后，再也抑制不住内心的激动，挥笔流出结尾两段文字，直接抒发了对家乡、对家乡人民的热爱和赞美之情，同时点明了文章的中心思想。

◉ 例文展示二

养 花

老 舍

我爱花，所以也爱养花。我可还没成为养花专家，因为没有工夫去研究和试验。我只把养花当作生活中的一种乐趣，花开得大小好坏都不计较，只要开花，我就高兴。在我的小院子里,一到夏天满是花草,小猫只好上房去玩,地上没有它们的运动场。花虽然多,但是没有奇花异草。珍贵的花草不容易养活,看着一棵好花生病要死,是件难过的事。北京的气候,对养花来说不算很好,冬天冷,春天多风,夏天不是干旱就是大雨倾盆,秋天最好,可是会忽然闹霜冻。在这种气候里,想把南方的好花养活,我还没有那么大的本事。因此,我只养些好种易活的自己会奋斗的花草。

不过,尽管花草自己会奋斗,我若是置之不理,任其自生自灭,大半还是会死的。我得天天照管它们,像好朋友似的关切它们。一来二去,我摸着一些门道:有的喜阴,就别放在太阳地里;有的喜干,就别多浇水。摸着门道,花草养活了,而且三年五载老活着,开花,多么有意思呀!多得些知识绝不是坏事。

我不是有腿病吗,不但不利于行,也不利于久坐.我不知道花草受我的照顾,感谢我不感谢;我可得感谢它们。我工作的时候,总是写一会儿就到院子里去看看,浇浇这棵,搬搬那盆,然后回到屋里再写一会儿,然后再出去。如此循环,让脑力劳动和体力劳动得到适当的调节,有益身心,胜于吃药。要是赶上狂风暴雨或者天所突变,就得全家动员,抢救花草,十分紧张。几百盆花,都要很快地抢到屋里去,使人腰酸腿疼,热汗直流。第二天,天气好转,又得把花都搬出去,就又一次腰酸腿疼,热汗直流。可是,这多么有意思呀!不劳动,连棵花也养不活,这难道不是真理吗?送牛奶的同志进门就夸"好香",这使我们全家都感到骄傲。赶到昙花开放的时候,约几位朋友来看看,更有秉烛夜游的味道——昙花总在夜里开放。花分根了,一棵分为几棵,就赠给朋友们一些;看着友人拿走自己的劳动果实,心里自然特别喜欢。

当然,也有伤心的时候,今年夏天就有这么一回。三百棵菊秧还在地上(没到移入盆中的时候),下了暴雨,邻居的墙倒了,菊秧被砸死三十多种,一百多棵。全家都几天没有笑容。

有喜有忧,有笑有泪,有花有果,有香有色,既须劳动,又长见识,这就是养花的乐趣。

◎ 简评

《养花》一文是老舍先生1956年给报刊写的一篇散文,刊载在1956年12月12日的《文艺报》上。通过写养花的过程,表达了养花的乐趣:有喜有忧,有笑有泪,有花有果,有香有色。既须劳动又长见识。抒发了作者热爱生活的思想感情。全文按由事到理的顺序,层层递进,揭示了全文的主旨。全文共7个自然段,每个自然段讲了一个相对独立的内容。

◎ 写作练习

以《那天,我很高兴》为题,写一篇记叙文,要求恰当地运用抒情和议论的表达方式。

笔谈：我的专业

◎ 情境演练

高考时，同学们根据各自的喜好，选择了自己喜欢的专业。而我们的专业又往往和大家以后的工作、学习、生活有一定的联系。简单地说，你现在的学习、你现在的专业，决定着你以后的工作和生活。那么，在你离开学校，踏上社会的前夕，你准备好了吗？

◎ 实例借鉴

老师：同学们大专快毕业了，设想一下，你将从事怎样的工作？

同学甲：现在社会上有很多工作可做，不一定要和专业有关。做什么工作？随便。

同学乙：我希望能找一个和我专业有联系的工作，所以我要把握好在学校的学习时间。

同学丙：我希望自己去一个家装设计公司，用我的专业技能帮人们设计出一套套舒适、实用、漂亮的房子。以后，老师、同学有需要可以来找我哦。

同学丁：我的想法和你们不同，我不想去别的公司。我想自己开一个专门出售地方特色的工艺品淘宝店。店面整体形象设计、商品描述美化、商店内外推广促销活动设计等等，都由我自己来完成。当然，欢迎各位同学把你们设计的工艺品拿到我网店来出售。

老师：给大家讲一个小故事：

一个人在高山之巅的鹰巢里，抓到了一只雏鹰，他把雏鹰带回家，养在鸡笼里。这只雏鹰和鸡一起啄食、嬉闹、休息，它以为自己是一只鸡。

这只鹰渐渐长大，羽翼丰满了，主人想把它训练成一只猎鹰，可是由于它终日和鸡混在一起，它已经变得和鸡完全一样了，根本就没有飞翔的欲望。

主人想了很多办法想让它飞起来，但都没有效果。这天，主人带着这只鹰来到山顶，狠狠心一把将它扔了出去。这只鹰像块石头一样，一直往山下掉去。慌乱之中，它拼命拍打翅膀……终于，它飞起来了。

听完这个故事，你明白了什么道理呢？

◎ 简评

以上问答中，有的同学回答比较笼统，回答问题不够深入；有的同学则回答得详略得当，很有自己的想法。但大家都能紧扣老师的提问，并且回答得有条有理，句子也很通顺，是一次较为成功的笔谈练习。

拓展练习

请根据下面的要求,在课堂上进行笔谈练习。

以小组为单位,每一组选一位同学做某公司人事部主任(招聘人员),其他组员为应聘人员。人事部主任向应聘人员介绍公司情况和招聘要求,应聘者向人事部主任询问该公司的情况,介绍自己所学专业,推荐自己。应聘者可到不同的招聘人员处"推销"自己。

媒介素养综合实践活动

我爱我的专业——梦想从这里起航

场景案例

上午上课,下午烧窑,晚上还要备课,心荷的一天被塞得满满的。作为耳语工作室(又名 atelier murmur)的发起人之一,她同时还是浙江工业大学之江学院工艺设计专业的老师。

工作室成立于去年 4 月。三个志趣相投的 80 后姑娘,因为同在法国游学,回国后便一起将梦想付诸实践。有趣的是,三位女生都并非陶瓷专业出身,但出于热爱,在法国时就开始接触陶艺。尤其是心荷,还专程为此拜师学艺,在当地的陶艺工作室当学徒,学习陶瓷制作的基本工艺。

也正是因为姑娘们的"半路出家","绕"过了传统技能的系统学习,加之本身有着工艺设计、摄影等方面的技能,反而令她们手中的作品显得特别——"我听到最多的评价,就是说我们的作品完全不像是陶瓷做的。"心荷说。寻求陶瓷材质的极致,与其他不同材料结合,或是融入大自然原本的元素,这些正是耳语与众不同的地方。

采访:

Q:在成立自己的独立品牌之前,你们还从事过哪些工作?

A:我毕业后在一家工业设计公司工作过,现在是大学老师。我的另外两个搭档,一个曾是摄影师,另一个现在也是老师。

Q:平时你会怎样安排自己的工作?

A:一星期多半时间我都要上课,大概会有两三天在工作室参与制作或是设计。

Q:能分享一下你的设计灵感来源么?

A:就我来说,最大的灵感来源就是大自然。动物、河流、树叶,都是设计的源泉。我们将这些具象的素材通过陶瓷制作的过程融入作品,表现出自然而然的天然气质。其实我们工作室的名字耳语,表达的就是这个意境,与自然的融合……

(节选自《都市快报》2013 年 11 月 1 日)

◎ 策划筹备

什么是专业?专业是人类社会科学技术进步、生活生产实践中,用来描述职业生涯某一阶段、某一人群,用来谋生,长时间从事的具体业务作业范围。

这个定义告诉我们,同学们现在学习的这个专业,很有可能就是你以后要长时间从事的工作。我们现在的状态或多或少决定着我们的未来。记得有这么一句话:"干一行,爱一行。"它告诉我们,要热爱自己的专业,认真对待自己的专业,并在自己的专业上有所发展和创新。青年人胸怀壮志,雄视天下;我们要刻苦学习,磨炼自我……

今天,我们一起来开展一个活动,用我们的专业知识和技能,向未来说明,我,是从这里起步的。

一、查阅资料,收集 2—3 位古今名人创业的故事。

二、在社会上,有开大商场的,也有开小超市的,有开大服装公司的,也有搞个性服装设计的,有开大酒店的,也有开小面包房的……在你的亲戚、邻居或朋友中,寻找出 2—3 位在工作中较有成就的人物,并收集一些他们的照片和故事。

三、选择最能证明自己个人能力、专业水平的物品或获奖证书等,拍成照片。

四、准备几张大小适宜的纸板。

◎ 活动应用

一、对所收集和拍摄的照片做文字说明。针对你收集的照片,用一段文字来介绍他的故事或成就,以及他们对你的影响;针对自己的照片,作详细的介绍和说明。

二、制作"我爱我的专业"展板。要求排版合理美观,图文并茂(根据专业不同,可采取电脑排版、手工排版等方式)。

三、分组交流,展示。选出本组内的优秀展板。

四、各组组长向全班同学介绍本组展板的准备和制作过程,展示组内的优秀展板,最后全班评出最佳展板三个。

第 七单元　敬业与乐业

单元导语

　　"敬业"就是人们在工作中,严格遵守职业道德的工作态度。"乐业"犹如《论语》所云"知之者不如好之者,好之者不如乐之者"。

　　凡一个职业,总有许多苦累、曲折,如果能身入其中,看它变化、发展的状态,最为亲切有味。每一个职业的成就,离不了奋斗;一步一步地奋斗下去,从刻苦中得到快乐,快乐的分量逐步地增加。

　　本单元课文为我们了解社会、职业提供了多方面的认识。《敬业与乐业》是一篇演讲,主旨鲜明,层次清晰,语言通俗,文短意长;从《社会没有义务等待你成长和成熟》中,我们可以体会到一位法学院院长在毕业之际对学生的一片良苦用心;《那一年,面包飘香》讲述了一个面包师傅用他的一技之长赢得了社会的尊重,实现了自身的价值;《工作,从卖灯泡做起》是一篇讲述实习经历的文章,对于站在职场起点的我们有现实的借鉴意义;《职业》借儿童的视角,阐释了作者对于职业的理解。

　　在本单元,我们将学习如何进行调查研究,写调查报告,既帮助同学们提高应用文的写作能力,也增加了进入社会的实际锻炼的机会。另外还介绍了应聘的相关知识和技巧,为进入职场做好充分的准备。我们将要进入社会,对未来的职业生活充满期待和好奇。为此,本单元安排了"规划职场之路——职业生涯规划设计展"的综合实践活动,让我们从别人的职业生活中得到感悟和启迪。

阅读与欣赏

31 敬业与乐业①

梁启超

课文导读

这篇演讲，主旨鲜明，层次清晰，语言通俗，文短意长。

演讲一开始，梁启超就引用国人熟悉的儒家经典《礼记》和道家经典《老子》中的格言，开宗明义地提出了"敬业乐业"的主旨。接下来，分别谈论了"有业""敬业""乐业"的重要性；最后，又用"责任心"和"趣味"总结全文旨意。

这篇演讲在论证上的最大特点，就是大量引用经典、格言。儒家的《礼记》《论语》、孔子、朱熹、曾国藩，道家的《老子》《庄子》，佛家的百丈禅师，都被作者拿来论证自己的观点。

我这题目，是把《礼记》里头"敬业乐群"②和《老子》里头"安其居乐其业"那两句话，断章取义③造出来。我所说是否与《礼记》《老子》原意相合，不必深求；但我确信"敬业乐业"四个字，是人类生活的不二法门④。

本题主眼⑤，自然是在"敬"字、"乐"字。但必先有业，才有可敬、可乐的主体，理至易明⑥。所以在讲演正文以前，先要说说有业之必要。孔子说："饱食终日，无所用心，难矣哉！"又说："群居终日，言不及义，好行小惠，难矣哉！"孔子是一位教育大家，他心目中没有什么人不可教诲，独独对于这两种人便摇头叹气说道："难！难！"可见人生一切毛病都有药可医，惟有无业游民，虽大圣人碰着他，也没有办法。唐朝有一位名僧百丈禅师，他常常用一句格言教训弟子，说道："一日不做事，一日不吃饭。"他每日除上堂说法之外，还要自己扫地、擦桌子、洗衣服，直到八十岁，日日如此。有一

---

① 选自《饮冰室合集》第十四册，上海中华书局1941年版。
② 敬业乐群：对自己的事业很尽职，和朋友相处得很融洽。
③ 断章取义：意思是不顾上下文，孤立截取其中的一段或一句。断，截取。章，篇章。
④ 不二法门：佛教用语，指直接入道、不可言传的法门，常用来比喻最好的或者独一无二的方法。
⑤ 主眼：主要的着眼点，意即文章的主要内容、主要观点。
⑥ 理至易明：道理极容易明白。

回,他的门生想替他服务,把他本日应做的工悄悄地都做了,这位言行相顾①的老禅师,老实不客气,那一天便绝对地不肯吃饭。

我征引②儒门、佛门这两段话,不外证明人人都要有正当职业,人人都要不断地劳作。倘若有人问我:"百行什么为先?万恶什么为首?"我便一点不迟疑答道:"百行业为先,万恶懒为首。"没有职业的懒人,简直是社会上的蛀米虫,简直是"掠夺别人勤劳结果"的盗贼。我们对于这种人,是要彻底讨伐,万不能容赦的。今日所讲,专为现在有职业及现在正做职业上预备的人——学生——说法,告诉他们对于自己现有的职业应采何种态度。

第一要敬业。"敬"字为古圣贤教人做人最简易、直接的法门,可惜被后来有些人说得太精微,倒变了不适实用了。唯有朱子解得最好。他说:"主一无适③便是敬。"用现在的话讲,凡做一件事便忠于一件事,将全副精力集中到这事上头,一点不旁骛④,便是敬。业有什么可敬呢?为什么该敬呢?人类一面为生活而劳动,一面也是为劳动而生活。人类既不是上帝特地制来充当消化面包的机器,自然该各人因自己的地位和财力,认定一件事去做。凡可以名为一件事的,其性质都是可敬。当大总统是一件事,拉黄包车也是一件事。事的名称,从俗人眼里看来,有高下;事的性质,从学理上解剖起来,并没有高下。只要当大总统的人,信得过我可以当大总统才去当,实实在在把总统当作一件正经事来做;拉黄包车的人,信得过我可以拉黄包车才去拉,实实在在把拉车当作一件正经事来做,便是人生合理的生活。这叫作职业的神圣。凡职业没有不是神圣的,所以凡职业没有不是可敬的。唯其⑤如此,所以我们对于各种职业,没有什么分别拣择。总之,人生在世,是要天天劳作的。劳作便是功德,不劳作便是罪恶。至于我该做哪一种劳作呢?全看我的才能何如境地何如。因自己的才能境地,做一种劳作做到圆满,便是天地间第一等人。

怎样才能把一种劳作做到圆满呢?唯一的秘诀就是忠实,忠实从心理上发出来的便是敬。《庄子》记佝偻⑥丈人承蜩⑦的故事,说道:"虽天地之大,万物之多,而惟吾蜩翼之知。"凡做一件事,便把这件事看作我的生命,无论别的什么好处,到底不肯牺牲我现做的事来和他交换。我信得过我当木匠的做成一张好桌子,和你们当政治家的建设成一个共和国家同一价值;我信得过我当挑粪的把马桶收拾得干净,和你们当军人的打胜一支压境的敌军同一价值。大家同是替社会做事,你不必羡慕我,我不必羡慕你。怕的是我这件事做得不妥当,便对不起这一天里头所吃的饭。所以我

---

① 言行相顾:指言行不互相矛盾。

② 征引:引用事实或言论、著作做根据;引用。

③ 主一无适:专心于一件事,一点也不向别处分心。适,指朝别的路上去。

④ 旁骛(páng wù):在正业以外有所追求,意指不专心致志,分心。骛,追求。

⑤ 唯其:连词,表示因果关系,跟"正因为"相近。

⑥ 佝偻(gōu lóu):曲背。

⑦ 承蜩(chéng tiáo):(用竿子)粘蝉。

做这事的时候，丝毫不肯分心到事外。曾文正说："坐这山，望那山，一事无成。"一个人对于自己的职业不敬，从学理方面说，便亵渎①职业之神圣；从事实方面说，一定把事情做糟了，结果自己害自己。所以敬业主义，于人生最为必要，又于人生最为有利。庄子说："用志不分，乃凝于神。"孔子说："素其位而行，不愿乎其外。"我说的敬业，不外这些道理。

第二要乐业。"做工好苦呀！"这种叹气的声音，无论何人都会常在口边流露出来。但我要问他："做工苦，难道不做工就不苦吗？"今日大热天气，我在这里喊破喉咙来讲，诸君扯直耳朵来听，有些人看着我们好苦；翻过来，倘若我们去赌钱、去吃酒，还不是一样淘神②、费力？难道又不苦？须知苦乐全在主观的心，不在客观的事。人生从出胎的那一秒钟起到绝气的那

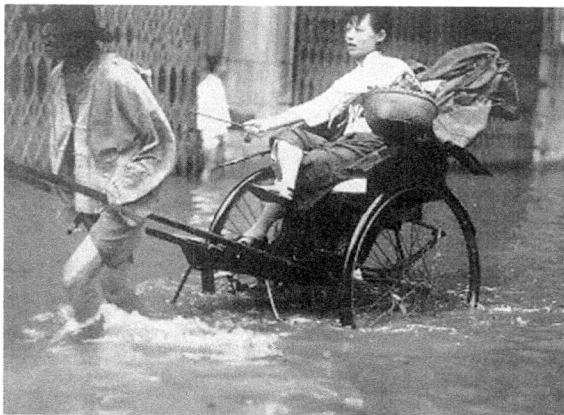

一秒钟止，除了睡觉以外，总不能把四肢、五官都搁起不用。只要一用，不是淘神，便是费力，劳苦总是免不掉的。会打算盘的人，只有从劳苦中找出快乐来。我想天下第一等苦人，莫过于无业游民，终日闲游浪荡，不知把自己的身子和心子摆在哪里才好，他们的日子真难过。第二等苦人，便是厌恶自己本业的人，这件事分明不能不做，却满肚子里不愿意做。不愿意做逃得了吗？到底不能。结果还是皱着眉头，哭丧着脸去做。这不是专门自己替自己开玩笑吗？我老实告诉你一句话："凡职业都是有趣味的，只要你肯继续做下去，趣味自然会发生。"为什么呢？第一，因为凡一件职业，总有许多层累③、曲折，倘能身入其中，看它变化、进展的状态，最为亲切有味。第二，因为每一职业之成就，离不了奋斗；一步一步地奋斗前去，从刻苦中得快乐，快乐的分量加增。第三，职业的性质常常要和同业的人比较骈进④，好像赛球一般，因竞胜而得快感。第四，专心做一职业时，把许多游思妄想杜绝了，省却无限闲烦闷。孔子说："知之者不如好之者，好之者不如乐之者。"人生能从自己职业中领略出趣味，生活才有价值。孔子自述生平，说道："其为人也，发愤忘食，乐以忘忧，不知老之将至云尔。"这种生活，真算得人类理想的生活了。

我生平受用的有两句话：一是"责任心"，二是"趣味"。我自己常常力求这两句话之实现与调和，又常常把这两句话向我的朋友强聒不舍⑤。今天所讲，敬业即

---

① 亵渎(xiè dú)：轻慢，不敬。
② 淘神：使人耗费精神。
③ 层累：层层叠叠，指困难和阻力重重。
④ 骈进(pián jìn)：一同前进，并进。
⑤ 强聒不舍(qiáng guō bù shě)：唠唠叨叨说个没完。聒：喧扰。舍：舍弃，放弃。

是责任心,乐业即是趣味。我深信人类合理的生活应该如此,我盼望诸君和我一同受用!

【作者简介】

梁启超,字卓如,号任公,又号饮冰室主人、饮冰子、哀时客、中国之新民、自由斋主人等,清光绪举人。汉族,广东新会人,中国近代史上著名的政治活动家、启蒙思想家、资产阶级宣传家、教育家、史学家和文学家。戊戌变法(百日维新)领袖之一。曾倡导文体改良的"诗界革命"和"小说界革命"。其著作合编为《饮冰室合集》。中国近代维新派代表人物,近代中国的思想启蒙者,深度参与了中国从旧社会向现代社会变革的伟大社会活动家,民初清华大学国学院四大教授之一、著名新闻报刊活动家。他的文章富有独特的历史视角,令人深思,启蒙思想。

思考与练习

一、反复阅读课文,想一想,作者先后谈论了哪几个问题? 文中说"我深信人类合理的生活总该如此",用自己的话说说"人类合理的生活"应该是怎样的?

二、引用《庄子》中佝偻丈人的故事,有什么作用?

三、"凡职业没有不是可敬的"的原因是什么?

四、文中在谈到"有业之必要"时,举了孔子和百丈禅师的两个例子加以说明;谈到"凡职业都是有趣味的"时,列举了四个原因加以说明。参照两种写法,根据自己的理解,试着为"有业之必要"列举几条理由或为"凡职业都是有趣味的"提供几个例子。

五、"因自己的才能、境地,做一种劳作做到圆满,便是天地间第一等人。"依照作者的这一标准来衡量,你能从身边也发现一两位这样"天地间第一等人"吗? 说出来与同学交流。

延伸阅读

少年中国说(节选)

梁启超

日本人之称我中国也,一则曰老大帝国,再则曰老大帝国。是语也,盖袭译欧西人之言也。呜呼! 我中国其果老大矣乎? 梁启超曰:恶! 是何言! 是何言! 吾心目中有一少年中国在。

欲言国之老少,请先言人之老少。老年人常思既往,少年人常思将来。惟思既往也，故生留恋心；惟思将来也，故生希望心。惟留恋也，故保守；惟希望也，故进取。惟保守也，故永旧；惟进取也，故日新。惟思既往也，事事皆其所已经者，故惟知照例；惟思将来也，事事皆其所未经者，故常敢破格。老年人常多忧虑，少年人常好行乐。惟多忧也，故灰心；惟行乐也，故盛气。惟灰心也，故怯懦；惟盛气也，故豪壮。惟怯懦也，故苟且；惟豪壮也，故冒险。惟苟且也，故能灭世界；惟冒险也，故能造世界。老年人常厌事，少年人常喜事。惟厌事也，故常觉一切事无可为者；惟好事也，故常觉一切事无不可为者。老年人如夕照，少年人如朝阳。老年人如瘠牛，少年人如乳虎。此老年与少年性格不同之大略也。梁启超曰：人固有之，国亦宜然。

梁启超曰：造成今日之老大中国者，则中国老朽之冤业也；制出将来之少年中国者，则中国少年之责任也。彼老朽者何足道？彼与此世界作别之日不远矣，而我少年乃新来而与世界为缘。使举国之少年而果为少年也，则吾中国为未来之国，其进步未可量也。使举国之少年而亦为老大也，则吾中国为过去之国，其渐亡可翘足而待也。故今日之责任，不在他人，而全在我少年。少年智则国智，少年富则国富；少年强则国强，少年独立则国独立；少年自由则国自由，少年进步则国进步；少年胜于欧洲则国胜于欧洲，少年雄于地球则国雄于地球。红日初升，其道大光。河出伏流，一泻汪洋。潜龙腾渊，鳞爪飞扬。乳虎啸谷，百兽震惶。鹰隼试翼，风尘翕张。奇花初胎，矞矞皇皇。干将发硎，有作其芒。天戴其苍，地履其黄。纵有千古，横有八荒。前途似海，来日方长。美哉我少年中国，与天不老！壮哉我中国少年，与国无疆！

32 社会没有义务等待你成长和成熟①
——在北京大学法学院 2003 届本科生毕业典礼上的致辞

苏　力

课文导读

　　社会和校园很不一样：校园类似"贤人政治"，老师以分数奖励你的才华和付出，而社会相对短视，它没有义务也不给时间等待你的成长和成熟。社会讲求的是利益交换，素质、能力都要转换成实实在在、看得见的利益才能得到认可。校园生活激励学子的理想，现实社会则需要安分守己，不盲从世俗的判断，坚守自我的成功与幸福。

　　仔细阅读课文，能体会毕业之际一位师长对学子的良苦用心。试着分析理解课文内容并深入思考：接受社会的现实是否意味着放弃理想？安分守己是否意味着失去追求？成功与幸福是否有必然联系？从学校到社会，从学生到职员，你准备好了吗？

老师们、同学们：

　　你们好！

　　在这次欢庆你们毕业，欢送一些同学离开校园的场合，我说两句话，作为你们大学生活的结语。

　　第一句更多是说给马上要走向工作岗位的同学的，一句大实话：社会和学校很不一样。

　　在校园里，个人努力也起作用，但作用更大的其实是天分。老师不要求你们的物质回报，只要你考试成绩好，人格上没有大毛病，基本上就会获得老师的欢心，就会获得以分数表现的奖励。在这个意义上，大学基本是一个"贤人政治"或"精英政治"的环境，更像家庭，评价体系基本由老师来定，以一种中央集权的方式，奖励的是你的智力。

　　社会则很不同。社会更多是一个世俗利益交换的场所，是一个市场，是"平民政

---

　　①　选自《演讲与口才》2003 年第 12 期，此处为节选。这是作者作为北京大学法学院院长对毕业生所作的一次演讲。

治"。评价的主要不是你的智力优越与否（尽管你的聪明和智慧仍然可以帮助你），而是你能否拿出什么别人想要的东西；这个标准不再由中心——老师确定，而是分散——由众多消费者确定的。因此，尽管定价 178 元，不到 10 天，3000 册英文版《哈利·波特与凤凰社》在北京新华书店已经脱销，而许多学者的著作一辈子也卖不了这么多，甚至只能"养在深闺人未识"；也因此，才有了"傻子瓜子"年广九，才有了"搞导弹的不如卖茶叶蛋的"，才有了 IT 产业中的退学现象。这种"脑体倒挂"不完美，但它恰恰表明了市场的标准。

人类的局限——你甭指望通过教育或其他，把消费者都变成钱钟书或纳什①。因此，我们的同学千万不要把自己 16 年来习惯了的校园标准原封不动地带进社会，否则你就会发现"楚材晋不用"，只能像李白那样用"天生我材必有用"来安慰自己，更极端地，甚至成为一个与社会、与市场格格不入的人。

尽管社会和市场的手是看不见的，但它讲的却都是看得见、摸得着的；它不讲期货，讲的都是将之转为现货。你可以批评它短视，但它通常还是不会，而且没有义务等待你成长和成熟。它把每个进入社会的人都当作平等的，不考虑你刚毕业，没有经验。如果你失去了一次机会，你就失去了；不像在学校，会让你补考，或者到老师那里求个情，改个分数。"北大学生有潜力、有后劲"，别人这样说行，你们自己则千万不要说，也不要相信。这种说法不是安慰剂，在某种程度上，实际上就是说你不行，至少现在不行。如果你有什么素质，有什么潜力，有什么后劲，你就得给我拿出来，你就得给我变成实打实的东西——也许是一份合同起草，也许是一次成功诉讼。

这一点对于文科毕业生尤其重要。理工科的学生几乎是从一入学就很务实，就是一次次实验，一道道习题，就是一个毕业设计，没有什么幻想；他们几乎没有谁幻想自己成为牛顿、达尔文或爱因斯坦，就是成名了，也是他或她自己。而文科学生，大学 4 年，往往是同历史上最激动人心的一些事件和人物交往，在同古今中外的大师会谈；你们知道了苏格拉底审判②，知道了马伯利诉麦迪逊③，知道了"大宪章"等等，你们还可以评点孔、孟、老、庄，议论柏拉图、亚里士多德，甚至"舍我其谁也"。大学的文科教育往往会令许多人从骨子里更喜欢那种激动人心的时刻和时代，甚至使人膨胀起来。但这不是，而且也不可能是绝大多数人的生活，而只是学院中想象的

---

①　[纳什]指约翰·纳什，美国数学家，博弈论的奠基人之一，获得了 1994 年诺贝尔经济学奖。

②　苏格拉底审判：公元 399 年，古希腊伟大的哲学家苏格拉底被五百人陪审法庭以"腐蚀青年"等罪名判处死刑。这一事件反映了当时社会民主和法治之间的关系问题。

③　马伯利诉麦迪逊：威廉·马伯利（William Marbury）被即将卸任的总统约翰·亚当斯任命为太平绅士。参议院亦于 1801 年批准了这项任命。但是，由于官僚的疏忽，时任国务卿的马歇尔（John Marshall）并未将正式的委任状投递给马伯利。继任的总统托马斯·杰弗逊指令其国务卿麦迪逊不可将委任状投递给马伯利，因为他是由联邦党员，而非共和党员，执政时任命的。马伯利据国会于 1789 年颁布的《司法法案》在美国最高法院一审起诉麦迪逊，要求最高法院颁布训令状，指令麦迪逊将委任状投递给他。

生活。我们每个人都只能生活在日常的琐细之中。

因此，第二句话，要安分守己，这是对每个同学说的。

这句话对于我们这个时代也许过时了，但对你们，可能还不过时。因为我从来也不担心北大的毕业生会没有理想以及理想是否远大，而更多担心你们能否从容坦然面对平凡的生活，特别是当年轻时的理想变得日益遥远、模糊和黯淡起来的时候；还因为，我要说，几乎——如果还不是全部的话——每一个雄心勃勃的人都注定不可能完全实现他的理想。

我当然希望而且相信，你们当中能涌现杰出的政治家、企业家、法律家、学问家，但只可能是少数——多了就挤不下了，多了也就不那么值钱了——边际效用总是递减的。无论在世俗的眼光还是在自我评价中，绝大多数人都必定是不那么成功的。

但是，我们要知道，成功并不必定同幸福相联系，所谓的不成功也未必等于不幸福。因此，在你们离开校园之际，你们不仅要树立自己的雄心，更必须界定自己的成功。

让我告诉你们一个人吧，一个也许当年把你们当中的谁招进北大的人，一个本来会且应当出现在这一场合却再也不可能的人。这个人当年曾以全班第一名毕业于这个法学院，毕业留校后，长期做学生工作、党团工作、行政工作；在北大这样一个学者成堆的地方，他的工作注定了他只能是配角，而且还永远不可能令所有的人满意，乃至有人怀疑他当年留校做行政工作是不是因为他的学习成绩不行。但他安分：勤勤恳恳地在这个平凡的岗位为我们和你们服务；他守己：恪守着他学生时代起对于生活和理想的追求——一直到他外出招生不幸殉职。他不是学者，更谈不上著名；他没有留下学术著作，留下的，在他的笔记本电脑中，是诸多的报告和决定，有关招生，有关法学院大楼，有关保送研究生以及处分考试作弊的学生；他每年都出现在"十佳教师"的晚会上，但不是在台上接过鲜花，而是在台下安排布置；他没有车子、房子，更不如他的许多同学有钱。但是，当他离去之际，他的同事、同学和学生都很悲痛，包括那些受过他批评的学生。是的，他没有成为一个被纪念的人，甚至不是一位会被许多人长久记住的人，但是，他是一位令他的同事和同学们怀念的人。这难道不是一种令人羡慕的成功？尽管有点惨烈和令人心痛！

我们的事业，中国的事业，其实靠的更多是许许多多这样的人。

安分守己并不是一个贬义词，甚至不是一个中性词；"安分"是不容易的，在这个时代，"守己"则更不容易！

【作者简介】

苏力,原名朱苏力,笔名苏力,祖籍江苏东台,1955 年 4 月 1 日出生于安徽合肥。1970 年 12 月入伍做炮兵测绘,1976 年 6 月退伍后成为测绘工人。1978 年考入北京大学法律系,1982 年为法学学士。一年后,赴美自费公派留学,先后就读于加州 McGeorge School of Law 和 Arizona State University,获 LL. M(1987,美国商法与税法)、M. A(1992,美国法律制度)和 Ph. D(1992,法律的交叉学科研究)学位。1992 年归国,任教北京大学法律系。1998 年任法学院学术委员会主席、校学术委员会委员;1999 年任法学院副院长;2001 年任法学院院长;2010 年卸任。

主要著述有:《法治及其本土资源》(1996)、《制度是如何形成的》(1999)、《阅读秩序》(1999)、《送法下乡——中国基层司法制度研究》(2000)等著作及译著《宪政与分权》《宪政与民主》《法理学问题》《司法过程的性质》《国家篇·法律篇》等。

思考与练习

一、作为北大法学院院长,在自己的学生即将步入社会之前作此致辞,你能理解作者的良苦用心吗? 你如何理解"社会没有义务等待你成长和成熟"?

二、对社会上曾经存在的"脑体倒挂"现象,你如何看待?

三、研读下列各句并回答问题。

1.社会更多是一个世俗利益交换的场所,是一个市场,是"平民政治"。评价的主要不是你的智力优越与否(尽管你的聪明和智慧仍然可以帮助你),而是你能否拿出什么别人想要的东西。

问题:是这样吗? 试举例说明。

2.它不讲期货,讲的都是将之转为现货。

问题:你如何理解这一观点? 如果社会确实如此,你又将如何应对呢?

3.我从来也不担心北大的毕业生会没有理想以及是否远大,而更多担心你们能否从容坦然面对平凡的生活,特别是当年轻时的理想变得日益遥远、模糊和黯淡起来的时候……

问题:作者的担心是多余的吗? 为什么?

4.成功并不必定同幸福相联系,所谓的不成功也未必等于不幸福。因此,在你们离开校园之际,你们不仅要树立自己的雄心,更必须界定自己的成功。

问题:你赞同作者的观点吗? 谈谈你的想法。

四、试概括这篇致辞的特点。

延伸阅读

第44届美国总统奥巴马的就职演说
〔美〕奥巴马

我的同胞们：

今天我站在这里，看到眼前面临的重大任务，深感卑微。我感谢你们对我的信任，也知道先辈们为了这个国家所做的牺牲。我要感谢布什总统为国家做出的贡献，以及感谢他在两届政府过渡期间给予的慷慨协作。

迄今为止，已经有44位美国总统宣誓就职。总统的宣誓有时面对的是国家的和平繁荣，但通常面临的是乌云密布的紧张形势。在紧张的形势中，支持美国前进的不仅仅是领导人的能力和远见，也在于美国人民对国家先驱者理想的信仰，以及对美国立国文件的忠诚。

前辈们如此，我们这一代美国人也要如此。

现在我们都深知，我们身处危机之中。我们的国家在战斗，对手是影响深远的暴力和憎恨；国家的经济也受到严重的削弱，原因虽有一些人的贪婪和不负责任，但更为重要的是我们作为一个整体在一些重大问题上决策失误，同时也未能做好应对新时代的准备。

我们的人民正在失去家园，失去工作，很多企业倒闭。社会的医疗过于昂贵、学校教育让许多人失望，而且每天都会有新的证据显示，我们利用能源的方式助长了我们的敌对势力，同时也威胁着我们的星球。

统计数据的指标传达着危机的消息。危机难以测量，但更难以测量的是其对美国人国家自信的侵蚀——现在一种认为美国衰落不可避免，我们的下一代必须低调的言论正在吞噬着人们的自信。

今天我要说，我们的确面临着很多严峻的挑战，而且在短期内不大可能轻易解决。但是我们要相信，我们一定会渡过难关。

今天，我们在这里齐聚一堂，因为我们战胜了恐惧，选择了希望，摒弃了冲突和矛盾而选择了团结。

今天，我们宣布要为无谓的摩擦、不实的承诺和指责画上句号，我们要打破牵制美国政治发展的若干陈旧教条。

美国仍是一个年轻的国家，借用《圣经》的话说，放弃幼稚的时代已经到来了。重拾坚韧精神的时代已经到来，我们要为历史做出更好的选择，我们要秉承历史赋予的宝贵权利，秉承那种代代相传的高贵理念：上帝赋予我们每个人以平等和自由，以及每个人尽全力去追求幸福的机会。

在重申我们国家伟大之处的同时，我们深知伟大从来不是上天赐予的，伟大需要努力赢得。（我们的民族一路走来），这旅途之中从未有过捷径或者妥协，这旅途也不适合胆怯之人，或者爱安逸胜过爱工作之人，或者单单追求名利之人。这条路是勇于承担风险者之路，是实干家、创造者之路。这其中有一些人名留青史，但是更多的人却在默默无闻地工作着。正是这些人带领我们走过了漫长崎岖的旅行，带领我们走向富强和自由。

为了我们，先辈们带着微薄的细软，横渡大洋，寻找新生活；为了我们，先辈们忍辱负重，用血汗浇铸工厂；为了我们，先辈们在荒芜的西部大地辛勤耕作，定居他乡；为了我们，先辈们奔赴（独立战争中的）康科德城和葛底斯堡、（二战中的）诺曼底。一次又一次，我们的先辈们战斗着、牺牲着、操劳着，只为了我们可以生活得更好。在他们看来，美国的强盛与伟大超越了个人雄心，也超越了个人的出身、贫富和派别差异。

今天我们继续先辈们的旅途。美国依然是地球上最富裕、最强大的国家。同危机初露端倪之时相比，美国人民的生产力依然旺盛；与上周、上个月或者去年相比，我们的头脑依然富于创造力，我们的商品和服务依然很有市场，我们的实力不曾削弱。但是，可以肯定的是，轻歌曼舞的时代、保护狭隘利益的时代以及对艰难决定犹豫不决的时代已经过去了。从今天开始，我们必须跌倒后爬起来，拍拍身上的泥土，重新开始工作，重塑美国。

我目之所及，都有工作有待完成。国家的经济情况要求我们采取大胆且快速的行动，我们的确是要行动，不仅是要创造就业，更要为（下一轮经济）增长打下新的基础。我们将造桥铺路，为企业铺设电网和数字线路，将我们联系在一起。我们将回归科学，运用科技的奇迹提高医疗质量，降低医疗费用。我们将利用风能、太阳能和土壤驱动车辆，为工厂提供能源。我们将改革中小学以及大专院校，以适应新时代的要求。这一切，我们都能做到，而且我们都将会做到。

现在，有一些人开始质疑我们的野心是不是太大了，他们认为我们的体制承载不了太多的宏伟计划。他们是健忘了。他们已经忘了这个国家已经取得的成就；他们已经忘了当创造力与共同目标以及必要的勇气结合起来时，自由的美国人民所能发挥的能量。

这些怀疑论者的错误在于，他们没有意识到政治现实已经发生了变化，长期以来耗掉我们太多精力的陈腐政治论争已经不再适用。今天，我们的问题不在于政府的大小，而在于政府能否起作用，政府能否帮助家庭找到薪水合适的工作，给他们可以负担得起的医疗保障并让他们体面地退休。哪个方案能给予肯定的答案，我们就推进哪个方案。哪个方案的答案是否定的，我们就选择终止。而掌管纳税人税金的人应当承担起责任，合理支出，摒弃陋习，磊落做事，只有这样才能在政府和人民之间重建至关重要的相互信任。

我们面临的问题也不是市场好坏的问题。市场创造财富、拓展自由的能力无可匹敌，但是这场危机提醒我们，如果没有监管，市场很可能就会失去控制，而且偏袒富人国家的繁荣无法持久。国家经济的成败不仅仅取决于国内生产总值的大小,而且取决于繁荣的覆盖面,取决于我们是否有能力让所有有意愿的人都有机会走向富裕。我们这样做不是慈善,而是因为这是确保实现共同利益的途径。

就共同防御而言,我们认为国家安全与国家理想的只能选其一的排他选择是错的。面对我们几乎无法想象的危险,我们的先辈们起草了确保法治和个人权利的宪章。一代代人民的鲜血夯实了这一宪章。宪章中的理想依然照亮着世界,我们不能以经验之谈放弃这些理想。因此我想对正在观看这一仪式的其他国家的人民和政府说,不论他们此刻在各国伟大的首府还是在如同我父亲出生地一般的小村落,我想让他们知道:对于每个追求和平和自尊的国家和个人而言,美国都是朋友,我们愿意再次领导大家踏上追寻之旅。

回想先辈们在抵抗法西斯主义之时,他们不仅依靠手中的导弹或坦克,他们还依靠稳固的联盟和坚定的信仰。他们深知单凭自己的力量我们无法保护自己,他们也深知我们强大并不足以使我们有权利为所欲为。他们明白,正是因为使用谨慎,我们的实力才不断增强;正是因为我们的事业是公正的,我们为世界树立了榜样,因为我们的谦卑和节制,我们才安全。

我们继承了这些遗产。在这些原则的再次领导下,我们有能力应对新的威胁,我们需要付出更多的努力,进行国家间更广泛的合作以及增进国家间的理解。首先,我们将以负责任的态度,将伊拉克交还给伊拉克人民,同时巩固阿富汗来之不易的和平。对于老朋友和老对手,我们将继续努力,不遗余力,削弱核威胁,遏制全球变暖的幽灵。我们不会为我们的生活方式感到抱歉,我们会不动摇地捍卫我们的生活方式。对于那些企图通过恐怖主义或屠杀无辜平民达成目标的人,我们要对他们说:我们的信仰更加坚定,不可动摇,你们不可能拖垮我们,我们定将战胜你们。

因为我们知道,我们的多元化遗产是一个优势,而非劣势。我们国家里有基督徒也有穆斯林,有犹太教徒也有印度教徒,同时也有非宗教信徒。我们民族的成长受到许多语言和文化的影响,我们吸取了这个星球上任何一个角落的有益成分。正是因为我们民族曾亲尝过内战和种族隔离的苦酒,并且在经历了这些黑色的篇章之后变得更加强大更加团结,因此我们不由自主,只能相信一切仇恨终有一天都会成为过去,种族的划分不久就会消失,而且随着世界变得越来越小,我们相信终有一天人类共有的人性品德将会自动显现。在迎接新的和平时代到来的过程中,美国需要发挥自己的作用。

思索前方的路,我们无时无刻不在铭记那些远征沙漠和偏远山区的英勇美国战士,对他们充满了感激之情,他们和那些安息在阿灵顿国家公墓之下的战争英雄们一样,给予我们启示。

我们尊敬他们,不仅因为他们是自由的守护者,还因为他们代表的是为国家服务的精神,他们自愿追寻比自身的价值更伟大的意义(美国国家之伟大)。此时此刻,在这个要塑造一代人的时刻,我们需要的正是这样一种精神。

因为无论美国政府能做多少，必须做多少，美国国家的立国之本最终还是美国人的决心和信念。于防洪堤坝决堤之时收留陌生受难者的善意，于在经济不景气的时候宁愿减少自己工时也不肯看着朋友失业的无私，正是他们支撑我们走过黑暗的时刻。消防队员冲入满是浓烟的楼梯抢救生命的勇气，父母养育孩子的坚持，正是这些决定了我们的命运。

我们面临的挑战也许是新的，我们应对挑战的措施也许也是新的，但那些长期以来指导我们成功的价值观——勤奋、诚实、勇气、公平竞争、包容以及对世界保持好奇心，还有对国家的忠诚和爱国主义——却是历久弥新，这些价值观是可靠的。他们是创造美国历史的无声力量。我们现在需要的就是回归这些古老的价值观。我们需要一个新的负责任的时代，一个觉醒的时代，每个国人都应意识到我们对自己、对国家和世界负有责任，我们不应该不情愿地接受这些责任，而应该快乐地承担起这些责任。我们应该坚定这一认识，没有什么比全身心投入一项艰巨的工作更能锻炼我们的性格，更能获得精神上的满足。

这是公民应尽的义务，应做出的承诺。

我们自信源于对上帝的信仰，上帝号召我们要掌握自己的命运。

这就是我们自由和信仰的意义，这也是不同种族、不同信仰、不同性别和年龄的人可以同聚一堂在此欢庆的原因，也是我今天能站在这里庄严宣誓的原因，而在50多年前我的父亲甚至都不能成为地方餐馆的服务生。

所以，让我们铭记自己的身份，镌刻自己的足迹。在美国诞生的时代，那最寒冷的岁月里，一群勇敢的爱国人士围着篝火在冰封的河边取暖。首都被占领，敌人在挺进，冬天的雪被鲜血染成了红色。在美国大革命最受质疑的时刻，我们的国父们这样说：

"我们要让未来的世界知道……在深冬的严寒里，唯有希望和勇气才能让我们存活……面对共同的危险时，我们的城市和国家要勇敢地上前去面对。"

今天的美国也在严峻的寒冬中面对共同的挑战，让我们记住国父们不朽的语言。带着希望和勇气，让我们再一次勇敢地面对寒流，迎接可能会发生的风暴。我们要让我们的子孙后代记住，在面临挑战的时候，我们没有屈服，我们没有逃避也没有犹豫，我们脚踏实地、心怀信仰，秉承了宝贵的自由权利并将其安全地交到了下一代的手中。

33 工作,从卖灯泡做起^①

匡 霞

课文导读

这是一篇讲述实习经历的文章,对于站在职场起点的我们有现实的借鉴意义。面对实习工作,"我"无精打采,觉得自己大材小用,但最终还是用心推销,圆满完成了实习任务,取得了优异成绩。卖灯泡,这是一份并不起眼的工作,"我"却交出了一份让人满意的答卷,为职业生涯一个陌生领域时,一定要本着精益求精的态度,把事情做细做好,这样才能适应社会发展的需要,找到理想的工作。

本文脉络清晰,推销经历真实、典型,让人信服。

临近毕业时,按照学校的规定,除了做毕业设计,剩下的时间就是找实习公司了。经过一个多月的奔波,碰了无数次壁以后,我才意识到,自己并不是想象中的社会上争相抢要的人才。

万般无奈之下,我接受了一家公司的销售员工作。这家公司最近拿到了一种新型节能灯泡的地区代理权,想找一个实习人员来进行推广。这家公司给我的底薪是六百元,另外按每个月的营业额提成。

要不是为了拿到实习单位的工作鉴定,我才不会卖灯泡呢!

初上班的第一天,我无精打采地收拾着办公桌。市场部王经理看出了我压抑的不满,语重心长地对我说:"小伙子,我知道你心里是怎么想的。但是作为过来人,我要劝你一句话。要干,就干好;要不,就另找适合自己的工作。在其位,谋其职,这个道理,你应该知道吧?"

我听了,默默无语。王经理说得对,我应该把它当作一次难得的锻炼机会。

我下决心,要在这三个月的实习期好好做,让大家看看我这个大学生的素质!我仔细研究节能灯的资料和几个样品:这是一种获得了各种质量认证的 TCP 节能灯,优点是省电节能,但是单价较普通的灯泡贵了十倍。

上班的头三天,我并不急于寻找客户,而是将 TCP 节能灯的各种型号、形状、优

---

① 选自《青年文摘》(绿版)2005 年第 6 期。

点、价格背了个滚瓜烂熟,向公司的电工请教如何安装。然后,我制作了一个 PPT 文档,里面详细地介绍了节能灯推广使用的背景、产品介绍、案例,还配上了精美的背景图。我还在午休时,让公司的其他员工充当我的"客户",听我讲解,指出不足。

当这些准备工作做好以后,我就应该寻找潜在客户了。我每天下班从公司楼下经过,发现附近有一栋六层大楼正在装修。我心想,刚盖好的大楼肯定要安装灯泡,不知这算不算一个机会?于是我中午下班时间去了那栋大楼,跟那里的装修工人闲聊起来,从他们的话中得知,这栋楼是本区一个财会培训学校的。

上班时我回到公司,打 114 查到这个学校的电话,联系上了他们办公室的人员。跟他们办公室主任简单介绍了一下情况后,电话那头为难地说:"这事要问我们校长。"我礼貌地问是否能告诉我校长的电话,办公室主任迟疑了一下,还是告诉我了。毕竟,将心比心,以诚待人,是不会被拒绝的。

我跟校长联系上了,校长听说有这种节能产品,表现出了兴趣。毕竟现在电价年年涨,一栋大楼一年的电费是很可观的。我跟校长约好了在星期五的下午三点去他办公室面谈。

打完电话,我很兴奋。我知道,面谈就意味着事情有成功的可能。星期五下午上班时,我借来一个手提电脑,将做好的 PPT 文档拷贝好,再将有关文字资料和几个样品装进公文包,等到两点四十五分便出发了。

校长热情地接待了我。闲聊了几句,便切入了正题。我将笔记本电脑打开,一边演示一边讲解,从国家提倡使用节能灯开始,到何时能收回成本。十五分钟过去了,我讲完了,紧张地看着校长。

校长问:"灯泡你带来了吗?"我忙从包里掏出一个样品,并暗自庆幸:幸好事前做好了准备工作!校长仔细看了看,对我说:"小伙子,我考虑考虑,你留下电话,要是买的话,我再跟你联系!"

我留下了电话,跟校长道别了。回到公司,正好碰见王经理,我抑制不住兴奋,问经理:"客户说要买的话就给我打电话,那我是不是等着就行了?"王经理说:"不行,现在是买方市场,我们要主动定期给客户打电话,问候一声,顺便也提醒他你的存在,这样能促使客户更快地下决定。"毕竟姜是老的辣,这番话让我受益匪浅。于是我按照经理的话做,隔几天打一次电话。

一个星期以后,校长在电话里对我说:"你来我办公室吧,我们把合同签了,先买一百只。"放下电话,拟好合同,我便往外跑。

当我把这第一份合同交给王经理时,他的目光充满了赞赏:"想不到才短短半个月,你就签下了一份订单。不错!"我被表扬得有点不好意思:"王经理,您别这么说,

不过才两千多元的合同额,挣了不到六百块钱。"王经理正色说:"千万别这么想,好好干下去,你很有潜力!"

我好好琢磨这次成功的经验,又寻找下一个客户。平时多注意观察,在网上搜索本地区企事业单位的地址、电话。在挖掘新客户的同时,我也没有忘记给我带来第一单生意的那位校长。过后不久,我给他打了一次电话,问他对 TCP 节能灯的使用情况满不满意;又在一天下午快下班的时候去拜访了他。一个月后,他又订购了一百只。

实习期满了,我也将离开公司了。在这三个月里,我一共拿到了八千元的订单。王经理给我开了一个实习期间业务能力突出、表现优异的鉴定。

通过实习,跟社会接触多了,我自信了很多,也敢于在各个公司的招聘会上侃侃而谈,发表自己对市场的看法,对客户的理解。很快,我被一家大型国有企业聘任。

在以后上班的日子里,我深刻地意识到,在那家公司实习的经历是多么重要。在进入一个自己陌生的领域时,都要本着精益求精的态度,把事情做细,做好。如果当初我放弃了卖灯泡的工作,可能无法获得这些宝贵的财富,更不会有机会进入更高的领域了。我的工作,是从卖灯泡做起的。

【作者简介】

匡霞,女,管理学博士,上海政法学院国际事务与公共管理系副教授、硕士生导师。主要研究方向公共政策、城市管理、公共经济管理及政府经济学。在《公共管理学报》《财贸研究》《同济大学学报》等杂志发表论文三十多篇。参编、参著著作 2 部。参与国家级、省部级课题 7 项。

思考与练习

一、作者从这次实习所获得的经验是什么?
二、请总结作者成功推销节能灯泡的技巧。
三、你是如何理解"要干,就干好""在其位,谋其职"的?
四、面对竞争日益激烈的人才市场,"找工作难"的问题越来越突出,你会从"底层"先做起吗?谈谈你的想法。

延伸阅读

化整为零,循序渐进

瞿自文

1968 年某天,罗伯·舒乐博士立志要在加州用玻璃建造一座水晶大教堂。他向著名的建筑设计师菲利普表达了自己的构思："我要的不是一座普通的教堂,而是一座人间的伊甸园。"

菲利普问舒乐预算多少,舒乐博士坚定地对他说:"事实上,现在我一毛钱都没有,所以对我来说,100万美元和400万美元并没有区别。重要的是,这座教堂本身要具有足够的吸引力,吸引捐助者的到来。"

教堂最终敲定需要的预算是700万美元。这个数字不但超出了舒乐博士的承受能力,甚至也超出了他的想象范围,其他人也都对舒乐博士说"这似乎不可能"。

但舒乐博士却想出了一个化整为零的方法。他在一张纸上写着"700万美元",然后在这个目标下面写道:

1.找1笔700万美元的捐款;

2.找7笔100万美元的捐款;

3.找14笔50万美元的捐款;

......

9.找700笔1万美元的捐款;

10.卖出教堂1万扇窗户的署名权,每扇700美元。

在这神奇的化整为零的方法作用下,舒乐博士历时一年多筹集到了足够的款项。据说,水晶大教堂最后耗资2000万美元,但是在舒乐博士将这宏伟的目标化整为零之后,奇迹般地募集了足够的资金,让这个大教堂成为了加州胜景。

这张目标地图原本令人望而生畏,似乎这是一个无论如何忙碌都无法企及的目标,但是化整为零之后,成为了一个又一个可实现的小目标。即使我们在追求目标的过程中遭受挫折,但是因为可以看到为了每个小目标而忙碌的回报,就使得自己能够不断应对压力和挑战。

俄国大文豪托尔斯泰有这样一句名言:"人要有生活的目标:一辈子的目标,一个阶段的目标,一年的目标,一个月的目标,一个星期的目标,一天的目标,一小时的目标,一分钟的目标,还得为大目标牺牲小目标。"

1984年,在东京国际马拉松邀请赛中,名不见经传的日本选手山田本一出人意料地夺得了世界冠军。当记者问他凭什么取得如此惊人的成绩时,他说了这么一句话:"凭智慧战胜对手。"

大家对他所谓的"智慧"都有些迷惑不解。10年后,他在自己的自传中道出了这个"智慧"的真相:"每次比赛之前,我都要乘车把比赛的线路仔细地看一遍,并把沿途比较醒目的标志画下来。比如,第一个标志是银行;第二个标志是一棵大树;第三个标志是一座红房子……这样一直画到赛程的终点。比赛开始后,我就以百米赛跑的速度奋力地向第一个目标冲去,等到达第一个目标后,我又以同样的速度向第二个目标冲去。40多千米的赛程,就被我分解成这么几个小目标轻松地跑完了。起初,我并不懂这样的道理,我把我的目标定在40多千米外终点线的那面旗帜上,结果我跑到十几千米时就疲惫不堪了,因为我被前面那段遥远的路程给吓倒了。"

第一个标志……第二个标志……第三个标志……正是这种循序渐进的态度帮助山田本一获得了世界冠军。美国著名作家赛瓦里德说过：当我打算写一本25万字的书时，一旦确定了书的主题和框架，我便不再考虑整个写作计划有多么繁重，我想的只是下一节、下一页甚至下一段怎么写。在六个月当中，除了一段一段开始外，我没想过其他方法，结果就水到渠成了。

不要畏惧过于遥远的目标，运用化整为零的方法，忙碌于一个又一个眼前可以企及的小目标就是追求理想的第一步。不要抱怨每天忙碌于如此多的琐事，成功从来都无法一蹴而就，只有循序渐进，让每天的忙碌都发挥功效，才能距离目标越来越近。

34 那一年,面包飘香[①]

李家同

课文导读

读书深造很重要,学得一技之长并贡献给社会也很重要。课文中的面包师傅因为家境不好而辍学,但他并没有因此而放弃学习,而是在老师的鼓励下努力钻研技术,成为一名远近闻名的面包师傅:他用他的一技之长赢得了社会的尊重,实现了自身的价值。面包师傅的经历告诉我们:职业没有贵贱之分,尊重内心的意愿,喜欢并努力付出,就能从工作中收获快乐和满足。

课文以倒叙手法讲述故事,悬念选出,引人入胜。你能从面包师傅的经历中得到什么启示吗? 你如何理解"不要学坏,总要有一技随身"的这一观点呢?

我一直喜欢好吃的面包,清大门口有好几家面包店,我每家都去过,哪一家有哪一种好吃的面包,我都知道。

最近几个月来,有不知名的人送面包给我。送的人是一位年轻人,我住的公寓管理员问他是谁,他不肯说,他说他的老板是李老师的忠实读者,听说李老师喜欢吃面包,所以就送来了。这些面包果真高级,我在全台湾各个面包店去找,都没有找到这种面包。

有一天我回家,看到那一位年轻人正要离开,我偷偷地尾随其后,居然找到了那家面包店。

进了门,迎面就是扑鼻而来的法国面包的香味。大师傅注意到了我。他问我是不是李老师,我说是的,他说老板关照,如果李老师来,就要给予特别照顾。

我坐在小圆桌旁边,看到外面一棵树的影子正好斜斜地洒在窗子上,这扇窗是有格子的那一种,窗帘是瑞士白纱,看来这家店的老板很有品位。

大师傅拿了一个银盘子进来了,原来他准备了一套下午茶来招待我。大师傅陪我一起享受,因为这些食物才出炉,吃起来当然是满口留香,但是大师傅说,还有更

[①]　选自《青年文摘》(红版)2005 年第 7 期。李家同,台湾作家。

精彩的在后面。精彩的是什么呢？

是一种烤过的薄饼，卷起来的，里面有馅。我一口咬下去，发现薄饼里有馅的汁进去了，馅已经很好吃，因为馅汁进入了薄饼里，好吃得不得了。就在又吃又喝的时候，我听到外面人声嘈杂，原来大批食客也在享受每天出炉一次的烤卷饼。

大师傅告诉他们，每天只出炉一次，现烤现卖，也不外带，因为这种饼冷了就不好吃了，每人只能买两块，但是老板免费招待咖啡或红茶，我都不敢问价钱，我想凡是免费招待茶或咖啡的食物，一定不会便宜。我看了一下这些食客，都是新竹科学园区工程师样子的人。有一位还告诉别人，他吃了以后要赶回去加班。这些食客也很合作，吃了以后自动将店里恢复得干干净净。

我对这家店的老板感到十分好奇，就问大师傅能不能见到他，大师傅说他一定会来，叫我在一张沙发上休息一下，他去找老板来。

老板还没有来，却来了一个小伙子，他拿了一个大信封进来，说老板要我看一下。我拆开信封，里面全是算数的考卷，考的全是心算的题目，比方说 15×19，答案就写在后面，学生不可以经过一般的乘法过程，而必须经由心算，直接算出答案来。

我想起来了，十年前，我教过一个小学生，每一次教完了，他就要做心算习题，一开始他不太厉害，后来越来越厉害，数学成绩也一直保持在 95 分左右。可惜得很，他小学毕业以后，就离开了新竹，我再也找不到他了。他家境十分不好，我也陆陆续续地听到他不用功念书的消息。我虽然心急如焚，但鞭长莫及，毫无办法。

我曾经去看过他一次，还请他到一家饭馆去饱餐一顿。那时他读初一下学期。我劝他好好念书，至少不可以吸烟，不可以打架，不可以喝酒，不可以嚼槟榔。他都点点头，说实话，我只记得他当时叛逆得很厉害，一副对我不理不睬的模样。

这个孩子后来没有升学，我听到消息以后，曾经写过一封信给他，第一劝他无论如何不要去 KTV 做事，第二劝他一定要学一种技术，这样将来才能在社会立足。我虽然写了好几封信给他，他却都没回。

就在我回忆往事的时候，老板走进来了，原来一进门时看到的大师傅就是老板，也就是我当年教过的学生。他说他进入中学以后，因为家境非常不好，不仅没有钱补习，有时连学杂费和营养午餐费用都交不起，他知道他绝对考不上公立中学，也绝对念不起私立高中，只好放弃升学了。

他很坦白地告诉我，他是很想念书的，但是家境不好，使他无法安心念书，有一次他跑进清华大学去玩，看见那些大学生，心里好生羡慕，回家梦见自己成了大学生，醒来大哭一场。

就在这个时候,他收到我的信,他以为我会责备他放弃升学的,没有想到我一句责备的话都没有,我只是鼓励他要有一技之长,他想起我曾带他去一家饭馆吃饭,吃完以后在架子上买了一大批面包送他,他到现在还记得那批面包有多好吃。

初中还没有毕业,他就跑去那家餐厅找工作。也是运气好,他一下子就找到工作了,从此以后,他就一心一意地学做面包。两年前,他自己创业,开了这家面包店。

我的学生虽然从来没有回过我的信,却始终对我未能忘情。我当年劝他要学得一技随身,他现在岂止一技随身,他应该是绝技随身了。

在我要离开以前,我又考了他几题心算的题目,他都答对了。他送我上车的时候问我:"李老师,你有好多博士学生,我可只有初中毕业,你肯不肯承认我也是你的学生呢?"我告诉他,他当然是我的学生,而且将永远是我的得意高徒,我只担心他不把我当作老师,毕竟我只是他的家教老师而已。

他知道我将他看成我的学生,露出一脸灿烂的笑容。这个笑容给了我无比的温暖。我其实什么也没有教他,只教了他两件事,"不要学坏,总要有一技随身",没有想到这两句话如此有用。

【作者简介】

李家同,男,1939年1月5日生于上海。1961年"国立"台湾大学电机工程学系毕业,服役后即赴美留学。于1963年自美国柏克莱加州大学取得电机系硕士,1967年于该校取得电机及计算器系博士。台湾资讯学者及作家,曾任台湾清华大学代校长、静宜大学以及暨南国际大学校长、暨大资讯工程学系及资讯管理学系教授。

思考与练习

一、面包师傅是一个什么样的人?他的创业经历给我们怎样的启示?

二、老师评价学生"绝技随身",从哪些方面可以看出学生这一特点?

三、请评价作者是一位怎样的老师?

四、从这个故事可以看出,这是一个成功的教育案例,请你说说你心目中的好老师是什么样的?

延伸阅读

一个聋人的创业故事

聋人麻季渊的创业故事,也许不惊心动魄,也许不跌宕起伏,但却有着一种无言的感动,让人敬佩。

福明路985号。初见麻季渊，觉得这是一个平常得不能再平常的普通人，穿着黑色上衣，背着一个男士挎包，有点腼腆，却非常客气。后来，我注意到了他左耳上透明的助听器。尽管听不清我们在说什么，但他看着我们的嘴型还能含糊地说话，大致意思总能让人明白的。

童年：在歧视中长大

麻季渊，宁波宁海桑州镇人，1976年生，属龙。他是家里的老二，上有一个姐姐，下有两个弟弟。6岁以前，他跟别的孩子没有任何不同。山里长大的他，爱玩爱闹，天真无邪。一次偶然的发烧，却让他的人生变得迥然不同。

因为青霉素过敏，他失聪了。本就不富裕的家庭，在替他走访了很多大夫之后，眼见病情没有更多起色，家里也拿不出更多的钱治病，于是放弃了治疗。

麻季渊的人生就此换了种色调。那是灰暗的、沉闷的和抑郁的。他说，那时候的他就像电影里的三毛一样可怜，忍受着别人在背后的指指点点。他是在别人的歧视中渐渐成长起来的。

到了上学的年龄，他没有去特殊学校，仍然就读于当地的普通小学。因为听不清楚，他无法和同学正常交流，是个"另类"。久而久之，他渐渐被同学们孤立。这还不是最主要的。上课的时候，别人是听课，而他只能根据老师的口型和简短的黑板板书来揣摩课程内容。用他的话讲，是"连蒙带猜"。小学一、二年级，他学习得很吃力也很痛苦，成了班里的"差生"。

尽管内心有种自卑感，但更多的是一种被理解被关爱的渴望。他发奋自学，比别人用心百倍千倍，以此来证明自己的价值。

皇天不负有心人。小学毕业那年，他创造了奇迹——成为村子里惟——个考上乡中学的学生。他第一次在村子里扬眉吐气。

三年后，不被老师看好的他，居然又得了个全校中考第一名的好成绩。

中学毕业后，他就读于宁海的一所职高，学的是工艺美术专业。在校期间，他担任团支部宣传委员、校文学社社长，被评为三好生。

由于成绩的优异，很多人改变了对他的看法。唯一改变不了的是他是残疾人的事实。

创业梦始：不安于现状

1995年，19岁的他职高毕业了。尽管在校期间表现优异，但因为他是聋人，身份上的尴尬让他非常难找工作。

后来，他进了一家艺术品公司学习木雕技术。其间，他辗转多家工艺品公司，从宁波宁海到哈尔滨，但做的一直是木雕。

时间一晃就是十多年。由于手艺精湛，他被吸收为宁波宁海县工艺美术家协会会员，并有多件作品在各种展览会上展出。

雕刻艺术,展现的是一种无声的语言。对于他,似乎再适合不过。他的家人也有过计划:帮他找个店面,开间雕刻艺术品的小店,就这样过过日子,挺好。但是,麻季渊却有不同的想法。十多年的木雕生涯,一成不变地与木头打交道,他过得很压抑,觉得单纯地做一个手艺人并不是长久之计。加之身边的同事,每天过着朝九晚五上下班的生活,工作之余就是看电视、打麻将,让他觉得"是对生命的浪费"。

他说:"自己骨子里是不安分的人。"很多次,他早上醒来时,就有一个声音在耳边响起:"你就这样过一辈子吗?不!我要创业!"

创业的想法一提出,就遭到了家里人的反对。一来,他们认为他听力不好,与人沟通会有很多不便。二来,家里没有足够的资金来支撑他创业,万一创业失败,这钱就等于白白打了水漂。第三,家里人一致觉得他只要把工作做好,能赚钱就很好了。

但是,创业的想法却紧紧扎根在麻季渊的内心,让他一刻也不安宁。他相信世界上没有绝对办不成的事情,也有打手语的聋哑人做成大生意的成功例子。他觉得,自己比起聋哑人,至少还能说话。这,也是他的资本。

淘宝网开起第一家店

无意间,从堂弟口中,他得知了淘宝网的存在。在那里不需要很多的资金投入,就可以实现创业的梦想。麻季渊热血沸腾,觉得自己找到了方向。

去年9月份,他参加了宁波残联组织的淘宝创业培训。学习了20天后,他像着了魔一般,毅然辞去了之前的工作,全身心地投入到了淘宝中。因为他觉得,此时不做,更待何时?在没有考虑到任何创业风险及后果的情况下,他在网上开起了自己的第一家店,淘宝店名叫"竹卫仕",经营手绘鞋、宁海土特产、竹炭产品等。

店铺主页末尾,笔者看到了麻季渊当时的一段留言:"一意孤行,二足坚定,劝三阻四我不听,五六样证件细分清,七注八册要详尽,九分耐心,十分真诚,淘宝路上何惧路万荆,何惧路万荆。"足以见得当初小店新开张时,充斥在他心里的万丈豪情。

开店伊始,麻季渊充满了干劲。好几次,只要是在宁波本地的买家,住在邱隘的他都是送货上门。有一次送货到宁波海曙区,半路上电动车没有电了,他就一直从南站将车推到邱隘。"虽然很累,但是能得到客户的认可,我觉得快乐。"

刚开始店里的生意并没有他想象中的好,但他乐此不疲。因为在这里,他认识了很多新朋友。有一次,一位来自重庆的买家在知道他的遭遇以后,非常同情他,在店里买了很多东西,总价有300多元。这是麻季渊开店以来,接到的第一笔大单子,激动得他免去了对方的快递费,另外还附送了好多小礼品。

他深切地感受到:网上也是有真情的。

但是,创业比他想象中艰辛多了,自己是老板也是伙计,凡事都得亲力亲为。客户上门,他要自己回话;客户下订单,他要自己打包;客户售后有问题咨询,他要自己处理……

开网店离不开快递,作为一个新手,麻季渊觉得自己在快递方面只有吃亏的份。

刚开始的时候,因为不方便打电话,他只好连听带写地去找快递公司谈合作方面的事情。但是对方都会问他一天或一个月有多少单子,轻易不会给他个好价钱。

快递上的问题不是最主要的,由于听力差,他最害怕的是接到客户的电话。快递路上耽搁了,产品收到后破损了,收到产品后不知道如何使用,诸如此类的问题是售后经常能遇到的情况。

但由于他是聋人,不知情的客人在拼命打他电话的时候,他只能选择不接,过会再发信息给对方说明情况。尽管如此,这样的售后服务会让一些客户感觉不满。对此,他也很无奈。

转行:做摄影产品生意

由于不了解市场行情,也不具备专业的商品营销等知识,他的店开张后生意一直不见起色。

后来,他才意识到是自己投资上的失误。因为开店过于仓促,他没有进行市场考察,单听别人讲说竹炭产品好卖,就花1万元钱进了一批货。在卖的时候,由于价格设置不合理,生意寥寥可数。3个月后,麻季渊的店铺等级做到了三颗心。

一次无意间与网友的谈话,他发现了摄影产品里的商机。因为现在开网店的人越来越多了,但是开店必备的是相机,尤其是专业的相机及配套设备,这样才能拍出好的照片,让买家留心。

于是他在网友的建议下,在店里试卖一批摄影器材。开业第一天晚上,马上就有人来咨询了。那晚,他就接到了600多元的单子。

这下子,他简直喜出望外。一不做二不休,他又新注册了一家店,叫"飞龙新视觉"。第一个月,他赚了700元。第二个月,他赚了2000元。第三个月,他的营业总额达到了2万多。

但是接下来的几个月,由于同行间的竞争愈加激烈,生意并没有疯涨下去,只是维持了月盈利3000元左右的水平。但这,对于麻季渊来说,已经是一个小小的成功了。

其实,麻季渊做木雕赚的月工资,也有3000元。但相对而言,他更喜欢自己创业带来的这种满足感和成就感。

目前,他这家店已经做到了三颗钻的等级。

他说,这只是一个开端,并不是最后的结局。他还要不断地学习和充实自己。当网店发展到一定的规模,他准备向公司化、多元化发展。说这话的时候,他的眼神熠熠生辉。

——摘自创业网,http://www.795.com.cn/wz/93324_5.html

35 职 业[①]

[印度]泰戈尔

课文导读

　　课文借儿童的视角,阐释了对于职业的理解:小贩、园丁和更夫,这些看似平庸的职业,在孩童的眼中,却意味着简单、纯真、快乐和自由的生活。这些职业同样能成就一种诗意的生活方式。

　　课文语言清丽质朴,没有过多的修饰。你如何理解课文中的"职业"选择呢?选择平凡职业和树立远大理想是不是矛盾呢?阅读时注意思考。

　　这孩子的理想一点也不远大,他只想做小贩、园丁和更夫,似乎很没有志气,很平庸,长大了这样活着似乎很没有价值。真是这样吗?职业对于一个人到底意味着什么呢?

　　早晨,钟敲十下的时候,我沿着我们的小巷到学校去。

　　每天我都遇见那个小贩,他叫道:"镯子呀,亮晶晶的镯子!"

　　他没有什么事情急着要做,他没有什么街道非走不可,他没有什么地方非去不可,他没有一定的时间非回家不可。

　　我但愿我也是一个小贩,在街道上消磨日子,叫卖着"镯子啊,亮晶晶的镯子!"

　　下午四点,我放学回家。

　　我从房子的大门口可以望见园丁在掘地。

　　他拿着铁锹,爱怎么掘就怎么掘,尘土把衣服都弄脏了;如果他在太阳下烤或是被雨水淋湿了,也没有人责备他。

　　我愿意我是一个园丁,在花园里一味掘地,根本没有人阻止我。

---

　　① 选自严凌君主编《成长的岁月——我的学生时代读本1》,商务印书馆2003年版。郑振铎译。

晚间天色刚黑,我的母亲就送我上床睡觉。

从打开的窗口,我可以看见守夜的更夫走来走去,走去走来。

小巷里黑暗而冷清,路灯站在那儿,像个只生一只红眼睛的巨人。

守夜的更夫提着摇摇晃晃的灯,同他身边的影子一起走动,他生平从来不上床睡觉。

但愿我是个守夜的更夫,整夜在街上走来走去,提了灯追逐着影子。

【作者简介】

泰戈尔(1861—1941),印度著名诗人、哲学家和印度民族主义者。1913 年获诺贝尔文学奖。1861 年 5 月 7 日生于加尔各答市的一个富有哲学和文学艺术修养的家庭,13 岁即能创作长诗和颂歌体诗集。1878 年赴英国留学,1880 年回国专门从事文学活动。1884 至 1911 年担任梵社秘书,19 世纪 20 年代创办国际大学。1941 年写作控诉英国殖民统治和相信祖国必将获得独立解放的著名遗言《文明的危机》。泰戈尔是具有巨大世界影响的作家。他共写了 50 多部诗集,被称为"诗圣"。写了 12 部中长篇小说,100 多篇短篇小说,20 多部剧本及大量文学、哲学、政治论著,并创作了 1500 多幅画,谱写了难以统计的众多歌曲。学识涉猎文、史、哲、艺、政、经等范畴,几乎无所不包,无所不精。他的作品反映了印度人民在帝国主义和封建种姓制度压迫下要求改变自己命运的强烈愿望,描写了他们不屈不挠的反抗斗争,充满了鲜明的爱国主义和民主主义精神,同时又富有民族风格和民族特色,具有很高艺术价值,深受人民群众喜爱。他的作品早在 1915 年就已介绍到中国,现已出版了 10 卷本的中文《泰戈尔作品集》。

泰戈尔出生于孟加拉。但人们一致认为他是印度人。因为泰老在逝世前孟加拉还是印度的一个省。泰老的著作最初都是用孟加拉文写的。泰戈尔的《飞鸟集》影响冰心,使她写出了《繁星·春水》。

思考与练习

一、本文共三节,主要表现了孩子对三种职业的理解。孩子为何喜欢看似平庸的小贩、园丁和更夫这三种职业?

二、作者运用了多种修辞方法,请找出来并说说它们的表达效果。

三、你如何理解课文中的"职业"选择呢?

四、选择平凡职业和树立远大理想是不是矛盾呢?为什么?

延伸阅读

生如夏花

泰戈尔

生命，一次又一次轻薄过
轻狂不知疲倦

——题记

一

我听见回声，来自山谷和心间
以寂寞的镰刀收割空旷的灵魂
不断地重复决绝，又重复幸福
终有绿洲摇曳在沙漠
我相信自己
生来如同璀璨的夏日之花
不凋不败，妖冶如火
承受心跳的负荷和呼吸的累赘
乐此不疲

二

我听见音乐，来自月光和胴体
辅极端的诱饵捕获飘渺的唯美
一生充盈着激烈，又充盈着纯然
总有回忆贯穿于世间
我相信自己
死时如同静美的秋日落叶
不盛不乱，姿态如烟
即便枯萎也保留丰肌清骨的傲然
玄之又玄

三

我听见爱情，我相信爱情
爱情是一潭挣扎的蓝藻
如同一阵凄微的风

穿过我失血的静脉

驻守岁月的信念

四

我相信一切能够听见

甚至预见离散,遇见另一个自己

而有些瞬间无法把握

任凭东走西顾,逝去的必然不返

请看我头置簪花,一路走来一路盛开

频频遗漏一些,又深陷风霜雨雪的感动

五

般若波罗蜜,一声一声

生如夏花之绚烂,死如秋叶之静美

还在乎拥有什么

表达与交流

应用文写作:调查报告

写作要求

了解调查报告的写作特点和要求,学习写作一般的调查报告。

写作指导

一、调查报告的概念

调查报告是对某项工作、某个事件、某个问题,经过深入细致的调查后,将调查中收集到的材料加以系统整理,分析研究,以书面形式向组织和领导汇报调查情况的一种文书。

二、调查报告的特点

调查报告有以下几个特点:

(1)写实性。调查报告是在占有大量现实和历史资料的基础上,用叙述性的语言实事求是地反映某一客观事物。

(2)针对性。调查报告一般有比较明确的意向,相关的调查取证都是针对和围绕某一综合性或是专题性问题展开的。

（3）逻辑性。调查报告离不开确凿的事实,但又不是材料的机械堆砌,而是对核实无误的数据和事实进行严密的逻辑论证。

三、调查报告的主要类型

（一）介绍典型经验的调查报告

某一地区、某一单位、某一企业,在贯彻落实党和国家的各项方针政策过程中,或在日常的思想政治、经济建设、科学教育等方面取得了突出的成绩,为了把他们的具体做法和成功奥秘反映出来,可以对他们进行专题的调查,然后写出调查报告,这种类型就是介绍经验的调查报告。例如,北京太阳谷经济信息中心就是长期从事这方面的工作。

介绍经验的调查报告跟工作通讯中那些以反映工作成绩为主的类型有些近似。区别在于调查报告重在调查,特别注重对调查过程和调查所得数据的叙述和列举。

（二）揭露问题的调查报告

跟上种类型相反,这是针对某一存在问题展开调查,以揭示这一问题的种种现象和深层原因为主要目的的调查报告。它的主要功能是揭露和批判,探究问题产生的原因,分析问题的症结所在,提供解决问题的思路和方法。

（三）反映新生事物的调查报告

这是针对社会现实中某种新近产生或新近有了长足发展的事物而写的调查报告。

在现实社会中,新生事物总是不断涌现的。反映新生事物的调查报告的文体功能,就是全面地报道某一新生事物的背景、情况和特点,分析它的性质和意义,指出它的发展规律和前景。

（四）社会情况的调查报告

这是针对一些社会情况所写的调查报告。这里所说的社会情况,主要是指社会风气、百姓意愿、婚恋、赡养、衣食住行等群众生活各方面的基本情况。

这类调查报告虽不直接反映政治、经济等重大问题,但百姓生活也是跟政治、经济密切相关的。另外,这也是群众最为关心的一些问题。因此,各种新闻媒体都十分重视这一领域的报道,《中国青年报》《文汇报》等都曾开辟过公众调查专版。类似《北京人出游记——北京居民京、津、沪地区旅游消费调查》《中国夫妻过得怎样》等,都属于这种类型的调查报告。

四、调查报告的形式结构

调查报告一般由标题和正文两部分组成。

（一）标题

标题可以有两种写法。一种是规范化的标题格式，即"发文主题"加"文种"，基本格式为"××关于××××的调查报告""关于××××的调查报告""××××调查"等。

另一种是自由式标题，包括陈述式、提问式和正副题结合使用三种。陈述式如《东北师范大学硕士毕业生就业情况调查》，提问式如《为什么大学毕业生择业倾向沿海和京津地区》，正副标题结合式，正题陈述调查报告的主要结论或提出中心问题，副题标明调查的对象、范围、问题，这实际上类似于"发文主题"加"文种"的规范格式，如《高校发展重在学科建设——××××大学学科建设实践思考》等。

作为公文，最好用规范化的标题格式或自由式中正副题结合式标题。

（二）正文

正文一般分前言、主体、结尾三部分。

1.前言。有几种写法：第一种是写明调查的起因或目的、时间和地点、对象或范围、经过与方法，以及人员组成等调查本身的情况，从中引出中心问题或基本结论来；第二种是写明调查对象的历史背景、大致发展经过、现实状况、主要成绩、突出问题等基本情况，进而提出中心问题或主要观点来；第三种是开门见山，直接概括出调查的结果，如肯定做法、指出问题、提示影响、说明中心内容等。前言起到画龙点睛的作用，要精练概括，直切主题。

2.主体。这是调查报告最主要的部分，这部分详述调查研究的基本情况、做法、经验，以及分析调查研究所得材料中得出的各种具体认识、观点和基本结论。

3.结尾。结尾的写法也比较多，可以提出解决问题的方法、对策或下一步改进工作的建议；或总结全文的主要观点，进一步深化主题；或提出问题，引发人们的进一步思考；或展望前景，发出鼓舞和号召。

五、进行调查工作的步骤

（一）基本要求

1.立场、观点要正确。搞调查研究首先必须要有正确的立场、观点，才能实事求是地进行调查研究，认识事物的本来面貌，得出合乎客观实际的结论。

2.调查态度要端正。要想获得丰富的材料，就要有饱满的热情、艰苦深入的作风和实事求是的态度。

3.调查目的要明确。我们进行调查研究，从根本上来说，就是为了掌握实际情况，有助于制定和执行正确的方针政策，树立先进典型，批判错误的倾向，使我们各项工作沿着正确的方向前进。

4.调查方法要讲究。

（二）调查准备

1.思想武装。

2.选定调查研究题目。

3.拟定调查提纲。

（三）调查方法

1.开会调查。

2.个别访问。

3.现场观察。

4.蹲点调查。

5.阅读有关书面资料。

（四）报告撰写

一是对所得的材料进行整理、分类、核实，发现遗漏疑问的地方，再作调查补充。二是分析、思考，提示材料的内部联系，发现事物的本质。

例文展示

关于中学生上网的社会调查报告

不到两个月的实习阶段，我在×××初中实习。该校装备了计算机网络系统、多媒体教学系统、教学现场评估系统、校园广播系统、闭路电视系统，使校园教学设施网络化，实现了教学手段的现代化。现在对中学生上网情况调查如下。

（一）中学生及其家长对网络的态度和相关行为的情况

1.中学生上网率极高，上网时间长，多数家长却从未上过网，大部分教师上网经验不够丰富。

互联网以独特的魅力吸引着广大中学生。调查显示，93.5％的中学生表示对网络感兴趣，并有11.4％的中学生认为"很长时间不上网是令人难以忍受的"。周末和节假日是中学生们上网的高峰时段。与孩子们相比，家长和教师们则大为逊色。45.2％的家长表示不了解网络为何物，没上过网的高达69.2％，只有7.7％的家长经常上网。大部分教师的上网时间少，上网经验明显不足。

2.多数中学生对在校上网的条件不满意，家长、教师呼吁改善条件。

对于课余时间里在校上网条件表示满意的中学生只有19.4％，不满意率达59.2％。24.9％的中学生在学校里学会了上网技巧，而38.3％的中学生则认为学校并没有把必要的网络技巧教给他们。同时，不少教师对于学校的网络资源现状，特别是现有资源的利用率表示不满。据教师们反映，校园网络设施和多媒体教学设备主要用于展示课件与开公开课，而未能充分运用于平时备课和课堂教学，更不能充分满足学生们在校上网的需求。

3.多数家长既赞成子女上网,又担心子女上网影响学业。

对于子女上网,27%的家长持赞成的态度,反对的只有15.9%,大部分家长则顺其自然,但近半数的家长表示希望子女将来能从事网络工作。高达九成的家长认为,网络最大的好处是"能使子女开阔眼界,增长见识,并掌握好电脑技巧";同时,29.5%的家长还觉得网络能促进子女的学习兴趣,11%的家长认为"网络没有任何好处和作用"。58.5%的家长表示,最不能接受的事是孩子上网会浪费时间,耽误学业。显然多数家长内心十分矛盾:既希望自己的子女能享受网络的好处,更怕因迷恋网络而荒废学业。此外,令家长们深感焦虑的事还有:浏览淫秽、反动、暴力信息,产生网恋,痴迷网络游戏等等。

(二)网络环境对中学生的影响

1.网络环境对中学生的积极影响。

(1)中学生使用互联网有助于形成全球意识,强化对国家对民族的责任感。透过网络的窗口,他们关注"家事、国事、天下事",使视野空前开阔起来。全球意识的增强,适应了中国加入WTO的新形势,对于中学生们今后走入日趋一体化的世界,显然是大有好处的。

(2)互联网为中学生学习提供了有利条件,拓宽了他们的视野。网络资源在一定程度上满足了中学生们进行探究性学习、研究性学习的需要。

(3)中学生使用网络有助于扩大交往的范围,促进青春期心理的健康发展。网络上,电子邮件、QQ、聊天室、BBS等把天涯海角、素不相识的人拉到"零距离",在相互咨询、交谈、讨论、倾诉、请教的过程中,极大地满足了中学生们旺盛的表达欲、表现欲和社交欲。这对于舒解压力,保持青春期的心理健康有一定的好处。

(4)中学生常上网,激发了对英语和现代科学技术的学习热情。

2.网络对中学生的负面影响。

(1)网上信息垃圾使中学生深受其害。

(2)中学生迷恋网络对学业产生冲击。

(3)网上聊天引发网恋,调查显示,6.7%的中学生坦言自己有过"网恋"行为(实际比例会更多)。网恋中存在许多情感陷阱,中学生往往是受害者。

(4)网络不良文化弱化了中学生的道德意识。

(5)网吧管理问题依然严重,给中学生造成诸多问题。

(三)对策与建议

网络环境对中学德育工作提出了新的挑战,同时也提供了许多机遇。江泽民同志在中央思想政治工作会议上强调指出:"对于信息网络化问题,我们的基本方针是积极发展,加强管理,趋利避害,为我所用,努力在全球信息网络化的发展中,占据主动地位。"这是我们进行网络德育工作的指导思想。我们建议:

1.更新教育观念,推进学校网络德育工作的开展。

第一,通过宣传和学习,使全体德育工作者转换观念,统一思想认识,抛弃"网络有害论",消除"网络恐慌症",充分认识到网络德育的重要性和网络在中学生成长过程中的重要作用。

第二,重新定位学校德育的目标,把青少年儿童的道德成熟度作为网络德育的首要目标,着力培养学生正确的道德价值观、判断力和自制力。

第三,重新设计学校德育的内容,在原有德育内容的基础上突出价值观教育,增强识别评价和选择道德信息的能力;注重道德意志力的训练,使学生的道德认识与行为实践统一起来;开设网络德育课程,强化学生的网络道德意识和网络责任感。

第四,利用计算机和网络技术,拓展德育的时间和空间。

2.培养网络德育队伍,增强网络德育力量。

其一,通过各种形式的培训、讲座和考核,使各级教育管理者、德育工作者以及全体教师掌握网络基本知识、技能,并熟悉网络德育的运作方式和手段,学会常见的德育课件开发工具(如 Authware、Director、Flash 等)。在讲求实效的前提下,改进和充实目前实施的"沙河市中小学教师计算机考核"的方式与内容,如增加教师利用网络开展道德工作的考核内容。

其二,选拔并培训一批思想政治素质高,网上沟通技巧好,具有丰富的网络经验和技能的专家兼职网络德育工作者,由他们提供在线指导,帮助上网中学生解决各种心理、思想、学习等问题;同时,注意在网上收集整理有代表性的德育问题,向有关职能部门反馈,以加强德育工作的针对性。

3.加强对中学生进行网络道德和网络行为规范教育,自觉筑起心灵的"长城"。

一是加强以理想信念为主题的思想品质教育,用正确的人生观、世界观和价值观筑起心灵的"长城",抵制网上各种不良思潮和有害信息的侵蚀。

二是加强中学生网络行为教育和安全教育。制定"沙河市中学生网络行为规范",加大宣传力度,提高自我保护意识和自我约束能力。

三是各校可以组织中学生统一浏览思想品德教育的主题主页,向他们推荐国内外诸多优秀网站,把中学生们的上网热情转化为自觉学习先进文化、陶冶高尚情操的动力。

◎ **写作练习**

结合本单元语文学习内容,进行一次写作练习,主题为"关于本校大学生人际交往的调查报告"。

笔谈:应聘

◎ **情境演练**

结合自己所学的专业,班上同学分组进行模拟招聘练习:首先回答下面的问题,然后再由每位招聘者提出 2—3 个问题,最后根据回答情况给每位招聘者打分。应聘模拟介绍后,评定每位同学的成绩,每位同学总结自己应聘的得失。

　　1.请你自我介绍一下;

　　2.谈谈你的学习和专业技能的掌握情况;

　　3.谈谈你的缺点;

　　4.你为什么选择我们公司?

　　5.你是应届毕业生,缺乏实践经验,如何才能胜任这项工作?

◎ 实例借鉴

应聘的故事

　　他是一家上市公司的老总,腰缠万贯。他很久没有坐过公共汽车了,有一天,他突发奇想,想体验一下普通百姓的生活。他投了币,找到一个靠窗边的座位坐了下来。

　　他好奇地打量着身边的人,他的前边是个怀孕的妇女,他的身后是个上了年纪的老人,这些普普通通的人,每天挤着公共汽车,日子虽然过得清苦,但依然很快乐。在他们的脸上,看不出悲苦,有的只是对生活的满足。他的心情很好,他的对面有一个很漂亮的女人,他可以近距离地欣赏。车子到了下一站,上来的人渐渐多了。美女就渐渐被人遮住了,他看不到她,就闭上了眼睛,回味着那女人的曼妙风情。

　　忽然,有个尖厉的声音向他砸来:"你就不能给让个座啊,一个大男人一点都不绅士。"他睁开眼睛,看到一个妇女抱着一个婴儿,站在他前面。而那个抛出尖利声音的女人继续对着发愣的他吼道:"瞅什么瞅,说你呢!"全车的人都朝他这里望过来,他的脸"唰"的一下霞光万丈。赶紧站了起来,把座位让给了那个抱孩子的妇女。在下一个站口,他狼狈地逃下了车,他万万没有想到自己会出这么大的丑,下车前,他狠狠地看了一眼那个牙尖嘴利的丑女孩,恨得直咬牙根。

　　他的公司要招聘,在面试的时候,他亲自进行把关。他见到了一个面熟的人。是她,那个让他出丑的女孩。不是冤家不聚头,他在心里暗暗得意,终于有报复她的机会了。

　　女孩也认出了他,神情顿时紧张起来,额头上沁出汗水。

　　"你把我们每个人的皮鞋都擦一遍,你就可以被录用了。"他对她说。她站在那里,犹豫了很久,家里的经济已经全线告急,她太需要这份工作了。尽管自己有高学历,也有能力,但因为长得丑,很多公司都将她拒之门外。现在,机会就摆在她的面前,只要她放下自尊,为他们擦一次皮鞋。可是,她又怎么可以用自己的尊严去交换啊。

　　他在心里断定这个倔强的女孩是不会屈尊的,继续挑衅一般地催促着她,没想到她竟然同意了。她拿来鞋刷子,蹲下来,开始替这些考官们擦鞋。他得意地想,你不是厉害吗？怎么没动静了。轮到他了，他还故意跷起二郎腿。忽然，他觉得自己有些过分了，女孩在车上虽然伤害了他，但本质上却是为了做好事，有点侠义风范呢。他向下属要来她的档案，她的笔试成绩第一，遥遥领先于后面的人。从各方面来看，女孩都是出色的。再说，自己也总不能在众人面前食言吧。

于是，在她给几个考官擦完鞋子后，他当众宣布，她被录用了。

她并没有显得过于兴奋，只是微微地向众考官们道了声谢谢。然后一字一顿地对他说："算上您，我一共擦了5双鞋子，每双2元钱，请您付给我10元钱。然后，我才可以来上班。"

他无论如何也没有想到女孩会这样说，但他的宣布决定已经做出，无法再更改，只好很不情愿地给了她10元钱。更让他意想不到的是，女孩拿着10元钱，走到了公司门口一个捡垃圾的老人身边，把10元钱送给了他。

从此，他对这个丑女孩刮目相看。事实上也确实如此，女孩在日后的工作中，表现得非常出色，业绩出众，替他完成了很多貌似无法完成的任务。

有一天，他忍不住问她："当初我那样难为你，你的心里有没有怨恨？"

女孩却答非所问："我弯下腰，只为了换一个可以昂起头的机会。"

◉ 简评

这是一个戏剧性的招聘故事。偶然性的巧合给面试带来了紧张的气氛，面对面试官带有报复和侮辱性的面试题目，女孩能屈能伸，赢得面试成功，并有理有节地挽回自己的尊严。

◉ 相关知识

应聘，是指接受聘问，接受聘请。应聘时用人单位向求职者发出聘用要求，求职者根据自身的需要，是对用人单位的聘用要求进行回应的一种行为。

现代社会，招聘与应聘已经成为用人单位选拔人才的主要方式。对我们同学来说，在将来的求职中光有学历证书和技术等级证书，未必就能在应聘时得到理想的职位——应聘者口才的优劣，对求职成功与否，起着极为重要的作用。

在参加应聘活动时要注意以下几点：

一、社会需求。首先，要了解职业的社会需求及行业发展的趋势，哪些行业处于发展上升时期，哪些处于发展平稳时期，哪些将会出现收缩或下降趋势，要做一个比较，选出自己所希望参与的领域；其次，在做出选择之前，多搜集一些相关资料，以便择优而选。

二、职业选择。选择最熟悉的行业和自己最熟悉的职业，这样才有可能全身心地投入工作中去，才有可能有所发展，有所创造，有所前进，才有可能从中体会到工作的乐趣。

三、在应聘前对用人单位进行多方面的信息采集，对应聘者来说非常重要。要了解当前就业形势和用人单位的需求状况,了解企业的用人特点,甚至也要了解面试官的有关情况。搜集的信息越多,心里就越有底。同时,要注意展示自己良好的个人形象,做到面部清洁,着装自然协调,女性化妆要淡而自然。

四、有礼有节,态度大方自信。要特别注意自己语言的优雅得体,这是个人修养和良好职业素质的外在表现,作为应聘者应主动、礼貌地向主考老师问好,告别时要和来时一样恭敬有礼;交谈语言多用谦辞、敬语,不说大话、脏话;回答问题语速得当,不要用太多的手势;在交谈过程中,应始终保持微笑,给人以自信感。

五、有的放矢,善于推销自己。两三分钟的自我介绍将在很大程度上决定应聘者在各位主考老师心目中的形象。应聘者不必把自己的简历上的内容重复叙述,而应重点把自己的特点与所应聘的工作结合起来,多谈自己与招聘职位有关的特长和学习、工作成绩,适当介绍自己在以前取得的其他方面的成绩和文体特长。在自我介绍时,切忌过分谦虚,一味讨好别人,夸大其词或自吹自擂。

六、察言观色,掌握应答技巧。主考老师在面试中往往会在一个表情、一个眼神、一个下意识的动作中,表现出其特定的心理状态。应聘者在对答时需要注意察言观色,破译出主考者的心理状态,迅速调整自己的对策,以求得最佳的效果。切不可自说自话,机械地按照准备好的内容说下去。

在应聘时有一些应答技巧,运用得法,会为自己争得机会。如:在陈述时要用具体、生动、可信的事例展示自己的素质,而不得用学习刻苦、成绩优异、善于开拓等空洞的语言;要扬长避短,把自己的长处同应聘的工作有机结合起来,变不利为有利;适当表现自己的个性特点,给人留下鲜明的印象;对主考官一些非常规的语言和举动,如提一些刁难性的问题或有一些不满的表情、动作,要多个心眼,沉着冷静地回答问题,避免自己手足无措。

拓展练习

一、某同学参加求职应聘时,主考官态度冷淡,对他说:"你的情况我都知道。我觉得你不适合我们的工作。"对此,你认为应该怎样回答?

二、在求职招聘中,工资问题是一个必谈的内容,如果问你"你希望每月拿到多少工资?"你如何得体的回答? 如果对方提出的工资与你的期望差距较大,你会如何处理?

三、到人才交流中心或人才交流会现场,体验和感受求职的气氛和过程,增加感性认识,理解教材中所讲的内容,为将来的求职应聘做准备。

媒介素养综合实践活动

规划职场之路——职业生涯规划设计展

◎ 场景案例

2009 年 4 月 22 日,第四届"发明创业奖"颁奖典礼在人民大会堂举行。宝钢技能专家孔利明荣获"发明创业奖"特等奖,并被授予"当代发明家"荣誉称号。从只有初中文化水平的汽车修理工,到硕果累累的工人发明家,孔利明用智慧和汗水谱写了一曲辉煌的人生乐章。

长期以来,孔利明立足岗位开展技术创新活动,取得专利 100 件,其中发明专利 13 件,是上海市职务发明第一人。在宝钢各级组织的关心支持下,孔利明发挥"领头人"作用,指导宝钢基层员工开展技术创新活动,目前孔利明式创新小组已发展到 358 个,参与人数 3600 多人,创造经济效益达数亿元,为推进宝钢技术创新发挥了重要作用。孔利明也先后被授予"冶金系统技术能手""上海市十大工人发明家""宝钢十大工人发明家"等荣誉称号。他的每一项发明、科研成果,都离不开他对现代文化知识的渴求和做一个当代优秀知识型企业员工的理想追求。孔利明说得好:企业要具有世界竞争力,首先应是员工的综合素质具有世界竞争力,我们只有加快适应新形势,努力做到"观念创新、知识领先、技能领先",才能立于不败之地。

孔利明曾深情地说:"我的大学在宝钢。"怀着对工作岗位的热爱和对企业发展的责任感,他在知识的海洋里尽情遨游,岗位需要什么就去学什么,企业需要什么就去补什么。为了不断夯实自己的知识基础,他每年花费 600 多元订阅各种报刊,不但对电子、汽车、无线电、电脑进行钻研,而且对医学、法律等方面的知识也有所涉猎。他长久保持着旺盛的学习毅力和蓬勃的创新冲动,把知识转化为创新动力和创新能力,成功地实现了向知识型、智能型工人的转变。

◎ 策划筹备

有人问三名建筑工人:"你们在干什么?"一人回答:"在砌砖。"另一人回答:"在盖楼。"第三个人回答:"我在建设一座城市。"这不同的回答也许就能决定他们不同的将来。对于我们即将从事的职业,你是怎样考虑的呢?

一、认识自我。设计一份《自我诊断书》,分析现实中的我(关于自己各个方面的总结)与理想中的我(自我形象的设想及向往的职业),对自己将来的发展进行定位。

二、认识职业。与学习小组内的同学一起了解所学专业在本市、本省或全国范围内的市场需求情况,分析行业现状及发展前景,了解与所学专业相关的企业对人才素质的要求。

三、设计自己的职业生涯规划。内容包括：叙述自己的特长、爱好及目前所具备的职业素养，分析所学专业及行业发展，描述自己确立的职业目标，并将该职业目标细化为若干阶段发展目标，如：在校期间、工作初期、工作中期、工作后期，制定实现职业目标的措施等。

活动应用

一、与同学进行"形象互诊"，了解别人眼中的自己，针对存在的缺点和不足，思考今后努力的方向，制定改进的措施，以便更好地适应未来的职业需求。

二、与小组内的同学交流，评点对方设计的职业生涯规划。

三、把职业生涯规划给自己的家长、亲友看看，根据他们及学习小组内同学的意见进行修改。

四、在班上举行一次职业生涯规划设计展览，每个小组推荐一人介绍本组同学作品。大家共同讨论，制定评分标准，然后投票评选优秀作品。评选结束后，说说自己投票的作品和理由，请创作最佳作品的同学谈谈体会。